记忆国图

国家图书馆 115 周年馆庆纪念

《记忆国图》编委会 编

国家图书馆出版社

图书在版编目（CIP）数据

记忆国图：国家图书馆115周年馆庆纪念 /《记忆
国图》编委会编. -- 北京：国家图书馆出版社，2024.
9. -- ISBN 978-7-5013-8155-5

Ⅰ. G259.251

中国国家版本馆CIP数据核字第2024K7Y881号

书　　名	记忆国图：国家图书馆115周年馆庆纪念	
著　　者	《记忆国图》编委会 编	
责任编辑	潘云侠　许海燕　景晶	
装帧设计	程言工作室	

出版发行：国家图书馆出版社（北京市西城区文津街 7号　100034）
　　　　　（原书目文献出版社 北京图书馆出版社）
　　　　　010-66114536　63802249　nlcpress@nlc.cn（邮购）
网　　址：http://www.nlcpress.com
印　　装　河北三河弘翰印务有限公司
版次印次　2024年9月第1版　2024年9月第1次印刷

开　　本　710×1000　1/16
印　　张　24.5
字　　数　320千字
书　　号　ISBN 978-7-5013-8155-5
定　　价　98.00元

《记忆国图》编委会

主　　任　陈　樱
副 主 任　魏　崇　王晓东
编　　委　（按姓氏笔画排列）
　　　　　申晓娟　孙　乐　孙伯阳　辛　璐
　　　　　赵　磊　荣　杰　殷梦霞　葛艳聪

执行编辑　（按姓氏笔画排列）
　　　　　李思涵　张　雪　张倩竹　郝玉凯
　　　　　谢春花

目　　录

传承篇

目录

历史篇

感悟篇

序

1909年9月，在变法图强和西学东渐背景下，有识之士奏请清政府兴办图书馆和学堂，京师图书馆应运而生，是为国家图书馆之前身。今年，她迎来了115周年华诞。百余年来，时移世易，近两个甲子，一代代国图人筚路蓝缕，艰苦创业，最终建成了这座藏用并重、精华尽收的民族文化宝库，并以独特的精神气质和厚重的文化底蕴，凝聚成贯穿百年的国图精神。

言为心声，歌以咏志。为了展现我馆员工对国图的深切热爱和真挚情感，记录馆史变迁，传承弘扬国图精神，《记忆国图：国家图书馆105周年馆庆纪念》于2014年正式出版。不知不觉间，国家图书馆走过了又一个十年。十年间，在党和国家高度重视下，国家图书馆取得了令人瞩目的发展成就。过去的故事尚未讲完，新的历史又被书写。为了缅怀前贤，昭示后辈，激励今人，在建馆115周年之际，我馆面向离退休人员及在职员工启动主题征文活动，延续出版《记忆国图》。

在文集中，有人述说着自己参与国图建设发展的重要历史事件，也有人记录着工作中难忘的点滴瞬间；有人缅怀敬仰的前贤，也有人表达着自己对国图的深深眷恋……他们将情感诉诸笔墨，将故事转为文字，将记忆汇入国图百余年的历史长河。翻开书页，跃然纸上的，是文献入藏搬迁时的栉风沐雨，是守望图书馆事业的初心不改，是抛洒青春的光辉岁月，是与前人后辈结下的图书馆情缘……

习近平总书记在给国图老专家的回信中指出，图书馆是国家文化发展水平的重要标志，是滋养民族心灵、培育文化自信的重要场所。对于承载了中华民族五千年文明记忆、传承弘扬中华优秀传统文化的国家图书馆而言，115岁年纪尚轻，她将肩负起国家发展和时代进步所赋予的新使命和新任务，传承文脉，启智弘文。

国运昌，馆业兴。新时代新征程，我馆将以建馆115周年为契机，秉承"传承文明、服务社会"核心理念，砥砺前行，与时代同进步、与民族共命运，为推动中国图书馆事业发展、建设社会主义文化强国、实现中华民族伟大复兴作出新贡献！

陈樱

2024年9月

人物篇

忆吴景熙先生二三事

鲍国强

1982年2月，从北京大学图书馆学系本科毕业后，我被分配到北京图书馆。我先是在业务处富平老师带领下，根据线装书编目书名卡片，复制编印《北京图书馆线装书目录》供读者使用，随后到善本部线装书组（后改名普通古籍组）正式做采访工作。那时组里负责线装书采访的是吴景熙先生，和我们一起做采访工作的还有寒冬虹女士。

吴景熙先生（1916—1988），字晦庵，1949年6月进入北海公园内的松坡图书馆工作。松坡图书馆并入国立北平图书馆后，吴老师又开始了在北图的业务工作生涯。他个子不高，身态清癯，说话和气，与人和睦，做事严谨。

吴老师写线装书采访卡片的样子，给我留下了深刻印象。

他用蘸水笔蘸着蓝黑钢笔墨水，一丝不苟地在印好格式的卡片上书写线装书的书名、著者、版本和附注等事项，轻重自如，坐姿端正，神情十分严肃认真。

吴老师退休后，采访片由同事郝丽艳来写。她认真地学习吴老师的字体，下了很大功夫，有时写好的采访片几乎可与吴老师媲美。

由吴景熙、郝丽艳及其他老师所写卡片组成的古籍线装书采访目录，跟随着吴老师在松坡图书馆、北图老中采直至善本特藏部线装书组的工作足迹辗转颠簸，至今仍在国家图书馆古籍馆普通古籍组发挥着档案作用。之所以这么说，是因为这些卡片中，既有采进后符合善本、金石或舆图标准而转入相关业务科组的，也有因属于普通图书或报刊再转入其他科组的，当然还包含馆里部分已经注销的图书，但它们的第一张原始采访卡片都在此处，所以经常有相关科组同志来组里查检卡片目录。

这部分线装书采访卡片装了 6 个大目录柜，有 5 个是 100 屉，最后的目录柜抽屉少一些，全部按线装书书名的四角号码排列，查检十分方便。

北京图书馆线装登录卡片

线装书组原本还有一套线装账本形式的古文献采访个别登记账，始于 1949 年以前，按总登记号及个别登记号排列，后转入善本库的善本古籍分库存放。这套账本册数、函数庞杂，查找特定书不便，但若与上述线装书采访卡片书名四角号码目录结合起来查，就会收事半功倍之效。

此外，线装书组每办理一批古籍采访工作，吴老师必写一则业务日记，详细记载这批采访工作的前因后果及具体细节。据吴老师讲，自他进松坡图书馆工作至退休，记了几十本采访笔记。只是吴老师退休时将这些采访笔记带走了，没能留下来，颇为遗憾。

当时采访工作中，在书形较小的线装书卷端卷末处分别钤盖竖长方形的象牙章，在较大的线装书上钤盖正方形的象牙章。吴老师

4

在新采进的线装书上钤盖馆藏章的样子也令人难忘。

吴老师手持象牙章扑印必迅疾而轻,盖印则平正且重。每盖若干个馆藏章必用一团丝绵仔细地将印章字面上及四周的残余印泥擦拭干净,再继续扑印、盖印,最后完工时又细细擦拭,才将藏章及丝绵置入印盒收好。

吴老师曾将他抄写的清代赵之谦《论钤印之法》给我看,上面写道:

> 凡用印,以印入印泥,须如风行水面,似重而实轻。切戒性急,性急则印入印泥直下数分,印绒已带印面,着纸便如满面斑点。如印泥油重,则笔笔榨肥,俱不合矣。
>
> 以轻手扑印泥,使印泥但粘印面,不嫌数十扑(以四面俱到为度),而不可令印泥挤入印地(刻处是也),则无碍矣。印泥入印地,便无法可施矣。此所谓虚劲也,通之可以作画作书。
>
> 印盖纸上,先以四指重按四角(力要匀,不要偏轻偏重),每角按重三次,再以指按印顶,令全印着实,徐徐揭印起,不可性急,印愈小,愈宜细心。
>
> 印至二次,即须用新绵擦净,须极净再用。若一连用数次,即无印绒粘上,亦为油朱积厚,印无精神矣。
>
> 印大者,以多扑印泥为主,须四面扑匀,一印以五十扑为度,盖纸上照前式。小印扑印泥以匀为度,不可多,手总要轻,心要静,眼要准。如印面字上一丝不到,即须扑到方可用。
>
> 盖印须寸方者学起,学成再学盖小印。小印能盖,则盖大印必不误事。

可以说,吴老师是一丝不苟地遵循着《论钤印之法》的步骤要求钤盖馆藏章,未曾懈怠。

就算是印泥,吴老师也认真对待。他说:"印泥切忌粗暴对待,而须要细心滋养。"怎么滋养呢?就是要配备两盒印泥,一盒使用,另一盒合盖静置一周以上，轮换使用。使用的印泥要中间和四周匀力扑印，要使印泥面始终呈现有弧度的球面状，切不可让印泥面凹进去一个深坑，更不可用得印泥面发干，油性全无，否则就不容易滋养恢复了。

我和妻子于京明的婚姻介绍人是她的四叔，也是我们组薛英老师的老战友，曾到访过我们办公室。我与妻子确立了恋爱关系后，她对我说：

"你知道四叔为什么一开始就对你印象不错？"

"我不知道啊，你说。"

"他离开你们办公室时，看你在埋头写字，探头一看，觉得你写字很有特点，看着很整齐，由此第一印象就很好，所以在我面前说你很不错。"

"啊！哈！"这是我的第一反应。

那应该是1983年初的某一天，我正在按吴老师要求，伏案用圆珠笔写扁魏体字，1次复写4份赵之谦《论钤印之法》。记得当时薛老的来访朋友，也就是四叔，离去时，在我身侧瞄了一眼。我这一手扁魏体字还是模仿在宁波十六中学上初中时周忠谋老师的书法写的。

后来我了解到，四叔在部队上是文书，也比较喜欢书法。此后2月4日正值立春，下班后，薛老和四叔分别领着我、于京明在劳动人民文化宫见了第一次面。我想，如果没有吴老师和赵之谦《论钤印之法》，也许就无法促成我与妻子的姻缘。

2002年2月，我调善本组从事古籍采访工作后不久，曾应组长要求，结合以前吴老师的言传身教，草拟了《善本古籍特藏钤印工作要求》，里面便包括了"印泥须采用高质量的朱砂八宝印泥，应备两盒配套轮流使用""扑印用力须均匀，不轻不重，不徐不疾，每盖一章须扑印十次以上，使印面中间及四周均匀着色，浓淡适中，不可用印章挤压印泥""每盖十次，应用丝绵擦拭印面残留的纤维、纸屑和凹处印油。每天钤印工作结束时，应用丝绵彻底擦拭印面，置于整洁处"等要求。后来，善本特藏部主任对这份善本组盖章工作要求还挺重视，要我改写成善本特藏部盖馆藏章工作要求，供有关业务组参考使用。

吴景熙先生已故去多年，但他为图书馆留下了宝贵的精神财富。或许未来某一天，随着时代发展，线装书的采访卡片将成为历史洪流中的一抹记忆，但以吴景熙先生为代表的图书馆人对业务一丝不苟、严谨细致的精神，一定会代代传承下去。

张申府与图书馆的三次结缘

蔡锡明

"张申府那是我的顶头上司啊",这是新中国成立初期,毛泽东主席与时任要职的章士钊先生谈话时提到的。张申府这个名字,对于现在的年轻人也许有些陌生,但他参加过五四运动,曾任《新青年》编委,与李大钊等人筹建了我国第一个共产主义小组,是中国共产党的重要创始人之一,是中国推介爱因斯坦第一人,同时还是民盟的创始人和领导者。除此之外,他一生三次与图书馆结缘,富有传奇色彩。

1917年,大学毕业后的张申府,即被北大留校教授数学、逻辑与哲学。任教期间还兼任北大图书馆编目股股长,从事图书编目工作,这是张申府第一次结缘图书馆。正是在这里,他结识了在图书馆负责誊写书目、任图书管理员的毛泽东。据说,有一次毛泽东请张申府查看书目,由于字迹潦草出了错,张先生便重重地甩给他,要求重写,由此便有了本文开始"顶头上司"一说。

1920年,张申府以"蔡元培秘书"的名义赴欧洲教书与考察,并受陈独秀和李大钊的委托,作为中共旅欧支部的负责人积极开展党建工作,先后介绍周恩来、朱德等多位进步青年入党。1924年2月,刚刚回国的张申府又受李大钊指派,赴广州参与筹建黄埔军校,同时应国民党元老邹鲁之聘任广州大学教授兼图书馆馆长,这是张申府第二次与图书馆结缘。1925年1月,中国共产党第四次全国代表大会在上海召开,张申府列席会议,因为讨论党的纲领与人发生争执，他负气提出退党，留下了终生遗憾。

1949年新中国成立后，早已淡出人们视线的张申府来到了北京图书馆，在参考书目部和采访部任研究员，负责选购图书，这也是他第三次结缘图书馆。

张申府漫长的后半生，虽早已远离政治舞台，但频频发生的各种政治运动让他遭受了巨大冲击。1957年反右斗争中被打成"右派"，"文革"中被扣上了"反动学术权威"和"里通外国"等罪名，多次遭批斗和陪斗。作为经历过多次风雨的老"运动员"，张申府没有埋怨，仍然选书不止，心情坦荡，好像还更加豁达。"文革"后期，张申府深居简出，馆领导安排采选德文图书的我和采选英文图书的黄登培，定时到张申府家中联系，送给他海外选书目录并取回已选过的书目，收集他了解的海内外书源、出版信息等，还包括按月送上工资并记录他和馆里需要联系的其他事宜。

这样的机遇使我和这位专家有了更多接触，也学习到了更多知识。我不但了解了张申府投身中国革命的丰功伟绩，更知道了他是中国研究罗素第一人；1920年前后他还翻译介绍了爱因斯坦相对论；他自幼受到良好教育，学贯中西，文理双修，知识渊博，掌握英德法等多种外语，为图书馆大厦增添了高质量的砖瓦基石。姑且不论昔日的辉煌功绩，仅对图书馆事业的贡献而言，也很值得我们学习和缅怀。

1986年，张申府辞世，享年93岁。《人民日报》发表讣告称他为"著名的爱国民主人士""中国共产党的老朋友"。

平凡蕴含着伟大

——记我馆退休员工李应久同志

蔡兴文

每每有亲朋好友来我家，落座后抬头仰望，不约而同都把目光投向墙上的一幅书法作品。有人认真欣赏着字体，不经意间吟出"山不在高有仙则名，水不在深有龙则灵……"看了后啧啧称道，这幅字写得刚劲有力，很有功底，并询问是哪位书法家写的。

李应久老师书法作品

书写这幅作品的是我馆退休的李应久同志，曾经担任过保卫处处长。书法是他的爱好，横竖撇捺皆有风骨，方圆转折都是文章，在挥毫泼墨中以书法修身修心，切磋会友。他曾在我馆的一次书法大赛上荣获一等奖，我为他写了一首诗相赠："喜见书赠品其秀，笑祝佳作拔头筹。应久再添美中美，德高更登楼上楼。"

有人问，"德高更登楼上楼"，有何含义。

我答，是他与瘫痪妻子不离不弃，一世深情，彰显出他道德高尚之品。

伟大并非伟大人物之专利，伟大有时寓于平凡之中。平凡之人，也能做出诸多不平凡的事来，此刻我写的李应久同志，就是其中一位。

"文化大革命"期间，李应久同志还在北京大学从事保卫工作，谁知天有不测风云，由于种种原因，不幸降临到他妻子头上，她右边半个身子瘫痪了，不能走路，说话失语，大小便失禁，睡不了觉，一切生活都不能自理。这对李应久来说，无疑是晴天霹雳，一个家塌了半边天，不，是多半边天。那时他家里已经有了两个小孩，大的已经上小学了，小的还没有上学。他家里很穷，妻子病倒了以后工资更少得可怜。岳父母也有病，一家六口人，三个病人，两个孩子，就李应久老师一个人挣少许的钱，支撑起这个家，实在太苦了。不过，再苦再累，他也咬紧牙关，尽到丈夫的责任，把一切重担挑起来。

李应久老师 80 岁生日与老伴合影

我问李应久，您当时有没有逃避、放弃和其他非道德的一闪念的想法？

李应久同志斩钉截铁地说："没有！没有！一个人结了婚，就要对自己的另一半负责任。我们过去一直恩爱，虽然她瘫痪了，但我没有过其他的想法，只想着好好地去照顾她。既然我爱她，无论遇到什么情况我都爱她。我的妻子开始病时，脑子一直不清醒，经过治疗，她的病情有些好转，脑子也有些思维了。有一次，她对我说，给你们带来苦恼，我还不如死了呢。我立即对她说，快别这么想，有你在就有家，孩子就有母亲。为了这个家，为了我，你也应该好好地活着。我还说，你要坚强，如果不坚强，我的付出不就白费了吗？

"几十年来，我陪她上医院，做针灸，凡是需要做的我都去做了。为了不让她寂寞，我就用小推车推她出去转，由于我的照顾陪伴，她的心情不错，后来居然能发出笑声了。到国图金沟河宿舍时，能看到她趴在窗前张望着等我下班回来。她右半身瘫痪了，坐着轮椅还能用左手去擦擦桌子，做点极简单的活。我退休后，买了辆三轮。我蹬着三轮带着她，让她看看外面世界，见见太阳，与左右四邻交流。长此以往，有人就对我说，您老伴真有福气，我们若是老了，遇见像您这样的老伴该有多好啊！"

李应久同志说到此，我插了一句，这是您贵在坚持的结果，别人说她有福气，也是在夸您。她的福是您给的，要知道，给他人带来福的人，本人也自然会成为一种福，这种福就是受人尊敬之福。

我们的谈话，让我从中体味到一种真爱之美。你看，他坚持不懈地蹬着三轮，拉着相依为命的妻子逛公园，或遇着亲朋好友、街坊四邻，述说着，嬉笑着。这是一种心的交流，情的互动，乃至爱的流露。谁说老来只是伴儿了，老来也是心心相印，相互依恋，年龄大了，情却重了，这才叫伴儿。

就在不久前，他老伴走了。过去都说，人生七十古来稀，而他老伴带病活到了82岁，这真是奇迹啊！这奇迹中，不能不看到是李应久用心与爱付出的结果。我想象得到，朋友们，你们也会想象得到她临走时留下的心声："没有老李，我活不了这么大岁数，我死亦知足了。"

真爱，是为了对方可以牺牲自己的一切。家庭生活的美，夫妻之间的美，取决于人的品质。有人在恋爱时海誓山盟，结婚不久就分道扬镳，就是缺少一种担当的责任和那一往情深的爱之美。李应久同志虽然人很平凡，也很普通，请原谅我这样评论他，但他用爱用心更用行动，不是一天、两天，不是一年、两年，而是几十年如一日忠贞不变、爱心不改，令我报之以掌声，由衷佩服。从他身上我真真切切体会到那种生死相依的珍贵品质，我在送他的诗中说他"德高"，即品德高尚一词，没说错吧。

从相识相知到相恋相守，几十年时光转瞬即逝，李应久精心照顾瘫痪爱妻44年，他用实际行动告诉我们，他和妻子情比金坚。

在去买菜、遛弯的路上，经常能看到一位老人奋力蹬着三轮的身影，车上是相依为命的老伴，路边认识或是不认识的人们或向李老挥手致意，或是竖起大拇指点赞。街坊四邻称赞他是值得学习的好同志，是模范丈夫。我有感而发，人大都是平凡之人，但一个人只要做出有利于他人，有利于国家、社会的事情，像李应久同志那样，为他人奉献自己，而且把这种品德视为自己应该做的，是做人的一种责任，那这个人就具有令人称道的美德。

怀念师长任继愈先生

曹月堂

七年匆匆，个人的平静生活中没有多少难忘之事，只有任先生的离世是我生活中的大事。我常常提醒自己，那是 2009 年夏天，不是昨天，不是去年；即使如此，我还是时常设想再去三楼东头敲敲门，虽然明知他已不在。

20 世纪 80 年代，我在三联书店，责编《当代学人学记》丛书。熊十力《玄圃论学集》及贺麟《会通集》《郑天挺学记》中都有任先生的忆师之文。因工作的需要，我与先生通过信，印象深刻。

1989 年春，我调到书目文献出版社工作。不知为什么，刚来不久，我就要拜见他，而且似乎是一见如故地熟悉起来。退休前的九年，虽然住得远，我也时常骑车来看他。2000 年，迁往新楼，对我最大的方便就是离先生近了。他参观新楼宿舍，看望员工，头一户竟也是我家。

退休前我在《文献》编辑部，看他时自然谈到刊物状况：稿源、订户以及学术交流，他一直关心着，问得很细，也多有指点。更多的时候是关于学术的聊天，比如王国维介绍西方哲学的贡献，民国时期特别是抗战时期中国文化状况，以及如何评价新儒学，等等。因为是聊天，自然比面对媒体更随意些。有一次，我说学了几十年历史，没有做出什么成果，快退休了，身体尚好，却彷徨起来，不知静下来钻研什么更好。先生说："你就接着搞明清史吧，当年郑天挺先生教过你们，应有基础。"还似有夸奖地说："看来你们南开毕业的，知道自己的不足，这不错。"

任先生有时让我看一些他收到的文稿、书稿，我自然愿意尽力。凡是给《文献》的稿子，他都嘱咐，质量不高的不要迁就。说实话，我多是不客气地退掉了。有一些外地的学者合作搞成的大书、工具书，或请他题字，或请他推荐，总之是想借先生的盛名出版，我如发现硬伤太多，就如实报告给先生，估计是退掉了。

忘记是哪一年了，任先生找我，让我看启功先生弟子的博士论文，是讲南北朝文学的。我看过之后，写了几页审读意见。他没有先问我，而是先讲了他的看法，而且谈得很细，原来他已把这十几万字的论文全看了，这把我吓了一跳：多亏我认真看了，认真写了，如草率应付，这次必然"露馅"！如那样，我还有脸见他吗？！

自2003年起，任先生推荐我担任《中华大典》特约编辑。先是他主编的《哲学典》，我前后干了四五年。起初进行得不够顺利，审稿中与编者往往意见有分歧，于是就请他定夺，他不厌其烦地一一审视，甚至细到一个标点的正确与否，也从不放过，而且不止一次地亲自主持会议讨论。后来清样排出来了，有关儒学的部分，编者与出版方发生了分歧，甚至不快。任先生当机立断：返工重审。出版方急于出版，说最好赶在任先生九十大寿之前出版，任先生毫不客气地说："我从来不考虑做寿的事！"终于上千万字的清样，几个人返工重审了四个月，保证了质量。有一次，我开玩笑地说："您是九十岁的老师，率领几位七十多岁的老兵，这样的队伍世间少有。"他也笑了。

后来是他主编的《宗教典》，工程量很大，直到去世前，他一直不太放心。我遵他的遗嘱，又承接下来。七年来，《儒教分典》已经出版，《佛教分典》正在做最后的努力。我对佛教一无所知，从没读过佛经，先生走了，只好以他主编的《宗教词典》为师，天天翻阅，算是补学补教吧。

先生在学术上，明确提出"儒教"之说。过往千年，在中国传统文化中，从来是儒、释、道三家鼎立，且相互渗透，但是又有儒学不是宗教之说。通过编辑《佛教分典》，我接受了任先生的观点。

因先生的推荐和《大典》办公室的邀请，我先后参加了几十次各分典样稿的审读或会议。任先生多次出席，尽管他年事已高，身体已不是很好。记得有一次，某分典样稿问题较多，他就说："你们（指出版方）应该花些钱另请人重新审改，一定不要草率。"

2008年冬，在中苑宾馆开会，讨论某分典的样稿，先生带病出席。我已好久没见他了，这天一见，我大吃一惊：不好！先生的气色太暗，病情已重。散会后，我没有，也不便过去说什么，只是心里着实担忧。一个月后，馆里举行新年团拜，他还是出席了，并且和往年一样向大家讲了话。这是我最后一次见到他。后来他住院了，因客观上的限制，我没能去看他，只是知道他还为《宗教典》的事挂心。这是赵含坤先生转告我的。

不久，先生离世。虽然已有思想准备，但我还是受到重重的痛击。这些年，我的几位南开老师相继离世，他们多是任先生的同辈、同学。沉思之，前辈们的离世，自是人生常规。逝去的先人与在世的晚辈之间，无论是家人还是师生，割不断的是因缘、遇会而有的人情。我本不是出自先生门下，却因工作原因来到国家图书馆，有缘受教于先生20年，这是难得的缘分吧。回想此生上学17年，现已年近八旬，中学、小学的老师，印象依然清晰，音容笑貌都没忘记。只是大学的5年，大批判的年月，学生自编讲义，教学颠倒，难有师生之谊。"文革"后，是专业也是情感的需要，往日师生关系一度补救起来，但毕竟时过境迁，情谊可认，而学业难续。完全想不到的是，我竟然有幸与任先生结缘，不是门生胜似门生。20年啊，岂不是四次本科，多次读研吗？传道授业不限门庭或专业而在人生人情。作为学贯中西的学者和任期最久的国家图书馆馆长，任先生是令人仰止的丰碑；于我而言，他更是此生授教最久、帮助最大、亲如冬日暖阳的老师。

（本文原载于《永远的怀念——纪念任继愈先生诞辰一百周年纪念文集》，收入本书时略有改动）

陈翔华：戎马向学勇翱翔，著书留名葆风华

樊亚宁　　张超亚

最早听闻陈翔华先生的大名，是因为他作为国家图书馆的一位老前辈、我们年轻馆员眼中的一位楷模，二十多年前名字就已经列入了中、英、美等多国撰写的各类世界名人录之中。这在图书馆系统中实不多见。

他能取得如此令人敬仰的成就，主要是因为他的二百余篇二百余万字的著述，用他自己的话来说，"多年来的功夫主要集中于有关三国与诸葛亮问题"。作为一位很早就基本确定终身学术旨趣的老专家、老学者，他在三国及诸葛亮研究方面的文学、史学、文献学和古籍整理的成果，早已为海内外学界所公认，诸如"开创性著作""开辟道路之功""真正做出系统、深刻而精辟研究"等等评价，早已伴随他多年了。

陈翔华先生出生于1934年年底，农历是冬月廿日，公历恰好和毛主席是一天生日。还在少年时期，他就已经自发地开始受到革命思潮的影响，新中国成立前夕就入伍参加了革命。经过解放战争和抗美援朝的洗礼、在部队多次立功受奖之后，他于1954年转业回乡重新接受教育，直到1964年从杭州大学完成研究生学业，逐步走上了研究三国和诸葛亮的道路。毕业后，他一直在人民日报社工作，直至改革开放初期。他1980年来到当时国家图书馆的前身北京图书馆，参与《文献》杂志的创建工作，提出了"真、新、深"的选稿标准，直至今日仍有深远的影响。

1992 年陈先生参与了全国图书馆文献缩微复制中心的缩微文献整理出版工作，我们也因此得以有幸成为他的"同事"。作为一位长者，他收获了人生的成果。他为党和人民做出业绩之时，恰恰是作为采访者的我们这些"80 后""90 后"的人生刚刚开始之际。高山仰止，我们今天得以享受优越的生活条件、兴旺的事业基础与蓬勃的学术气氛，正是来自这些前辈们的筚路蓝缕、艰苦创业、开基奠础。

提到自己的履历，陈先生娓娓道来，听着他丰富的人生经历与许多生动有趣的细节回忆，我们不由得心生敬仰，崇拜之情溢于言表。然而，最令我们印象深刻的，采访中先生久久不能释怀的若干回忆，恰恰都是与我们党密切相关的"历史性片段"。先生虽然没有豪言壮语，没有定性拔高，但是我们都能听懂，他的人生能走上光荣地为党工作的道路，能创造如此成绩，都是党一次次在关键时刻的引领、激励和帮助使然。陈先生过往的个人经历，已经和党的历史密不可分了。下面撷取他提到的几个重要的、生动的场景以飨读者。我们当时在现场采访时都几乎身临其境，仿佛自己也亲历了中国共产党历史上的风云际会一般。

第一个故事，是关于他"少年时跟党走"的渊源。

陈翔华的父亲去世后，年幼的他刚读完小学，因为家境困难，就被迫开始了学徒生活。有一家他做学徒的商店，兼营邮递业务。他似懂非懂地在送邮件的路上看了这些不封口邮包里面的《新民主主义论》《论联合政府》等小册子，于十三四岁的年纪，就在心中埋下了革命的种子。当时，他的家乡已经有游击队活动，地下党也在学徒中成立了革命组织，他积极投身革命运动，小小年纪就担任了学徒会的委员。家乡苍南解放后，温州驻军青年干部训练班规定 18 岁才能进入，在年仅 14 岁的他坚决要求下，破格吸收了这个"少年干部"。从此，他跟随解放大军，走上了舟山前线，直到朝鲜战场，在纷飞的战火中成长，是一位党培养出来的青年。

在中国共产党经过二十余年的武装斗争，即将夺取全国政权、解放全中国的凯歌高奏的时代，陈翔华也迎来了自己人生的转折。

本来，在父亲去世、生活陷入困顿之际，当时国统区千千万万这样的少年可能要从此背上生活的沉重负担，然而，党的光辉驱散了阴霾，陈翔华从此幸运地开始了截然不同于旧时代的人生。我们这一代人，往往是从文学作品、影视剧中抽象地学习党在武装斗争时代的历史、解放的意义，而今面对一位本单位的前辈，我们才真正切身体会到，党是怎样拯救人、成就人，把一个濒临窘境的普通人，培养成了一个追求理想、实现理想的成功者。如果没有党，没有新中国，陈翔华的人生肯定会改写，我们的人生，也肯定会改写。如果没有我们这个伟大的、全心全意为劳动人民解放而奋斗的党，谁能想到，这样一个生活窘迫、前途黯淡的普通人家的男孩，会有后来如此翱翔驰骋的人生呢！

如果说陈翔华的人生，是因为党解放了他的家乡而迎来第一个转折的话，那么，第二个飞跃性的人生故事，则是他加入我们的党，亲自见证了我们的党走上了不依靠外国教条的、独立自主、自力更生道路的时代。

那是在国民经济遇到严重困难的 1962 年，中苏关系交恶，党提出要培养我们自己的专家、自己的学者、熟悉我们国情的人民的知识分子。陈翔华当时在接受研究生教育，经过了多年革命工作的洗礼，他自始至终地、一贯地、坚决要求入党。用陈先生自己的话说："当时一心想着为我们国家把文化科研事业搞上去，（它应当）在世界上都应该占有重要的位置。"党组织很重视，很快批准了他的申请，他从此获得了至今青春常驻的政治生命。

此后，他的学术研究、文字编辑，乃至于全部的工作与兴趣，就都成为在党的领导下，为了让我们国家有更加强大的综合国力、为了我们的文化事业更加繁荣昌盛、为了我们中华民族的文化面貌在世界上有更加崇高的地位和声誉而努力奋斗的历程。他如此端正、炽烈、浓厚的入党心、爱国情、报国志，直到今天，没有丝毫改变。这正是他取得如此之多的学术成就，然而自己却看得云淡风轻的根本原因。他的心中有为国家谋富强、为民族谋尊严的拳拳之志，像永不熄灭的火焰。这一点深深令年轻的我们为之动容，我们之中有许多年轻党员，能不能也像他一样，把端正的入党动机保持到永远，把自己的一切兴趣和工作都献给国家和民族的需要，用自己的成绩为党的光辉、国家的富强添砖加瓦？这应当是我们时刻提醒自己的，是我们应该向他学习而力争实现的。

陈先生参加革命工作至今已经七十多年了，入党也已经有半个世纪之久，然而他始终怀揣着一颗纯真且热烈的爱党、爱国的赤子之心。听他回忆起少年参军、青年入党之后的第三个难忘的故事，我们能更深刻地体会到这一点。我们看到的，是一个党培养出的知识分子，发自内心的、毫无杂质的、清澈见底的对党和领袖的热爱，这种热爱，能穿透几十年的岁月，直到永远，都让人热泪盈眶、都让人澎湃不已。

那是在 20 世纪 60 年代的一次北京国庆节活动中，陈翔华作为人民日报编辑部人员，有幸得以登上天安门前的红色观礼台（红台），近距离地观察和记录毛主席等领导同志。回忆起来那时的场景，先生非常激动，"当时大概是下午 4 点多，5 点前后，毛主席极其罕见地从天安门门洞出来走上金水桥，我当时从红色观礼台过来向前，离毛主席好近啊！好多群众都争着要和毛主席握手，领袖和群众之间如此亲近，没有任何情感上的阻隔。这个事情我到现在都是（感到）激动人心的、印象深刻的"。先生提及这件事，语气和神采，突然不再是那种潺潺流水、娓娓道来的和缓，而具有了一种莫名的、无比强大的感召力和亲和力，这可能就是许多年轻人不能完全理解，由于年龄和阅历的限制，还没有体会到的那种对组织和领袖的眷恋、依恋和爱恋。作为党员，这也许是最高的情操了，这是一个优秀的党员、一个"我将无我"的党员，必然具备的情操。这是超越了任何亲情、友情、爱情的，炽热的、浓烈的、醇厚的"党情"，真的是历久恒弥香、余韵永不绝。

那个特殊的年代，还留给陈先生许多感悟。改革开放后，随着党和国家的文化工作不断迈进，陈先生学术研究也迎来了繁花似锦的春天。他撰作《〈三国志演义〉纵论》等三部专著，编纂《元刻讲史平话集》《〈三国志演义〉古版汇集》等五部专书，还发表了影响远及域外诸国的《毛宗岗的生平与〈三国志演义〉毛评本的金圣叹序问题》《徐述夔及其〈一柱楼诗〉狱考略》等论文。这里，我们作为非专业人士，只能用浩如烟海、博大精深来形容他的成果和境界了。

作为一位党龄半个世纪的老同志，作为一名亲眼见证了、参与了新中国文化建设的老前辈，他却非常谦逊。由于我们的一再要求和恳请，在谈及对青年同志们的希望时，先生掷地有声地提出了八个字，八个我们人人耳熟能详但常听常新的字："兢兢业业、实事求是"。按照先生的意思，兢兢业业，是要求年轻同志们接过老一辈的重担，继续努力，脚踏实地地干好工作。现在年轻同志们有了更好的条件、更多的机会，理应要更加努力，要为党和人民做出更大的贡献，才能无愧于自己的历史使命，才能无愧于自己的党员身份，才能真正和我们这个百年大党一起度过自己的"正茂风华"。实事求是，是要求年轻同志们谦虚谨慎，要吸取党在不同历史时期的经验和教训，既不要冒进，也不要保守，要坚持解放思想，要坚持和党中央步调一致，要坚持走好改革开放的道路，在中国特色社会主义的蓝天下为人民的事业"奋勇翱翔"！

采访结束了，先生的期望是殷切的，先生的嘱托是坚毅的。这篇访谈录，是对先生光辉人生的记录，更是对我们新一代国图人、缩微人的无声的鞭策。我们愿意也必须按照先生的要求，"兢兢业业、实事求是"，用属于我们这一代人的努力和汗水，继承先生们的成果，书写出属于新时代的图书馆人、缩微人的史诗，在习近平新时代中国特色社会主义思想的指引下，创造出属于我们自己的，新的"名人录"。愿有一天，我们之中更多的同志，自己也能成为"翱翔天际、光耀中华"的优秀人物。

（本文曾入选文化和旅游部机关党委、离退休干部局2021年联合策划推出的"红色文旅年华"访谈活动，收入本书时略有改动）

北图掠影

贺敬美

1983 年年底，我从内蒙古大草原的文教部门调到北京图书馆，即现在位于文津街的国家图书馆古籍馆。

我初始在馆长办公室做秘书工作，与馆领导有过一些接触，对刘岐云馆长印象比较深。他 1938 年参加党领导的胶东抗日部队，转战山东半岛；抗战胜利后，曾在山东大学、山东省委宣传部等地任职，1965 年 11 月调任北京图书馆党委书记、第一副馆长。"文革"期间，刘岐云馆长多次致信中央，力陈馆藏发生危险的可能性，诚恳要求有关部门采取有力措施，确保馆中藏书安全，体现了国图人恪尽职责的守护精神。

我来馆时刘岐云馆长已经退休，但他仍然笔耕不辍，有多种著述出版。我曾在 90 年代读过他的抗日长篇小说《烽火春秋》初稿，并在馆党代会上与他结识。党代会后，他又投入写作和完善初稿的工作中，专心致志，夜以继日。那时他家用的是蜂窝煤炉子，炉子上的水壶曾熬干三次而不知。即使他已重病在身，胃全部切除，靠一根肠子维持生命，也依旧战斗不止。在我眼里，他是保尔·柯察金式的硬汉。他活到 87 岁，2006 年去世，可以说无愧此生。

后来，我申请到馆里的书目文献出版社做编辑、审稿工作，期间我接触到不少书稿的作者。他们学术造诣深浅有所不同，但共同点——使用祖国语言文字上是严肃的。对字词句篇章结构、语法逻辑、正规简化汉字、标点符号方面都争取做到一丝不苟。文艺理论家唐弢为《郑振铎年谱》写了篇序言，其中有个标点符号我有点疑问，就去了他家请教，他认真做了说明。红学家周汝昌非常注意经过自己推敲的文字，在手稿上批示："此处不许动！"老舍妻子、画家胡絜青为《老舍年谱》写序言，她自己校对了好几遍。

任继愈先生担任馆长后，有一天让秘书送给我一个信封，内有纸条，听取我对"书目文献出版社"改名的意见，我立即作了回复。此时恰好邓小平同志为北京图书馆题写的馆名送达馆里，大家一致认为叫"北京图书馆出版社"比较好。任馆长和领导班子都很支持出版社的工作，馆里、社里一派勃勃生机的气象。

后来，我在《文献》杂志做专职主编，该杂志立足于我馆丰富馆藏，为促进和繁荣社会科学研究事业服务，由图书馆专家、全国政协委员李希泌于1979年倡议创办，得到了茅盾、季羡林、汤一介、顾廷龙等多位大家的支持。茅盾先生为《文献》题写刊名，胡沙副馆长亲任主编。杂志着重发表古典文学、史学、古文献学及训诂学等研究论文，重视中国海外汉学研究进展。发行后，得到了社科界、图书馆界等领域读者的普遍欢迎。

国家图书馆每个阶段都涌现一批难得的优秀人才，勤勉踏实，呕心沥血，为图书馆事业腾飞做出了重要贡献，令我十分敬佩。我接触到的馆领导，以及勤勤恳恳默默奉献的同仁们，也都有优秀可赞之处。在图书馆工作期间，我曾聆听馆内善本部专家冀淑英关于《赵城金藏》的报告，馆计算机管理和应用专家、副馆长孙蓓欣传达世界图书馆及信息大会的情况，还拜读了古籍专家李致忠的多篇考证论文等，这些都令我眼界大开，受益匪浅。

我1999年从馆里退休，在国图工作近二十年，往事如电影般一幕幕闪现，真是感慨良多，兹掠影数则和大家分享，余不赘述。

一页便笺　眷眷思念

黄润华

2019 年初，己亥年春节前夕，我在家整理书柜，在一个书夹里翻出一页便笺，上面熟悉的字迹映入眼帘，啊，任先生的手泽！这是 20 多年前任先生写给我的一张便笺，上面写道：

黄润华同志：听说中文统编组李某某同志患病，看来一时难以恢复健康，家庭也困难。您可否与工会负责人联系全馆同志捐助一些钱？积少成多，总可对病人家庭有点帮助。

此致

敬礼

任继愈　1990 年 6 月 5 日

先附上 50 元

1990 年，我正在馆长办公室工作，与任先生接触很多。用便笺交办工作是任先生的一个习惯，当时常常接到他写的便条。这页便笺写在有"北京图书馆"抬头的便笺纸上，还是比较正式的，更多的是写在白纸上，页面大小视内容而定，写毕用刀裁开。先生用的信封都是别人寄来的重复再利用，像这件就在原信封收信人位置贴上一小条，写上新收信人名字，有的还要复杂些，把旧信封裁开翻过来粘好再用。这些细微之处都体现了任先生"物尽其用"的理念。

因为时隔遥远，当时这件事情具体怎么处理的我已经想不起来了，但任先生对普通员工深厚的关切之情一直印象深刻。像这样有关员工生活、工作的批示还有不少，并且在他任内一直在这样做。

从这页便笺上看，为了帮助困难员工，先生率先垂范，捐助50元。这不是偶尔为之。先生名满天下，很多读者给他来信要求查找资料，有的还要求复制。这些读者都是他不认识的，但复制的费用也由他掏。

任先生身为馆长，不仅要主持馆务大计，谋划国家图书馆的发展蓝图，而且心细如发，凡是与安全有关的事都要亲自过问。1987年新馆开馆当天，发生了一起事故，行政办公楼的玻璃大门可能是擦得太干净了，一位从文津街分馆过来的同志不小心撞了头。当时有的人还当笑话讲，任先生听说后很重视，要求在玻璃上贴上警示条。十多年后，在他离任的告别会上还提到这件事，并且自谦地说，当了18年馆长，只做了这一件事。

任先生不仅对自己的员工十分关心体贴，而且对广大读者也是关怀备至。1987年白石桥新馆落成，各国来宾、同行前来参观的络绎不绝，国内同行与读者更如过江之鲫，半年之后方逐渐恢复到常态。当时东大门外的马路上没有人行横道，更没有过街天桥。任先生担心来馆读者的安全，指示馆里与北京市有关部门联系，解决此事。但几经联系没有下文。一次，当时北京市的领导人到馆参加一个会议，任先生听说后主动约见这位领导，两人就在红厅外面的过道上立谈片刻。不久，东大门外两侧的马路上出现了两条醒目的斑马线。来来往往的读者可能不会知道，脚下这两条生命线饱含了国图老馆长对众生的盈盈关爱之情。

任先生平时不苟言笑，看起来是个很严肃的人。话语不多，说话习惯用短语，往往言简意赅，一语中的。接触时间长了，发现他没有架子，平易近人，有时偶尔还来一点幽默，是一位可敬的长者。《论语》有言，"望之俨然，即之也温，听其言也厉"。任先生身上体现了古代君子之风。

任先生执掌国图近20年，是国图历史上任职时间最长的馆长，在馆里享有崇高的威望，在国内图书馆界也是一面耀眼的旗帜。很多人不一定与他有直接的接触，更多的人也不懂他的哲学、宗教等专业领域，但都被他的人格魅力所折服。他自奉极严，一丝不苟；他平等待人，没有架子；他体恤下属，循循善诱；他在全馆大会讲话，简明扼要，还有点幽默，回味无穷；他关心群众，特别是有困难的职工，亲自过问，有时还率先捐助。对基层图书馆、少数民族人士尤为眷顾。我在职后期的 10 多年里大部分时间有幸在任先生直接领导下工作，退休后也常有联系，我感到在任先生身上有一种珍贵的悲悯之心，这就是"即之也温"的原点吧。他的人格魅力都是由许许多多既平常又琐碎的具体事情演化出来的，这就是任先生的人文情怀，也是我们永远怀念他的原因。

一位缩微老党员的回忆

——刘世华与照相复制组

姜智民

为纪念国家图书馆 115 周年华诞，离退休干部处党支部请退休的党员同志们撰写《我与国图》的故事。作为第十五党小组组长，我把这个消息告诉大家之后，收到了一份珍贵的材料，来自一位耄耋党员刘世华同志的记录，现将刘世华同志关于照相复制组的回忆整理如下，以飨诸君。

刘世华同志 1996 年从国图缩微文献部退休，曾任职于照相复制组。从今天国图的部处和科组设置中，已然找不到照相复制组。在李致忠先生主编的《中国国家图书馆史》中，找到一些线索，按时间顺序排列如下：

1951 年由中央人民政府文化部文物局批准，北京图书馆进行了新中国成立以后第一次大的机构调整，设学术秘书、采访部、编目部、苏联研究室、参考辅导部、善本部、特藏部、保管部和总务部。在保管部下设照相股。

1952 年再次调整组织机构，这次调整后设四部二室十九个科组：办公室、苏联图书室、阅览部、采访部、编目部和善本部。照相股（组）不在其列。

1957 年国务院批准的《全国图书协调方案》出台，北京图书馆成为全国第一中心图书馆委员会的核心，组织机构再次调整为：办公室、人保科、采访部、编目部、阅览部、参考书目部、善本特藏部和科学方法研究部。在办公室下设照相复制组。

从以上史料可知，照相复制组于1957年正式成立，由当时的办公室负责管理。

1953年，刘世华同志经介绍到北京图书馆工作，时任馆长是冯仲云先生。本人材料未提及进馆就职于哪个部门，仅知其工作与照相复制有关。时任人保科科长赵成然因喜欢摄影，经常到其办公室指导工作，由此成为当时照相复制相关工作的临时负责人。

刘同志在材料里提及20世纪30年代，时任国立北平图书馆副馆长袁同礼先生曾从美国购置一批照相复制设备回国。但二十多年后，仍然有三分之二的设备未开箱使用，大多集中存放于当时老馆（现在的北海分馆）餐厅，拆出来的设备散存在老馆主楼东、西两侧的花房里边（东侧花房位置在老馆东北角、西侧花房位置在发电厂附近）以及期刊小库房等处。当时刘同志主要的工作就是寻找零散存放的设备，如第六类阅读器、第七类不完整设备（可能在运输中主件遗失），并了解这些设备的功能和使用方法。当大家齐心协力找寻这些设备，快把零散设备搜集齐全，但还未来得及组装时，不知何原因，这些设备在一夜之间被革命博物馆全部拉走了，因为当时的革命博物馆也有照相室。然而革命博物馆却用不上这些设备，将其放置于室外了。刘同志和同事们知道后，经多方努力，在上级部门的帮助和关心下，这些设备又重新回到了北海分馆。

因当时未设置照相复制组，所以组建伊始，办公条件极为简陋，不仅没有固定的办公地点，而且也没有独立的操作室。有工作任务时，由赵成然同志随时安排，在馆内四处找地方，白天在展览厅的后台工作，晚上闭馆后在主楼地下通道，利用地下室的黑暗冲洗照片和胶卷。因赵成然是人保科科长，晚上须在主楼里工作，由他带领出入主楼，工作才得以保证顺利进行。

大约在1955年，照相组和装订组合并成立修整组，由复员军人侯长生同志担任组长，负责修整组工作。

1956年，"向科学进军"的口号吹响后，读者需要大批有关科研和生产的国外原文技术资料，读者委托复制的数量逐年递增，为此，北京图书馆大力加强照相复制工作。在北京图书馆十二年（1956—1967）远景规划及制订北京图书馆 1956 年工作计划的会议中，明确将配合科学研究工作当成重点，扩大缩微照相工作。馆里还向国外新订缩微照相机一架，把其他图书馆或个人所藏而本馆缺藏又无法买到的珍贵科学资料拍成胶卷，以利使用。

1957 年，在馆领导的重视下，从德国引进了全自动的缩微照相机和半自动胶片冲洗机，照相复制组的产品质量及工作效率得到了极大的提升。同年，馆领导从外文出版社把从事外文编辑工作的曾维棋先生调来照相复制组任组长，从此照相复制组迎来了稳定的发展期。

这批从国外引进的设备，在当时社会、同行业界及兄弟单位中产生了深远的影响，档案馆、情报研究所、新华社、设计院等单位相继建立了缩微室，并增设了适合自身需要的缩微装备。由此，缩微事业也进入 1949 年以来快速发展期。

1963 年，随着读者复制需求量的增加，已有的空间和设备都无法适应，尤其是逼仄的空间尤为突出。为此，文化部批准了北京图书馆改造照相室和阅览室的设计任务书，同意在文津街馆舍东侧建设。因诸多原因，直至 1965 年 12 月才通过验收，阅览照相楼排序为文津街馆舍 2 号。

材料整理至此，我仿佛看到了我馆照相复制组是怎么样从无走到有的，也仿佛经历了北京图书馆到国家图书馆的变迁。我和刘同志虽然不是一个部门，但是在整理过程中，我的脑海中不断地涌现出刘同志和其他前辈们当年工作的艰难场景，同时也想到很多很多老一代图书馆人筚路蓝缕地奠基立业，他们只是诸多图书馆人的一个缩影。百十年来，这些不求闻达、甘为人梯、爱岗敬业的国图人，在平凡细小的工作中，恪尽职守，默默无闻地守护着这座文化殿堂，为社会公众传递着知识。

国家图书馆作为国家的文化重镇和知识宝库，在传承文明和服务社会方面一直发挥着举足轻重的作用。时值我馆 115 周年华诞，作为一名退休员工有幸参与并见证，祝愿国家图书馆越来越好！

刘湘生：华发未改赤子心

李思涵

在中国共产党成立 100 周年之际，国家图书馆（以下简称"国图"）老党员刘湘生老师缴纳了一笔一万元的特殊党费。问起理由，他平静地说，作为一名有着 37 年党龄的党员，这笔党费，是他对党的一份心意，是他对中国共产党和中国特色社会主义事业的热忱。

刘湘生是在党的培养之下成长起来的。作为一名农村娃，十岁左右他就积极参加农村儿童团，到了初中，他每天都要从村子出发，走十几里路到武汉市里的学校上学。和现在人们可以利用各种交通工具不同，在那个交通不便的时代，十几里路全靠步行。漫漫上学路锻炼了刘湘生不畏艰难的意志品质，也为他日后的成就打下基础。高中、大学以后，国家助学金帮助刘湘生解决了很多困难，这一切，让他把党和国家的关怀牢记在心。加入党组织的那一刻，他十分激动。经过漫长岁月，那份激动早已被深埋心底，取而代之的，是党员的责任心和事业心。

1964 年，刘湘生离开了珞珈山武汉大学校园，刚跨入国图就迎来了当时社会主义革命与教育的洪流，先后辗转各地。返回国图后，他才真正开始了解图书馆的各项业务工作。党的十一届三中全会后，各行各业重新步入正轨。他见证了国图翻天覆地的发展变化。他先后在科学方法部、中文编目部、图书馆学研究部、《中国图书馆学报》编辑部、中国图书馆学会等部门从事图书馆业务研究。国家开始紧抓情报文献的标准化工作后，刘湘生还担任了由北京图书馆

（现国图）负责主持的全国情报文献工作标准化技术委员会的第五分会主任。

20世纪五六十年代，在图书分类方面，全国图书馆界还有不少仍然沿用旧的《中国图书分类法》、杜定友《图书分类法》、皮高品《图书分类法》等。然而时代在不断进步，这些分类法虽然在当时对图书馆文献的分类起到了一定作用，但已不能很好地适应科技发展的需要。后来中国科学院、中国人民大学和武汉大学等科研院所和各地图书馆的专家学者也相继编制了几部图书分类法，可是这些对全国公共图书馆系统来说还不够，全国上下急需一部统一的、能够适应时代需要的图书分类法。

1971年2月，在文化部国家文物事业管理局的支持下，由北京图书馆牵头，全国36个单位组成了《中国图书馆图书分类法》（自第四版起更名为《中国图书馆分类法》，简称都用《中图法》）编辑组，在韩承铎、李兴辉、许锦、刘盛仪等专家的先后主持下，历经数年，于1975年由科学技术文献出版社正式出版第一版《中国图书馆图书分类法》。1979年在丁志刚等图书馆领导的全力支持下，《中国图书馆图书分类法》修订工作会议在湖南长沙召开，并成立了《中国图书馆图书分类法》第一届编委会，组成全国性的修订小组集中修订，修订稿经编委会审定后，于1980年6月由书目文献出版社正式出版第二版。从此以后，这部《中国图书馆图书分类法》在全国得到了普遍推广和应用。1985年，《中国图书馆图书分类法》获得了国家科技进步奖一等奖。其中当然也有刘湘生的身影，在参与了第一版《中国图书馆图书分类法》的编制之后，他主持修订了第二、三、四版的《中图法》，也对《中图法》其他系列版本，如《期刊分类表》《中国少年儿童文献分类主题词表》等起到了至关重要的作用，其中第四版《中国图书馆分类法》获得了第二届文化部文化艺术科学优秀成果二等奖。

在《中国图书馆分类法》编制完善和发展的同时，为了完善我国图书馆文献检索体系，主题法与主题词表的宣传与编制工作也相继开始，在文化部、北京图书馆、中国科学技术情报研究所等部门的牵头下，组织全国几百个单位和数千名各学科的专家参加选词、定词、汇总工作。其中，北京图书馆牵头组织了社会科学方面的选词、定词和汇总。

1980 年，作为北京图书馆分类法词表组的一员，刘湘生结合相继出版的《汉语主题词表》各卷册中的理论方法和编制经验，编著出版了《〈汉语主题词表〉的理论和使用》一书。1981 年，他又执笔编写了《〈汉语主题词表〉手工检索标引工作手册》，两部书满足了全国图书情报界开展主题标引、建立主题目录的需要，并在全国图书情报界得到了广泛的推广应用。1989 年，作为对自己工作的总结与梳理，他所著的《主题法的理论与标引》一书，荣获"中华人民共和国成立 40 周年、中国图书馆学会成立 10 周年图书馆学、情报学优秀著作奖"。之后，刘湘生又主持了《中国分类主题词表》的编制，将分类法与主题词表结合起来，对提高文献标引的效率起到了重要作用，获得了全国科技信息系统优秀成果二等奖。1992 年，他参与的"情报文献工作标准化研究及标准的制修订"项目荣获全国优秀科技情报成果一等奖，同年，刘湘生也获得了文化部优秀专家的称号。

作为国内首屈一指的图书分类法、主题法专家，刘湘生也多次受邀作专题报告或担任培训老师。他为军事科学院、公安大学等单位介绍过主题法、主题词表的编制和应用，也为国家档案局系统、北京市政工程系统等培训班授课，还为北京大学、中国人民大学等高校的图书情报专业学生介绍过相关知识，参与地方图书馆学会举办的培训班或专题讲座，他的《文献分类岗位培训教程》为我国文献分类标引和主题标引工作培养了大批人才。

这些光辉的履历在一般人看来，可以骄傲一辈子，然而说起这些成就，刘湘生表现得要平静很多。在他眼中，这些研究成果应该归功于国图，是在馆党委和领导的支持下，由"国图人"这个集体共同努力的结果，一个人是无法完成这些工作的，他只是完成了自己的本职工作。只有说到自己在 1978 年第一次被评为"北京图书馆先进工作者"时，眼里才有了浓浓的笑意，他为自己作为一名国图人，能够为国图做出贡献而感到骄傲。他在 1984 年 45 岁的时候成为一名中共党员，始终坚信，做人要有良心和善心，人活在世上，必须要有为党、为国家、为人民奋斗的精神。刘湘生加入中国共产党的初心，就是希望自己能够为祖国、为人民尽一份力，这样的初心，即使在退休后，他也依旧没有放弃。

1999 年，刘湘生退休了，觉得自己身体还很硬朗，对于闲适的生活很不习惯。深圳少年儿童图书馆孟绂馆长的一通长途电话让他感到喜出望外，自己终于又可以为国家做点什么了！原来，孟绂馆长希望刘湘生到他们那里，指导他们工作。同年 10 月，刘湘生来到了深圳少年儿童图书馆，一待就是五年多，即使已经退休，他也依旧和年轻同事一起东奔西跑，努力做些自己力所能及的工作。在这期间，刘湘生协助组织了少年儿童图书馆界修订《中国图书馆分类法》系列之《中图法（少图版）》第二版，并作为总顾问、总工程师筹划组建了"中国少年儿童信息大世界网上图书馆"，以及"中国数字图书馆少年儿童中心馆"。

"当时我深感力不从心，惶恐不安，感觉头上安的帽子和身上的担子太大、太重。"虽然刘湘生自己这样评价这段经历，但这些成果为儿童图书馆系统实现文献分类工作的标准化，实现少年儿童图书馆、少年宫图书馆、中小学图书馆间协作协调和网络化、自动化打下了坚实的基础，极大方便了少年儿童读者查找自己想要的资料。

"我想作为党员，应该有一颗事业心。"这是刘湘生心中党员的重要品质，而他自己也始终有着一颗为国图、为党、为人民奉献的事业之心。也正是这颗心，支持着他帮助我国图书馆事业越走越远。中国共产党成立 100 周年，年过八旬的刘湘生老师希望青年人，特别是青年一代的党员，加强学习，发扬为祖国、为人民努力奋斗的精神，用奋斗书写自己无悔的青春，将"不忘初心、牢记使命"深深铭记在心。即使已是满头华发，但刘湘生依然不忘在中国共产党百岁生日这个特殊的日子为党和国家出一份力，所以，他缴纳了一笔一万元的特殊党费以尽绵薄之力。

国图是中国图书馆事业的引领者，是重要的知识宝库，一代代国图人的接续奋斗共同铸造了国图百余年的辉煌馆史。刘湘生也对新一代的国图人提出了希望，希望他们保持意气风发的劲头，在国图发扬特长，挥洒青春，为中国图书馆事业添砖加瓦。

（本文曾入选文化和旅游部机关党委、离退休干部局2021年联合策划推出的"红色文旅年华"访谈活动，收入本书时略有改动）

孙承鉴：党的需要就是我的志愿

李思涵

孙承鉴 19 岁入党，如今已有 62 年党龄。说起入党的初心，其中还有一段故事。

孙承鉴 1939 年出生在山东胶东地区的农村，家中贫穷，住的是土坯房，常年吃地瓜、地瓜面。1947 年，他在本村上了小学，当时孙承鉴的大舅是一名中共地下党员，有一次执行任务时为了不被国民党抓住，躲到了孙承鉴家里。孙承鉴的母亲怕姥姥担心，便让他跑到姥姥家里送信报平安。他还作为儿童团团员参加了土地改革运动，和小伙伴一起在村头站岗放哨。可以说，孙承鉴从小就受着中国共产党的影响。抗美援朝时期，为了支援前线，孙承鉴和他的母亲推着独轮车在农村狭窄的土路上送公粮。说起那个场景，孙承鉴说那场面不亚于他后来看的一部叫作《南征北战》的电影中展现的样子。这一切让孙承鉴逐渐对共产党有了感性认识：共产党为穷人打天下，是服务人民的。

高三时，表现一直优秀的孙承鉴写了入党申请书，受到学校党支部书记、校长张世龄老师的重视。校长几次找他聊天，了解他入党的动机以及对党的认识。孙承鉴坚定地认为只有共产党才能解放全国人民，带领人民建设社会主义，实现共产主义远大理想，因此他志愿加入这个队伍，为共产主义而奋斗。1953 年 8 月，孙承鉴到了北京。1959 年 3 月，孙承鉴的预备党员资格被宣武区委批准。这一刻，孙承鉴下定决心，把一生交给党，忠于党，忠于人民，全心全意为人民服务。

1959 年，哈尔滨军事工程学院的老师到校遴选优秀毕业生，选中了孙承鉴。能够成为一名军人让孙承鉴很高兴。然而党支部书记希望他能报考清华大学，将来为国家"两弹一星"事业做贡献。孙承鉴认为党员最重要的品质就是忠诚老实，实事求是，忠于党的事业。思虑再三，他决定服从党支部的意见，报考清华大学，学习自动控制专业。

1965 年孙承鉴从清华大学毕业，留校任教 21 年。期间，他主讲三门专业基础课程：数字控制、数理逻辑和微型计算机原理及应用；主持或参与的科研项目曾获北京市科研成果奖、国家教委科技进步奖、国家科技进步奖等多个奖项。1975 年至 1983 年，孙承鉴带领教研室四位老师一起利用周末业余时间，帮助北京军区昌平油库实现储油、加载、测量、输送、管理等全流程自动化，研发了二十余项技术成果，受到北京军区和清华大学的表彰，被《解放军报》《光明日报》等多家媒体宣传报道。

80 年代，全国进入科教兴国的新时期，各条战线急需科学技术干部。1986 年 8 月，清华大学党委书记找孙承鉴谈话，北京图书馆（现国家图书馆）通过文化部来函，希望能调派一名既懂自动控制又懂计算机技术的干部。党委经过研究，决定派孙承鉴去负责相关工作。即使对清华十分不舍，孙承鉴还是尊重党委决定，来到了北京图书馆，从此开启了全身心推动图书馆事业现代化建设的新征程。

到北图后，孙承鉴出任新馆筹建处副主任，负责新馆工程供电、上下水、供暖、空调、电梯、电话、防灾灭火、书刊传输与书条气送等八大系统的安装、调试、验收。同时，由于新馆开馆机电设备正常运行的需要，孙承鉴还兼任机电设备处筹备组组长，以新馆筹建处二十多名技术干部为骨干，向社会招聘技术干部和技术工人几十人，开展上岗前业务培训、技术考核，逐步从施工单位接收系统，并投入正常运转，迎接 1987 年 10 月 6 日北图新馆开馆。

新的岗位工作紧张而繁忙，身处热火朝天的新馆建设施工工地，孙承鉴每天都要到晚上九点或十点钟才能赶回家中。在新馆工程实施过程中，他深刻体会到，多年所学的理论知识以及此前带学生下厂实习和科研项目研发中取得的经验发挥了重要作用。每天都能看到工程的新进展，想到不久以后一个十四万余平方米的北图新馆将迎来千万求知读者，孙承鉴心里有说不尽的快乐。

1987年12月，文化部党组决定调整北图领导班子，孙承鉴被任命为副馆长，踏上了北图的领导岗位，分管技术教育和基建后勤。他立志将计算机应用于图书馆的业务建设与管理中，实现业务管理全面自动化，为广大读者提供快捷、方便、准确的服务。目标定位清晰了，学习、工作的动力也就更足了。随后，孙承鉴带领北图的技术人员参加在西安举办的"图书馆自动化国际研讨会"，并发表论文《新技术在北京图书馆的应用及其发展前景》。美籍华人陈清志教授在研讨会上讲述了光盘的新应用，演示了以光盘为载体录制的"兵马俑"和"万里长城"，使孙承鉴大开眼界，也在心中萌发了将图书馆馆藏资源数字化的种子。

此后，孙承鉴将主要精力放在图书馆业务管理自动化方面。当时我国图书馆业务管理自动化比西方国家落后了约二十年。他全力以赴带领大家奋战，与NEC公司合作，利用引进的ACOS系统从采访、编目、查询检索自动化做起，逐步扩展，致力于实现业务管理全面自动化。经过两年多的技术研发、编程、调试，终于在1990年初，采访、编目、检索系统联调成功。业务部门投入试用后，开发人员又进行了反复调整、修改、补充。1991年11月7日，长期关心北图新馆建设的万里委员长来馆为ACOS系统正式运行剪彩。

1994年10月，孙承鉴随任继愈馆长访问日本国立国会图书馆。根据任先生的意见，孙承鉴在日本国立国会图书馆发表了题为"中国国家图书馆的现状与发展前景"演讲，提到要冲破保守落后势力，用现代先进科学技术武装图书馆，发挥图书馆的社会教育职能，受到参会人员的赞扬。在国会馆举行的晚宴上，任先生郑重宣布，这位副团长是中国国家图书馆自动化的首席专家，希望以后加强对口交流，促进两国图书馆事业共同发展。

经过一段时间的了解，孙承鉴得知西方国家已在研究数字图书馆，不断向现代图书馆迈进。1996 年 7 月，北京图书馆与 6 个省馆联合申报"中国试验型数字式图书馆"研究项目，经国家计委批准拨款 100 万元作为研发经费，孙承鉴任项目组长。项目实施的目的是创建具有中国自主知识产权且能与国际接轨的数字图书馆技术，建成具有分布式数字图书馆特点和一定规模中文数字资源库群、可扩展、可互操作的数字图书馆结构体系。2001 年 5 月，项目成果通过专家技术鉴定，并于 2005 年获文化部首届创新奖，为国家数字图书馆工程立项、研发、实施奠定了坚实基础。

数字图书馆的基础环境是网络化和业务管理与服务自动化。1995 年，NEC ACOS 系统已适应不了图书馆业务发展需要，国家图书馆开始进入自动化建设第二个时期。孙承鉴带领馆内技术队伍奋战 1 年多，到 1996 年夏，建成包括中文图书采、编、检网，中文图书回溯编目、外借流通网和西文图书光盘编目网等多个微机应用网络，还建成了国内第一个电子阅览室，拥有 1 亿多条信息提供服务，让图书馆业务管理与服务自动化有了质的发展。他还根据《北京图书馆网络建设发展规划（1997—2000 年）》，组织起草"网络建设实施方案"，从 1998 年 9 月开始，按规划方案实施建设全馆千兆 IP 网，不到一年，全馆实现千兆馆域网，实现了网络化、自动化。

从 1987 年到 2017 年，三十年间孙承鉴主要推动了三件事情。一是组织力量，全力以赴实现图书馆业务、加工、服务管理的网络化和自动化，缩小与发达国家的差距。二是主持研究数字图书馆，主持国家立项研究试验，主持立项国家数字图书馆工程，为图书馆现代化建设开创了一条新路。三是策划全国文化信息资源共享工程（文化共享工程），主持制定实施方案；参与编写"十一五"（2006—2010）文化共享工程发展规划；提出将云计算引入文化共享工程，开创出具有中国特色的、消除数字文化鸿沟的道路。

经过三十年艰苦努力，从国内外学术刊物上发表论文和图书馆同行评价来看，我国图书馆网络化、数字化、自动化水平不仅赶上了西方发达国家，而且数字图书馆以及管理现代化水平已经接近或达到国际先进水平，这让孙承鉴感到十分自豪。离开工作岗位后，孙承鉴依然关注着文化事业和图书馆的各项工作。退休至今，他应邀到各地授课，普及数字图书馆技术和文化共享资源建设知识；调研各级分中心、支中心建设服务状况；参加文化部组织的督导检查等，跑了全国32个省级图书馆，近百个地市、县级图书馆，数十个乡镇、村文化站。孙承鉴常年的四处奔走，也进一步坚定了他的理想：把毕生精力献给文化事业，为满足广大人民群众精神文化生活需要，多出一份力。

"图书馆的发展是无止境的，新的时代图书馆要有新的发展，但老的传统也不能忘"，孙承鉴对有110余年历史的国图怀有深厚感情，希望国图能够继承优良传统，坚守服务初心，坚持节俭办馆，发扬创新精神，努力探索由信息服务向知识服务的提升，提高服务水平，永远把为读者服务放在工作首位，创造新的百年辉煌。

清华大学校长蒋南翔在毕业典礼上曾说过，来清华上大学，是教给学生分析和解决问题的能力，毕业得到的是"猎枪"，而不是"面包"。这令孙承鉴终生难忘。为我国的文化教育事业奋战几十年后，他对这句话有了更深刻的理解，要始终把国家和人民的需要作为自己的目标，踏踏实实、兢兢业业。他寄语青年一代的党员要紧紧围绕党勾勒的宏伟事业蓝图，把个人理想融入时代发展，干一行爱一行，守法奉公，实事求是，为人民谋利益，永不止步。

（本文曾入选文化和旅游部机关党委、离退休干部局2021年联合策划推出的"红色文旅年华"访谈活动，收入本书时略有改动）

唐绍明：做马克思主义的坚定拥戴者

李思涵

今年年过九旬的唐绍明谈起自己入党的经历和初心，依然十分激动。

1948年，18岁的唐绍明考入了清华大学，旋即赶上了北平和平解放、新中国成立、全国解放。可以说，唐绍明的大学时期是在社会大变革中度过的。作为一名大学生，他和其他进步青年一样，非常重视课程之外的社会实践，迫切希望通过实践更多地了解新社会、了解工农群众。读大四的时候，根据教育部门的相关规定，他参加了全国土地改革运动，到广西邕宁进行了两期土改，这场运动让他受益匪浅。

那时候土改工作队中流传一个口号："农民要土地，我们要农民。"在参与土地改革运动过程中，唐绍明目睹了农民分得土地后当家作主的欣喜以及对中国共产党的拥护和爱戴，也充分感受到了党对人民福祉的深切关怀。经过不断的社会实践，唐绍明不仅加深了对中国共产党的认识，还有了许多实际工作的体验，更加坚定了入党的决心，争取早日成为一名共产党员，更好地为人民服务。土地改革结束回到北京后，唐绍明给邕宁县委书记写了封信，表达了自己想要加入中国共产党的强烈愿望。书记热情地写了回信，推荐他入党。于是，唐绍明向清华党组织郑重提交了入党申请。

1952年10月，唐绍明得到了两份"证书"，一份是清华大学的毕业证书，另一份则是清华大学的党组织已接纳他成为一名光荣的共产党员的通知，这标志着唐绍明大学生活的结束，用他的话说，"从此开启了我洒满阳光的为人民服务的人生大道！"

唐绍明大学毕业后，被分配在清华大学担任政治理论教员，这份工作影响了他的一生。作为当时高校第一批政治理论教员，他有着极高的热情，没有将这项工作简单看成是一份用于养家糊口的饭碗，而是把宣传马克思主义当作自己的光荣使命，尽心尽力地学习和宣传马克思主义，让党的先进思想在越来越多的人心中生根发芽。

后来，唐绍明被调入中央西北局宣传部，期间还曾在陕西省宁强县委、陕西省委宣传部工作，1979 年调至中共中央宣传部，几十年间始终没有脱离党的宣传工作。唐绍明刚到中宣部工作时，正值"文革"结束不久。由于长期动乱的破坏，干部理论教育遭到了严重挫折，很多干部缺乏较系统的马克思主义基本理论知识，妨碍了政治水平的提高，中央决定推动干部理论教育正规化。唐绍明作为主笔，参与草拟了《关于干部马列主义理论教育正规化的规定》文件。该文件经中宣部、中组部两部批准后联署下发，推进干部理论教育的新发展，对提高干部的马列主义思想理论水平，推进改革开放起到积极作用。

为此，他还参与编辑新形势下马列主义著作的选读材料，历时一年多，编撰完成了四卷《马列著作选读本》，供党员、干部学习。同时，配合当时全国改革开放形势的发展，及时部署了中央关于改革开放的文件的学习，使大家能够将马克思主义理论与中国实际结合起来。唐绍明说，在那个思想激荡的时代，他们始终坚守马克思主义的阵地，始终高扬马克思主义的声音，而他对于能够参与这些工作感到十分荣幸。

时光匆匆而过，转眼唐绍明步入花甲之年，然而他并没有选择退休，而是来到了国家图书馆，出任党委书记兼副馆长。原因有二，一是唐绍明生于图书馆世家，他的父亲、姐姐都是图书馆员，他从小就常在父亲供职的清华大学图书馆流连，很早就听说过北京图书馆（现国家图书馆），觉得图书馆很神秘，藏着许多知识和智慧，让他心生向往。二是唐绍明觉得，自己长期在领导机关任职，从事宣传理论的工作，对基层群众、基层业务缺乏了解，希望能够更多地做一些务实的工作来充实自己。

在图书馆工作一段时间之后，唐绍明发现，大家的工作很繁忙，对外面的关注比较少。为让大家了解社会形势，他着手组织一些形势报告会，邀请王梦奎、吴建民等专家来馆讲解国内外形势，帮助图书馆员拓宽眼界，认识全局，进一步提高工作积极性。

1996年，第62届国际图联大会在北京召开。这是国际图联首次在中国举办的大型专业性国际会议，近100个国家和地区的2000余名代表齐聚一堂，共商图书馆事业发展大计。谈到此处，唐绍明感慨地说道，70年前，中国是国际图联创始国之一，但过去中国的地位不被重视。改革开放以后，国家取得了许多伟大成就，我们的腰杆硬了，也有了申请举办国际图联大会的底气。国际图联大会首次在中国举办，不仅是我国图书馆事业的胜利，更是我国改革开放和社会主义现代化建设取得的伟大成就的体现。

在国图工作的唐绍明有很多与国内外业界交流的机会。1991年首次外出访问，到蒙古国参加该国国家图书馆的馆庆。当时蒙古国的图书馆运作困难，很多事都要中国帮忙。参加馆庆大会以及在当地参观过程中，他发现蒙古国信奉藏传佛教，那里很多寺庙都和中国的寺庙一样，图书馆里还入藏了很多用黄布包着的经卷。

后来，国图负责少数民族文献工作的申晓亭和内蒙古大学图书馆的乌林西拉共同策划，以本馆丰富馆藏为基础，编纂一部中国的蒙古文古籍总目。一开始这件事并不被看好，但这项冷僻的工作却令唐绍明想起了在蒙古国交流时了解到的那些珍宝，于是便全力支持她们，还帮她们申请到国家社科基金。这项工作后来由孙蓓欣副馆长负责指导，又申请到国际图联的资助。项目组联合了十个单位，花了六年时间整理蒙古文古籍，最终成书3册400万字，其中一半是宗教，一半是历史、文学、档案、语言、立法、医术等，实际上是把蒙古族的历史文化悉数囊括在内，可以说是一个民族历史文化的精粹和见证，是一项十分有意义的工作。用唐绍明的话来说，国图馆藏资源丰富，到处是宝贝，只要看得准，深入挖掘，总能做出成绩，贡献于社会的。

有一次，唐绍明见到时任美国国会图书馆东亚部主任的王冀先生（现美中政策基金会总裁）。王冀对唐绍明说，中美刚建交的时候，基辛格找到他，征询如何通过交流加深两国的关系。他们首先想到文化交流，而文化交流中两人又不约而同地想到了图书馆。因为图书馆既是文明的体现，又有着现代的气息，承载着两国人民的思想和感情。于是中美两国很早开启了图书馆界代表团互访活动。唐绍明说，国家图书馆在我国的文化和旅游领域有着重要的地位，国图人一定要发挥好它的价值。

作为国图的老馆长，在唐绍明眼里，国图的发展很快，也有很大的变化。国图是中华传统文化的宝库，也是现代知识的渊薮，更是文化交流的枢纽。他希望国图成立一个研究中心，不仅可以为公众提供文献信息，还应走出去，和有关部委办合作，就中国特色社会主义的一些理论观点做专题性的研究和宣传。可以通过办展览、开讲座等活动予以推广，还可利用现代化手段，和地方图书馆联网，形成学习和宣传新时代中国特色社会主义思想的重要阵地。

谈及对于年轻党员的建议，唐绍明提到，有一年他和同事一起到民主德国访问，在参观马克思的母校柏林洪堡大学时，一进门，迎面就是镌刻在墙上的马克思的名言"哲学家们只是用不同方式解释世界，而问题在于改造世界"。可以说它道出了哲学的本质和意义，而马克思的辩证唯物主义和历史唯物主义正是"改造世界"的哲学。通过实践不断认识和改造世界，并通过改造主观世界进一步改造客观世界，将理论与实践紧密结合，这也是毛泽东主席一直所提倡的认识论、方法论。如今，全国上下都在深入学习习近平新时代中国特色社会主义思想。唐绍明认为，学习新的科学思想也是他从事的理论工作的延续和期望。他希望馆内年轻的党员同志，能够在学习中贯彻理论联系实际的原则，学以致用，在改造客观世界中改造主观世界，以身作则，言行一致，坚守马克思主义；同时，最好能挤出点时间，读一读马克思、恩格斯的《共产党宣言》和毛泽东的《实践论》《矛盾论》这些经典著作，更好地掌握马克思主义的立场、观点、方法，加深对中国特色社会主义思想的理解、领悟和践行，更好地为人民服务。

2021年是中国共产党成立100周年，100年来我们的党在马克思主义建党思想指引下，由小到大，由弱到强，领导我国人民推翻三座大山，建立了新中国，如今又在中国特色社会主义大道上高歌猛进。他说，习近平总书记曾指出："中国共产党的领导是中国特色社会主义最本质的特征"，这帮助我们从理论的高度更深刻地了解了"没有共产党就没有社会主义"的真谛。在欢庆党的百年诞辰的今天，面临实现中华民族伟大复兴的伟业，任务艰巨，责任重大，他祝愿我们的党不忘初心、牢记使命，继续领导全国人民，披荆斩棘，奋勇前行，愈战愈勇，愈勇愈强！

（本文曾入选文化和旅游部机关党委、离退休干部局2021年联合策划推出的"红色文旅年华"访谈活动，收入本书时略有改动）

吴瀚：丹心献给党，此生无所憾

李思涵

生于 1914 年的吴瀚历经百年风雨，她的命运与党、国家和人民一直联系在一起。自 1936 年加入党组织，她一步步见证了中国共产党领导人民艰苦奋斗，实现民族独立、国家富强的壮丽征程。吴瀚，就如同她的名字一样，有着一段波澜壮阔的革命人生，走过了一段南征北战的无憾之路。

1935 年，国家正处于山河破碎的抗日战争时期，和众多爱国青年一样，作为清华大学的一名学生，19 岁的吴瀚积极参加了"一二·九"抗日救国示威活动，从此走上了革命之路。

"一二·九"运动后，她在寒冬腊月参加了清华自行车南下抗日宣传队。为避开军警的严密盘查和围堵，宣传队选择了尘土飞扬、坎坷不平的土道。作为队中唯一的女生，吴瀚和其他人一起伴着北风怒号、飞沙走石一路前行，靠冷馒头和烧饼充饥，从不叫苦叫累。寒风刺骨，队员们刚出了一身热汗，便立即被冷风吹冻。艰苦的环境让吴瀚的身体出现了问题，她在沧州就开始发烧，但为了不拖累队伍，吴瀚没有半点娇气，瞒着大家强忍病痛坚持跋涉。到了德州，吴瀚病情加重，队友们把她送去医院，经检查被诊断为白喉，不得不隔离住院。

1936 年 1 月，车队出发后的第 27 天，宣传队回到了清华园，吴瀚也在这天赶到。原来她在德州出院后就立即赶到南京，得知同学们还未到达，她便抽空回了常州。然而当她再次到达南京，车队已被军警押送走了，吴瀚急忙乘津浦路火车返校。回校后，她和队员们组成清华车社，每人名字各取一字成联："坚琦照新瀚，仁德振威荣；长城如海龙，雨仕让金山。"这一年吴瀚不仅参加了清华自行车南下抗日宣传队、清华车社，还参加了中华民族解放先锋队、抗日救亡团，积极从事抗日宣传活动。

在种种艰难斗争中，吴瀚与中国共产党结缘，也逐渐意识到，只有中国共产党才能救中国。1936 年 4 月，在国家和民族前途的危难时期，在自己人生的重要关口，她毅然决然地选择加入中国共产党。她是中共党员人数从 4 万剧增到 80 万中的普通一兵，在此后的漫长岁月里，也一直用忠诚书写着作为一名党员的家国情怀。

1937 年，北平沦陷、上海沦陷，还没拿到毕业证书的吴瀚匆匆离开清华大学南下，应聘汉口懿训女中任教员，以教师工作为掩护，在湖北省工委领导下开展党的地下工作。她曾被委派为特别交通员，往返大别山七里坪给彭康（湖北省工委宣传部部长）送信。她还在硚口工人区开办女工夜校扫盲班，参加全国女青年协会乡村服务队、汉口女青年会，任劳工部干事。受党组织指派，吴瀚创办了汉口基督教女青年会战时服务团，她带领近百名姐妹深入各医院救死扶伤，直至武汉失守最后一刻。这些经历造就了吴瀚不畏艰险、砥砺奋进的精神，锻炼了她团结群众、做群众工作的本领。武汉沦陷以后，1939 年，吴瀚随组织转移，到桂林中山纪念中学工作，兼任生活教育社总社会计。

1940 年 10 月，组织上通知吴瀚的丈夫刘季平去新四军报到。当时她刚刚生完大女儿，不知为何腹痛难忍，丈夫虽然担心她，却也只能咬牙离开，而吴瀚必须不动声色地掩护丈夫隐身撤退。她每日在桌子上放一包烟和一杯茶，有人问起，便佯称丈夫刚刚出去。后来腹部疼痛日益严重，吴瀚便去贵阳找了在湘雅医学院的妹妹，在她的陪同下去中央医院查明患有卵巢囊肿，随后进行了手术。伤口初愈，她便接到组织通知去苏中新四军报到。

那时从贵阳去苏北只有一条路，就是从柳州往南翻越十万大山，从湛江到香港，从海路到上海，过江到苏北……如今十万大山作为国家森林公园游人如织，然而那个年代的十万大山道路险峻，山峦起伏，只有采集药材的老农才敢往深山里去，普通人进去生死难料。27岁的吴瀚，怀抱不满周岁的女儿，就这么只身徒步进了十万大山。历时四个多月，挺过千难万险，闯过国统区、沦陷区，跨越三千多公里，吴瀚终于在1941年8月13日到达了江苏如东栟茶镇。接上组织关系后，她成了新四军的普通一兵，在苏中文教处工作，从此踏上了革命的新征途。虽然曾面临极大挑战，但这些不仅没有让她退缩，反而使她更加坚定了作为党员，将党和人民的利益作为最高宗旨的信念。

1946年9月到1947年9月，因作战形势需要，苏皖边区人民政府的机关人员组建成黄河大队疏散转移，从淮安经鲁中地区，过黄河，进驻冀南地区故城县郑家口大杏基村。刘季平时任黄河大队政委，负责黄河大队的北撤行动。此时吴瀚身怀次子即将临盆，身边还带着7岁的长女、4岁的次女和2岁的长子，她还要负责背军事地图，每天都有新的口令，行军可谓困难重重。

吴瀚深知尾随敌人一到，就有杀害新四军后代的惨事。在途经山东沂水马家崖村时，为了不给部队添麻烦，她独自作主把次女和长子送给了民兵马队长。她曾十分坚决地说："季平是黄河大队的政委，部队规定每人的行李不能超过20斤，我家小孩的鞋子就好几斤！"革命妈妈朱姚老太听说此事后竭力反对，设法告知了在北撤部队队尾压阵指挥的刘季平。刘季平听闻后行军到马家崖时亲自找回了一双儿女，交给朱姚老太办了临时托儿所，统一照管前线将领的十几个孩子。

1947年2月，吴瀚次子出生后不久，她的战友黄希珍也生下双胞胎女儿雷豪、雷杰，身体极度虚弱，没有奶水。看到战友的困难，吴瀚二话不说，就把只有3.9斤重的小雷杰带到自己身边，和儿子一起喂养。黄希珍曾在《忆双胞胎女儿的幸存》一文中说："一个妈妈哺育了两个孩子，我的精神、心理、体力的重负全压在了吴瀚同志身上，多么可亲的战友呀！"即便再艰难，吴瀚也始终把党和人民的利益放在第一位，很少考虑自己，她吃苦耐劳、不畏艰难的精神也赢得了战士们的尊敬，被誉为新四军一师女战士中的"三大女杰"之一。

新中国成立后，吴瀚曾到华东妇联福利部工作，还先后担任过上海市民政局办公室副主任，上海市华东医院副院长，山东省科委机关党委委员兼情报所所长，中共安徽省委信访办负责人，中央监察部驻高教部、教育部监察组监察员等职务。1973 年 4 月，组织上调刘季平任北京图书馆（现国家图书馆）馆长，吴瀚也随调至北京图书馆办公室，全身心支持刘季平落实周恩来总理审订的北图建设工程指示，向中共中央书记处作《图书馆工作汇报提纲》，启动国家图书馆白石桥新馆基建和古籍善本目录编辑，创建中国图书馆学会，推动国家图书馆事业的现代化建设。

在女儿刘爽眼中，母亲一直兢兢业业、淡泊名利，虽然身为省部级领导干部的夫人，但她从不享受特权。刘爽曾经问过她，和吴瀚一起毕业于清华大学的同学们如今都成了知名专家学者和领导干部，怎么就她这么普普通通？吴瀚回答道，作为共产党员，党的事业就是我的事业，党让我干什么我就干什么。

作为 7 个孩子的母亲，吴瀚对子女的教育极其严格，从不为孩子就业寻求后门，要求他们走自己的路，把党和人民的需要作为自己学习工作的方向。有一次，她的儿子作为知青响应党的召唤报名援藏，因女友不同意打电话询问家里的意见，吴瀚抢过电话告诉儿子："我们支持你！党需要到哪里就一定要去哪里！"还有一次，同为知青的吴瀚四子被安排在山西的一个村供销社做管理员，给父母写信，希望能帮忙换一个工作，结果刘季平与吴瀚夫妇二人不仅不安排，还给县委写了亲笔信，希望他们一定不要给予特殊照顾，就是要扎根锻炼，为当地百姓服务。在吴瀚和刘季平的严格要求下，子女们都没有辜负他们的期望，认真工作学习，在各自的道路上闯出了一片天地。

由于对党和人民事业作出的重要贡献以及在工作上的优异表现，她曾被评为全国三八红旗手、全国关心下一代先进个人，荣获"中国人民抗日战争胜利 70 周年"纪念章、"中国工农红军长征胜利 80 周年"纪念章、"庆祝中华人民共和国成立 70 周年"纪念章、"新四军成立 80 周年"纪念章等，载誉累累。

2021 年是中国共产党成立 100 周年，"我想对党说，祝愿我们的党历久弥新，永葆青春"，有着 85 年党龄的吴瀚老人如此深情地表达。她觉得，纵观历史，青年总是整个社会发展进程中最积极、最有生气的力量，国家的希望在青年，民族的未来在青年，一代代青年党员用热血和智慧前仆后继推动中华民族不断奋勇向前。吴瀚曾是他们中的一分子，在美好的青春年华为党和人民绽放光彩，她希望年轻一代党员继往开来，勇敢挑起民族复兴大任的重担，成为新时代国家繁荣发展的中流砥柱。

（本文曾入选文化和旅游部机关党委、离退休干部局2021 年联合策划推出的"红色文旅年华"访谈活动，收入本书时略有改动）

黄润华：让民族古籍焕发时代光彩

柳　森

黄润华同志不仅是一名有着 37 年党龄的老党员，更是一位奋战在图书馆战线上的少数民族古籍保护与研究专家。1965 年大学毕业后，25 岁的黄润华同志服从国家分配来到北京图书馆，由此开始了自己的红色文旅生涯。

1965 年 9 月，入馆工作不久的黄润华同志就响应国家号召，在单位的统一安排下前往甘肃参加社会主义教育运动，并于 1966 年 7 月回到北京。1970 年，他前往湖北咸宁文化部"五七干校"参加劳动实践活动。1972 年回到北京后，他正式开始了自己的图书馆业务工作生涯。他首先在善本部少数民族语文图书组从事少数民族文献编目与整理工作，之后到馆长办公室、馆工会从事行政管理工作，后又回到善本部继续从事行政管理及古籍保护与研究工作。期间，他先后担任国家图书馆馆长办公室主任、善本特藏部主任等职，并兼任中国民族古文字研究会副会长、中国突厥语研究会理事、中国民族语言学会理事、北京市民族古籍整理出版规划小组成员等学术职务。在工会工作期间，他任工会常务副主席，北图工会成为文化部第一批获得"职工之家"称号的单位之一。

他潜心学术、笔耕不辍，始终坚持从事维吾尔语、柯尔克孜语、锡伯语等少数民族语文图书编目及满文古籍整理工作，系任继愈先生主持编纂的《中国国家图书馆古籍珍品图录》副主编之一，出版《少数民族古籍版本——民族文字古籍》《中国民族古文字图录》等著作，撰写有关民族古籍整理与研究的论文多篇。此外，他还成功策划了"中国书籍的演变""馆藏民族文字文献精品展""馆藏周恩来文献展"等大型文献展览。

1978 年，以党的十一届三中全会为标志，中国开启了改革开放的历史征程。20 世纪 80 年代，中国人民在党的坚强领导下锐意进取、意气风发，在各条战线上为实现"四化"而奋勇争先、不懈奋斗。在伟大时代的召唤下，当时的国家图书馆正处于由传统图书馆向现代化图书馆转型的历史时期，黄润华先生对馆内外广大党员在社会主义建设事业中积极发挥先锋模范作用看在眼里、记在心中。在此基础上，带着全心全意地投身图书馆事业发展、为社会主义建设贡献一切力量的初心，1984 年 12 月，他光荣地加入了中国共产党。在他看来，党员最重要的品质就是忠诚，要对党忠诚，对人民忠诚。一方面，在革命战争时期，为了党和人民的根本利益，党员应该坚决地与敌人开展斗争；另一方面，在和平建设时期，党员应该发挥聪明才智，为发展中国特色社会主义、实现中华民族伟大复兴中国梦而贡献力量。

黄润华同志在国家图书馆奋斗了 35 年之久，回首工作生涯，有三件事情令他印象尤为深刻。

第一件事是他参与 1987 年国家图书馆（当时名为北京图书馆）南区新馆落成庆典。1987 年 10 月 6 日，国家图书馆南区新馆建成开馆。南区新馆占地 7.42 公顷，建筑面积 14 万平方米，包括文津街分馆在内，国图馆舍面积达到 17 万平方米，藏书 2000 万册，阅览室座位 3000 多个，日均可接待读者近 8000 人次。同时，南区新馆配有新型电子计算机和书刊传送、通讯、缩微复制等现代化设备，这座亚洲最大图书馆的诞生，是我国图书馆事业迈向现代化的重要标志。当时，黄润华同志在馆长办公室工作，根据领导分工，他负责此次活动的外宾接待。20 世纪 80 年代，北京的星级宾馆还较少，同时接待几十位世界各国重要图书馆的馆长和专家，住宿是个大问题。他多方协调争取，在符合相关规定标准的前提下，于钓鱼台国宾馆包了两栋小楼，安置了全部外宾。在国宾馆安排外宾，成为国图外事接待的首次，可能也是唯一的一次。这样高规格的礼遇和热情周到的接待给各国外宾留下了美好深刻的印象，他们对南区新馆也充满了欣赏和赞誉。而身为一名中国图书馆人，那种事业满足感与民族自豪感在黄润华同志心中油然而生，至今难忘。

第二件事是他参与接待1989年苏共中央总书记米哈伊尔·戈尔巴乔夫的夫人赖莎女士来馆访问活动。当时，邓小平同志提出要结束过去、开辟未来，为中苏关系开辟一个新途径。1989年5月15日至18日，苏共中央总书记米哈伊尔·戈尔巴乔夫应时任国家主席杨尚昆同志的邀请对中国进行正式访问。这是自1959年以来，两国经历了30年的长期隔阂后，苏联最高领导人对中国进行的首次访问。

实际上，相应的访问接待准备工作早已有序展开。1989年4月上旬，外交部通知我馆，根据中苏双方商定，在米哈伊尔·戈尔巴乔夫访华期间，其夫人赖莎来馆参观访问。应该说，这是一次非常重要的外事接待活动，是国家图书馆外事工作历史上第一次接待一个大国的第一夫人，其重要性不言而喻。为此，馆里安排黄润华同志负责接待准备工作。4月18日，我国外交部礼宾司有关官员和戈氏访华先遣人员一起到馆开展沟通协调。他们提出了赖莎女士参观的具体要求，黄润华同志根据要求介绍了我馆的接待工作方案并引领他们参观了南区新馆，他们特别是苏方人员对我馆的接待工作方案基本满意，并对我馆风貌赞赏有加。

5月10日下午4时，苏联外交部礼宾司副司长一行在我国外交部有关官员的陪同下来馆，黄润华同志向他们介绍了经过调整后的我馆具体接待工作方案，之后带领来宾实地踏勘了拟定的行进路线和参观地点。两国外交官员对我馆的接待工作方案表示满意。自此之后，馆内各有关部门随即开始了紧张而有序的接待准备工作。

5月15日，米哈伊尔·戈尔巴乔夫一行抵京。次日上午，赖莎女士到我馆进行参观访问。当日一早，以任继愈先生为首的几位馆领导就抵达现场，我馆馆长办公室、保卫处、行政处等职能部门的相关人员早已各就各位。赖莎女士在众人簇拥下来到红厅，在简短的欢迎仪式结束后，她来到善本阅览室、外文新书阅览室参观，参观后回到红厅，宾主进行寒暄，随后结束了此次访问。其间，还发生了一个小插曲。原定路线是赖莎女士一行到紫竹厅参观出纳台的轨道传送小车，然后从西回廊到外文新书阅览室以便欣赏紫竹院风景。但是，当时紫竹厅早已人山人海，为了保证赖莎女士的安全，全程在前进行参观引导工作的黄润华同志当机立断，与保卫处干部商量后，决定引导赖莎女士一行穿过善本部金石组办公室，向右到达外文新书阅览室，成功避开了拥挤的人群，从而切实保证了参观贵宾的人身安全。参观访问活动结束后，双方外交官员均对我馆接待工作给予了高度肯定。身为国家图书馆的一员，能够在这次高规格外事接待工作中做出一些贡献，黄润华同志感到非常荣幸。时至今日，那些场景和细节仍历历在目。

第三件事是他身体力行地参与到少数民族古籍保护与研究工作之中。2000年12月，黄润华同志从毕生热爱的图书馆研究岗位光荣地退休了。早在20世纪70年代，他就运用所学专业知识并结合馆藏，在少数民族语文图书组开展少数民族古籍编目与研究工作。同时，他和中央民族大学胡振华教授合作，先后整理出版了《明代文献〈高昌馆课〉》《高昌馆杂字》等反映古代维吾尔族语言文化的重要学术作品，在学术界产生了较大反响。值得一提的是，在1975年至1978年，他还到故宫博物院进修满文，并于1991年出版了我国第一部全国性的满文图书联合目录《全国满文图书资料联合目录》，为国内外满学研究者提供了重要参考，受到同行学者们的一致好评。

退休之后，他始终关心着国家古籍保护事业发展进程，将大部分时间与精力投入少数民族古籍保护与研究工作之中。2007年1月19日，为全面、科学、规范地开展我国古籍保护工作，国务院办公厅印发了《关于进一步加强古籍保护工作的意见》，从此，我国古籍保护事业迎来了新的发展机遇。对此，从事了一辈子少数民族古籍保护与研究工作的黄润华同志非常激动。在他看来，文化是民族的血脉，是人民的精神家园，而浩如烟海的少数民族古籍是祖国宝贵文化遗产的一部分。同时，少数民族古籍由于历史久远，损毁和流失现象严重，抢救、收集、整理、开发少数民族古籍对保存人类珍贵文化遗产具有重要意义。有了党和国家的好政策做后盾，黄润华同志在少数民族古籍保护与研究工作方面的干劲儿更足了。

自 2000 年年底退休之后，他独自或与他人合作整理出版了《国家图书馆藏琉球资料汇编》《少数民族古籍版本——民族文字古籍》《中国历代民族古文字文献探幽》《国家图书馆藏满文文献图录》等重要学术成果，推动了国内少数民族古籍整理事业发展，惠及海内外学林，以实际行动真正做到了虽然人退休但钟爱的事业不休、学术研究永不止步。

2021 年是中国共产党成立 100 周年。对于黄润华同志来说，回首过往，新中国成立初期的社会景象记忆犹新，那时的人们憧憬着"楼上楼下、电灯电话"的美好生活；喜看今朝，如今的中国繁荣富强、充满希望，14 亿中国人民在中国共产党的坚强领导下，业已走进全面建成小康社会的新时代。在中国共产党成立 100 周年这个重要节点，黄润华同志认为我们应该更加紧密地团结在以习近平同志为核心的党中央周围，坚持以习近平新时代中国特色社会主义思想为指导，勇于担当、主动作为，齐心协力、真抓实干，把我们的业务工作做好，把我们的国家建设好。而作为一名共产党员，不管在做什么具体工作，都要发挥自己的先锋模范作用，紧紧依靠群众，永远跟党走。

在中国共产党的正确领导下，国家图书馆也发生了翻天覆地的变化。展望未来，黄润华同志希望国家图书馆能够在传承和弘扬民族文化、不断铸牢中华民族共同体意识方面发挥更大的作用。他始终认为，我国是一个统一的多民族国家，各民族平等、团结、共同繁荣，在多元一体的文化格局中互相交融、互相吸收、互相进步。他清晰记得，2019 年 7 月 16 日，习近平总书记在考察内蒙古大学图书馆时指出："要加强对蒙古文古籍的搜集、整理、保护，挖掘弘扬蕴含其中的民族团结进步思想内涵，激励各族人民共同团结奋斗、共同繁荣发展。"总书记的这一重要论述，对做好新时代少数民族古籍工作提出了明确要求，更寄予了殷切期望。经过深入学习习近平总书记的重要讲话精神，黄润华同志觉得国家图书馆可以在新时代中国少数民族古籍保护事业中做好人才培养和学术研究工作。一方面，做好少数民族古籍收集、整理工作，利用数字化等高科技手段实现海内外少数民族古籍回归祖国；另一方面，可以通过培养内部人才与聘请外部人才并举的方式，建立行之有效的少数民族古籍专业研究人才双向培养机制，逐步推进少数民族古籍的保护、宣传、开发，从而让书写在古籍中的文字"活起来"。在此基础上，争取将国家图书馆建成中国少数民族古籍收藏与研究中心。

黄润华同志认为青年一代是国家的未来，是实现中华民族伟大复兴中国梦的中坚力量。他时刻关注着国家图书馆青年人才培养工作，希望年轻一代党员们不忘初心、牢记使命、心怀梦想、不负韶华，将梦想和实践结合起来，把初心和使命落实到具体工作中，用青春和汗水拥抱这个美好的时代，用知识和智慧回报这个伟大的时代。

（本文曾入选文化和旅游部机关党委、离退休干部局2021年联合策划推出的"红色文旅年华"访谈活动，收入本书时略有改动）

纪念黄明信先生

申晓亭

我是 1976 年年底到国图的，从事蒙古文工作，那时还叫北京图书馆，馆址在北海，民语组办公室在主楼的地下室。

黄明信老先生 1979 年到馆，直到 1998 年离开工作岗位，我与黄先生共事了 20 年。

黄先生是著名的藏学泰斗，《五体清文鉴》的附录是他写的，他也是《藏汉大辞典》的主要编纂人员。黄先生能到北图，有于道泉先生的极力推荐，也有黄先生自己的选择——民语组虽小，但藏文典籍丰富，是研究藏文化的最佳之处。黄先生到馆后，做出了许多贡献，大大提高了国图民族文献工作的社会地位和业务水平，其中《藏文古籍编目条例》被相关图书馆采用，《汉藏大藏经目录异同研究》则获中国藏学研究珠峰奖，而我们这些在他身边做民族文字工作的年轻人，更是沐之甘霖、受益匪浅。

2007 年 12 月 29 日，国家图书馆和中国藏学研究中心联合举办了"恭贺黄明信先生九秩华诞暨《黄明信藏学文集》出版座谈会"。

与黄先生朝夕相处的日子也是我此生最难忘的。

黄先生学问好，人也好，以"学而不厌，诲人不倦"来形容黄先生最适合不过。黄先生的学问很高，他是清华大学历史系毕业的，却在拉卜楞寺住了八年，不仅藏语了得，而且精通藏传佛教，获有拉然巴格西的学位，这是藏传佛教格西中级别最高的学衔、显宗中最高的学位。不仅如此，黄先生还精通藏传佛教中最深奥难懂的历

2016 年 1 月 1 日看望黄明信先生

算学，这需要现代天文学、数学知识，很少有人能达到这个境界。

黄先生对我的帮助尤其大，在我获得的成果里许多都离不开黄先生的名字。我和黄先生共同署名发表的文章有三篇。应该说这几篇文章的学术水平都是很高的，产生了一定的社会影响。

第一篇是《〈蒙古源流〉成书年代诸说评议》，此文刊登于《民族研究》1987 年第 6 期。

《蒙古源流》是一部著名的用蒙文撰写的蒙古编年史。在古籍整理中发现有关它的成书年代社会上有着两种不同的说法，而且都源于对同一段文字的不同理解。比利时人田清波理解此书写成于作者诞生后的第 59 年（1662），我们认为田清波忽略了其中"愤怒"一词的性别，阳性愤怒应该理解为时轮历的"胜生周"的第 59 年，相当于公元 1685 年。为什么会有这样的分歧，主要是：一方面由于蒙文记录文字的不甚严谨、晦涩难懂、易出歧义，另一方面因为它牵扯到蒙古历、汉历、藏历中有关纪年、纪月、纪日的方法，这些方法纠缠在一起比较复杂，一般学者由于专业的限制，完全理清这些问题不容易。因为有黄先生，我们理清了这些问题，我们的论文得到了国内外蒙古学界的认可与重视。

1998 年 9 月，相关内容的论文《谈蒙古历与藏历》（蒙文版）在日本冈山"蒙古传统科学国际讨论会"宣读，其后该论文（蒙文版）刊登于《内蒙古社会科学》（蒙文版）2001 年第 2 期。

第二篇为《〈康熙御制汉历大全蒙译本〉考》，该论文发表于《文献》1988 年第 2 期。

《康熙御制汉历大全蒙译本》木刻板，共 37 册（我馆藏其复制本）。序言中说："为了精历算、彰百家、益算者，圣文殊师利康熙皇帝诏谕将此前所未有的历算典籍之精本重新用汉文编写，再用蒙文翻译刊刻。"《蒙译本》成书于康熙五十年（1711），选译自清康熙八年（1669）清廷制定的时宪历《新法算书》。清康熙五十四年（1715）《蒙译本》被译成藏文，于是有了《康熙御制汉历大全藏译本》，时宪历自此传入西藏，之后形成藏传时宪历，用以推算日月食，至今保持不变。该论文包括三部分内容：书名与卷次、序文译注、源与流。

第三篇为《藏历蒙古历汉历》。

该论文就与蒙古历有关的几个具体问题——《蒙古源流》成书年代问题、俺达汗出生日期问题、霍尔月问题、时宪历的引进问题——系统谈及藏历、蒙古历、汉历的某些原理和方法，包括纪年法、纪月法、纪日法及日月食推算法等问题，进而阐明藏历、蒙古历、汉历各自的特点以及三者之间的直接或间接的联系。

第三篇着重于阐述藏历与汉历的历法原理，是黄先生的初稿，我的工作主要是文字整理、修改和蒙译。

《藏历蒙古历汉历》于 2006 年 10 月被收入中国藏学出版社出版的《加强藏学研究　发展藏族科技——第七届中国少数民族科技史国际会议论文集》。

其后，在蒙古文古籍编目中，在翻译佛教人物传记中，我还是往往会拿些难解的佛教名词去叨扰黄先生，黄先生一如既往地给予指点。

能与黄先生合作是我的幸运和荣幸。

黄先生除了学识极其渊博、治学一丝不苟、对工作有极大热情和极端负责之外，最感人的就是平易近人、有求必应、诲人不倦。那时，我作为一个初出茅庐的学子，总是带着诸多问题请教黄先生，而黄先生从不嫌弃我知识浅薄，总是问一答三，倾囊相授，使我受益终身。而且黄先生为人正直、谦和，丝毫没有学术界的某些臭毛病。记得前两篇文章发表时，他都曾提议由我做第一作者，说将来对我的进步有好处，我很感动……

对于黄先生这样德高望重又给我许多帮助的人，我总是心怀尊敬，心存感激。黄先生退休后，我基本上每年 12 月他过生日的时候，都要去看望他。

更使我叹服的是，八九十岁的人了，仍然在工作，在从事研究，在为他人、为社会发光发热。开始他还能侃侃而谈，还能坐在写字台前操作电脑，后来身体实在不行了，寸步难行，就把电脑搬到了床头小桌上……

2016 年 12 月，我又去看望他，门锁着，扑了个空，我心中十分不安。

第二年再见到他时已面目全非，虽几乎不能言，但头脑还清楚，认出了我。

如今，百岁藏学泰斗黄明信先生走了，悲痛之心难以言表，借此诗表达对他的怀念：

> 相见时难别亦难，东风无力百花残。
> 春蚕到死丝方尽，蜡炬成灰泪始干。
> 晓镜但愁云鬓改，夜吟应觉月光寒。
> 蓬山此去无多路，青鸟殷勤为探看。

我不知道今后到哪里去看望您，但我会永远记得您。

走好，尊敬的黄先生。

（原载《申晓亭文集——牧人笔记》，收入本书时略有修改）

忆刘岐云馆长

宋克夫

20世纪60年代，有一天，我在国图柏林寺后院库房取书，从库房出来，看见一位男同志，围着东院廊下的书箱转悠。我就紧步上前问："同志，您是馆里哪个部处的，我怎么没有见过您？"

他回答："我叫刘岐云，是新派来的，刚才我去阅览室，问宋克夫同志在吗，一位女同志说他后院取书去了。我就到后院来了，看你手里抱着书，你就是宋克夫同志吧？"

我答道："我是宋克夫。"

他接着说："听说北图在东城柏林寺有个书库，收藏不少书，今天过来看看，我看这箱子里的书，有的书页子都粘连了，要长期下去不太合适啊。"

我问："您是新来的馆长吧？"

他连忙回答："不不不，我是来看看。"

于是我给他介绍了一下柏林寺的情况。这些装满书的箱子，是1963年从本馆各部门搬来柏林寺来寄存的，有百万多册，但可能因为大家业务繁忙，这些书从搬来到现在谁也没来看过。虽然我找北新桥库房讨了些油毡盖上，用砖压好，但遇上风雨交加的天气，这些书箱和书，就好比一群没有爹娘的孩子，仍饱受狂风暴雨的摧残，真令人痛心啊！

我对他说，领导派我负责这儿的工作，责任就在我身上，责无旁贷，不能得过且过，更不能袖手旁观。这些书是国家的财产，党和国家利益高于一切，我身为党员要确保国家财产不受损失。我曾在部务会上，多次反映这些书被损的情况，还找了几次馆领导。馆领导虽然也很关心这件事，但巧妇难为无米之炊，人员和器材尚未到位，只能劝我再等等。

我曾在部务会上说了些狠话，有主任十分生气，当场就严厉批评我话说得过分。这闷头一棒，可把我打醒了，回过头来想想，当时我哪还像个党员的样子呢？我陪着刘馆长，一边走一边检讨。但刘馆长对此并不在意，还鼓励我知错就改就是好同志。

刘馆长在我的陪同下，查看了柏林寺四十五个库房和东西两院廊下的存书。我并不知道他就是新来的馆长，和他聊天时语气有些随意，但刘馆长待人平和，认真听我说了许多柏林寺的工作。

刘岐云馆长回馆不久，就着手解决和整理柏林寺库房的存藏图书。一天馆办公室杨林主任带着三位同志来到我的办公室，进门就说："宋克夫同志，我今天给你带来丁克刚、张玄浩、李德宁三位同志，是来整理那四十万册单本西文期刊的。我把他们三位同志交给你，你做安排，需要什么工具和办公用品，我已给总务科说好了，要什么就找总务科去要。"

我一看这三位同志，心里十分高兴，丁克刚西文了得，张玄浩是全馆数一数二的中西文专家，李德宁是西文翻译，有他们在，西文期刊的整理工作一定事半功倍。

我一下子高兴得说不出话来，愣了好一会儿才激动地说："杨主任，您放心，我们保证完成任务！"而后我又问杨主任，这四十万册单本西文期刊整完了，下一步怎么办。杨主任让我放心，工作要一步一步来。

库房整理活动正式启动，一步步有序展开。我们整理完四十万册西文期刊，就将它们在中院东二库房上了架，头天把片子排出去，第二天就有读者来拜访。在整理完西文期刊后，我们又把海关公报整理出来上了架。除了以丁克刚、张玄浩、李德宁三位同志以外，馆里又抽调来中文采访部的刘东青、蒲英、左光剂、康正芬和刘义等同志，把几十万册中文书整理出来，除选出用来补充本馆馆藏的图书外，其余藏书均通知内蒙古、山西等各兄弟馆提走。政工组组长伟禾组织人事、馆办抽调各业务部门干部来柏林寺，协助顺架和清理书刊库房卫生。蔡锡明和郝生元两位同志尤其认真，他们汗流浃背，不怕脏不怕累，将原本灰尘遍布的库房清理得焕然一新。后来馆里规定，凡分配来馆的大学生，都得先来柏林寺工作一个月，再回馆分配工作，极大充实了库房的人员力量。

1966年，"文化大革命"开始了，整理书和派人来柏林寺协助工作的事被迫停止。但我依然十分感激刘岐云馆长，如果没有他，柏林寺的藏书也许就会长时间被人遗忘在库房的灰尘中。

国图西四大拐棒胡同 12 号院记事

王春英

在庆祝国图诞辰 115 周年之际，看到《记忆国图》征文的通知，我想起了小时候住在西四弓弦胡同 1 号院（现名西四大拐棒胡同 12 号院）时与国图以及前辈们的点滴往事。国家图书馆的发展，前辈们的敬业，打开了我记忆的闸门，是那样波浪滚滚，充满崇敬和怀念。

一、藏书大院

1954 年春，我的舅舅赵宝林受北京图书馆（今国图）领导指派，管理西四弓弦胡同 1 号院。我幼年丧父，是舅舅一直照顾我们，于是我们母女三人也随他入住。

西四弓弦胡同 1 号院是一座有三层庭院的大宅门。第一层庭院的正北是一座典雅的北京四合院主房，整个房子带走廊。第一层与第二层庭院，由一道圆月形的门和灰墙隔开。跨过月亮门便是第二层庭院。院内亭台楼阁，假山花木，花香蝶舞，夜晚时时有蛙鸣声传来。听周边老人说，这个庭院曾是清朝大太监李莲英为他姐姐修建的花园。虽然未经考证，但我相信这座庭院也一定见证了一段历史。

新中国成立初期，国图藏书量急剧增长。当时，书库面积有限，国图只好将图书资料分散在文津街、西四、柏林寺等地。我舅舅的

1963年春王春英在中层庭院

主要工作就是守护暂存在这里的一箱箱古书资料，并照看维护庭院。

旭日东升，舅舅要清扫全院庭落，浇灌花木，照看房屋，还要为到此编写书目的我馆工作人员做好服务工作。

夕阳西下，工作人员离院，大宅里就剩下舅舅和我们母女三人，显得一片寂静。为安全起见，也出于好奇，夜晚我要陪着舅舅巡逻查看庭院角落。我们拿着手电筒，查照每个房间的门窗及电灯开关是否已经关闭。遇上电闪雷鸣狂风暴雨，舅舅会立即放下碗筷，撑伞严查房顶墙面是否有破损漏水，排水沟是否畅通。真是"夜来风雨声，巡查舅甥人"。

我曾傻乎乎问舅舅："书在屋里，又装在木箱里，下雨也淋不着啊！"他说："水火无情哦！大水进屋会把木箱里的书浸泡烂的！"曾在北京师范大学照顾陈垣校长生活的校工舅舅，指着一箱箱的图书说："这些都是国家的宝贝啊！人可以没有钱财，但不可以没有文化知识！"

舅舅就是这样日复一日、兢兢业业，守护这些暂存在大院的图书资料，做到没有破损丢失，圆满完成保管古籍图书的光荣任务。

二、图书馆宿舍

1959 年，随着图书馆事业的发展，各省市图书馆都有到国图学习交流的同行，还有从全国大专院校分配到国图工作的大学生。这样，大拐棒 12 号院逐渐成为国图的招待所和宿舍。为此，宅院房屋被改造成集体宿舍，里面安放床铺书桌，安装上冬天取暖的炉子烟囱。院内建有锅炉房供应开水，以及盥洗水池。舅舅默默无闻地承担起这些后勤工作。

每当到馆里出差的客人，或是分配来的大学生报到后，总务科会通知舅舅安排好宿舍床铺，备好脸盆等洗漱用品。他们的到来给大院增添了朝气和欢乐。他们亲切称舅舅为"赵大爷"，舅舅也视他们为自家人。每当下班或周日，他们常常会找舅舅泡茶聊天。

当时，国家经济困难，馆里经费紧张。为保证住宿大学生和客人的冬天取暖，舅舅不顾双手被冻裂，总是把煤块按大小搭配好分到各个房间，把剩下的煤渣（沫）攒起来，找人摇成煤球或做成煤砖继续使用。

北京是缺水城市，南方来的大学生有的不懂珍惜自来水，洗脸时会互相泼水嬉闹，弄得满地湿漉漉。舅舅看了心疼，诙谐地说："你们都是在河里长大的呀？！这儿的水可是要交钱的！"提醒他们不要浪费。

图书馆宿舍被我舅舅管理得井井有条，干干净净。

70 年代，丁志刚副馆长春节来看望 80 岁的舅舅，深情地说："每年冬天，您老人家都给住在这里的年轻人送来温暖，谢谢您啊！现在他们都已是图书馆的人才啦！"谭祥金副馆长也曾多次看望舅舅，转达了年轻人对他老人家的谢意。

是啊，从西四大拐棒 12 号院走出许多图书馆界的人才精英，他们中有：谭祥金、孙蓓欣、李致忠、袁咏秋、薛殿玺、黄俊贵、刘湘生、程锦修、杜心士、黄润华、李仁年，等等。

我没有忘记曾经在大拐棒12号还生活过或留下过足迹的，从战争年代走来为中国革命贡献青春年华的一些革命老前辈。他们当中有：经历二万五千里长征的老红军尹德金、江西老区的毛勤、延安抗大的赵理湖、抗美援朝的女战士秦亚杰，以及张书然、宋克夫、王慧敏、杜敬岩等。还有在昏暗的灯光下给我辅导检查作业的革命老战士邢淑贤阿姨；在业余时间教我跳舞、打羽毛球，当我光荣加入少先队时带我合影的于秀卿阿姨；更有指引帮助我走上老干部工作岗位的老科长纪少珍老师；等等。我的成长和取得的工作成绩，有他们的付

1955年7月1日少先队员王春英
与老馆员于秀卿合影

出和功劳。1997年，我被中共中央组织部评为全国老干部工作先进工作者。我衷心感谢国家图书馆对我的教育和培养，衷心敬仰和感谢革命老前辈们。

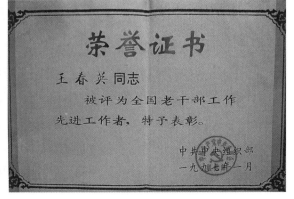

全国老干部工作先进工作者荣誉证书

春华秋实，与国图的前辈一样，我舅舅赵宝林一生为图书馆事业吃苦耐劳，恪尽职责。一年 365 天，没有一天休息，没有拿过一分钱的加班费，这就是无私奉献的国图精神！

　　谨以此文献给我敬爱的赵宝林舅舅！献给已经远去的国图前辈叔叔阿姨们！敬祝健在的叔叔阿姨、各位老师健康长寿！祝新一代的图书馆工作者传承国图精神，砥砺前行！

　　岁月如虹，"不要人夸好颜色，只留清气满乾坤"（元王冕《墨梅》）。

深深的思念

——忆冯仲云馆长对我的关怀与鼓励

王慧敏

我深深地怀念冯仲云馆长,他不仅是抗日英雄、抗联的杰出领导人,也是国图的一位好馆长。1953年4月至1954年9月期间,他在我馆担任馆长,短短的一年多时间里,他为国图的发展倾注心血,而且特别关心下属职工,没有官架子,把党的三大作风、党和老百姓的"鱼水之情"带到了我馆。

记得有一次在老馆阳台工间操休息时,冯馆长和我聊天,关心地问我身体怎样,我坦诚地说:"我左侧胸部长了个良性瘤,手术后,拆线有误又发炎了,这次治愈后,复查时该医院医生说里面还有问题,为防止癌变,要做切除手术。"我当时刚从部队转业一年,和几个女同志住在小石卓集体宿舍,在北京没有成家,才二十出头的我傻乎乎觉得无所谓。冯馆长一听,非常严肃真诚并充满关怀地说:"一个年轻的女孩子,怎能轻易做这个手术呢?"他沉思片刻说:"我给你写封信,你到北京友谊医院请苏联专家给会诊。"边说边叫我到办公室,立即给苏联专家写信。我拿着冯馆长的亲笔信函,在人事科领导的陪同下,去该医院联系住院检查治疗。该院领导和苏联专家都很重视,组织苏联专家和该院医生会诊。苏联专家又到病房仔细地检查,只听到他们嘴里说着"和乐绍",我不大懂俄语,但知道这个念作"和乐绍"的单词是好的意思,暗自高兴。后来医生告诉我说:"苏联专家检查结果没问题,但是决定把第一次手术有误造成的瘢痕彻底切除。”这次手术效果极佳，简直是完美无瑕。

我出院后非常高兴地向冯馆长汇报了会诊和治疗的情况，并向他表示深深的谢意。

冯馆长救了我，给了我新的生命。1957年我结婚，数年后分别生了一女一儿，两个孩子都吃了一年的母乳，长大后双双考入北京大学，事业有成。如今我已是九十多岁高龄的老人，过着幸福快乐的晚年生活。

1952年6月，我从中国人民解放军总参技术部转业到北京图书馆人事科任科员，负责调干工作，为我馆事业发展调进一批图书馆学、外文专业的大学毕业生和部队的转业干部等。1954年我被评为先进工作者，奖品是一个笔记本。我拿着本子请冯馆长给我题词，他慈祥认真地拿起毛笔在首页题词：“永远保持优良工作者的光荣称号。”并说：“其意就是干一行爱一行，全心全意为人民服务。”我牢牢地把这句话记在心里。1956年我调到保卫处工作，在国图三十六年的实践工作中，为国图的人事和保卫安全工作努力奋斗，先后多次被评为先进工作者，没有虚度年华，没有辜负冯馆长的期望。

冯仲云题词

　　2011 年 9 月 16 日，"白山黑水筑忠魂——纪念九一八事变八十周年馆藏东北抗日联军珍贵文献及冯仲云馆长手稿展"在我馆开幕，我有幸作为嘉宾出席。开幕式现场，我见到了冯馆长的女儿忆罗，把一直珍藏的冯馆长题词给她看，请她代为保存。在给忆罗看时，被我馆聪敏的孙俊同志看到，她请我到贵宾厅说："馆里有抗联资料和冯馆长的抗联手稿，这份手书能否捐献给我馆保管？"我很高兴地说"那太好了"，并把珍藏了五十七年的手书交给她，向她简述了题词的原委。后来因为老伴和我先后患重病住院导致她没能联系到我们，但是她一直记在心上，于 2012 年 2 月 21 日专程到我家送来了捐献证书等，并说："修复组的同事已把冯馆长的手书装于特制的折页夹中，以便于保存。"我听了特别高兴并向她表示谢意。

　　冯馆长在生活上真诚关怀帮助我，在政治上热情教育鼓励我，这份恩情刻骨铭心，我终生难忘。

李仁年：人老心不老，身退情不退

吴蓓蓓

在波谲云诡的"文革"时代，她没有随波逐流，而是在书籍的海洋中寻找真理，自觉学习图书分编业务；在敏锐地嗅察到知识分子的春天即将来临之际，她经过反复思考，郑重提交了入党申请书，并在心底默默将党员考察期定为终生；在离开工作岗位安享晚年的时候，她仍然心系党和国家的未来，关注图书馆事业的发展，保持着政治理论及文化知识学习的好习惯，人老心不老，身退情不退。

正是一代代像她一样的同志默默无闻、辛勤耕耘，才造就了中国共产党百年辉煌历史。让我们走进她的家中，聆听她与党、与图书馆事业的故事。

故事的主人公是李仁年老师，一位为图书馆事业兢兢业业、始终葆有党员本色的慈祥老者。李老师1949年进入小学，用她的话讲，是在红旗下接受教育长大的。1965年，由上海外国语大学俄语专业毕业后被分配到北京图书馆。工作不到一年，"文化大革命"便轰轰烈烈地开始了，图书馆这片学术净土、知识福地顿时风起云涌。国家重要的信息基地，传承文明、服务社会的重要机构竟然关闭了好几年，中外图书资料的采集收藏数量骤减，形成了国图馆藏的一个"断层"，这10年在国图辉煌的馆史中留下了"空白"，曾在1964年被中央批准的"北京图书馆建设新馆的方案"也搁浅了。谈到这里，李老师难掩"盛年不重来，一日难再晨"的遗憾惋惜之情。在那个动荡的年代，人心如浮萍，飘摇无依，一张书桌成了李仁年的小岛。她深知"养心莫若寡欲，至乐无如读书"，尽情地阅读俄文版和英文版的《毛主席语录》，提升思想认识，并畅游在托尔斯泰、屠格涅夫等著名俄国文学家的原著之中，巩固所学的外语知识。此外，在当时"重政治、轻业务"的风气下，李老师跟着组内的同志们一起自觉学习图书分编业务、整理目录，为恢复正常工作做好充分的准备。正是这段时间的知识储备，使得她在以后的工作中得心应手。

在政治斗争占据主导地位的时期，各项工作大都停滞不前，深处巨变之中的李老师无暇顾及入党事宜。终于，云散月明，"四人帮"被粉碎，"文革"宣告结束，生产生活回归正轨，图书馆也踏上了高速发展之路，尤其重视对中青年知识分子的培养。

就在这时，李仁年所在部处的党支部书记找到了她，与她就入党事宜进行谈心。李老师直言不讳地表示，自己不愿为了荣誉而入党，作为先进群众也可以很好地为党工作。支部书记随后的一席话带给李老师思想上巨大的转变。他说："你不要把入党看作个人的荣誉，入党是为了更好地担负起责任。"

随后，在1983年春节前的一天，李仁年有幸参加了"青年干部和中青年知识分子座谈会"，薄一波等中央首长，中宣部、中组部、文化部等部委的主要领导以及380名社会各界的中青年知识分子及干部代表应邀参加会议。几位中央首长发言的中心内容都涉及知识分子问题，提到十二大以后，为实现四个现代化，国家需要大量培养和选拔人才，希望更多年富力强、德才兼备的中青年干部和知识分子接班，成为社会主义建设的中坚力量。几位首长的讲话于无声处，一声惊雷炸响，与会知识分子的心一下子激荡起来了。李仁年同样心潮澎湃，她仿佛听到了一个声音："知识分子的春天来了！"座谈会结束后，她经过反复思考、自我审视，庄严地提交了入党申请书。

刚刚进入图书馆时，她也曾感受过初入职场的兴奋与未知，也经历了自我否定与迷茫。学生时期不了解职场，心里会有一些不现实的设想；等到真正走入工作岗位后，难免遇到不尽如人意的地方，比如工资待遇不理想，专业所学不能够得到充分发挥，她也曾感慨理想很丰满，现实很骨感。堂堂上海外国语大学毕业的大学生，竟然终日将时间耗费在毫无技术含量的排列卡片之上，彼时的李老师感到巨大的心理落差。经过长时间与老同志接触，她终于明白，对组织的安排不能挑三拣四、挑肥拣瘦、拈轻怕重，凡事都需要从基础做起，不积跬步无以至千里，作为一名图书馆员就要拿得起任何工作，了解图书馆各项业务。时间不语，却回答了所有问题，当李老师成长为俄文编目组副组长时，她很感谢当初的这段经历，让她熟悉整个工作流程，手到擒来。

1984 年 3 月，在改革开放的大好形势下，国图掀起了机构改革大浪潮，将中外文的采访部、编目部合并后拆分为中文采编部和外文采编部，李仁年被任命为外文采编部主任。正是这一年，她结束了预备期，成为一名中共党员。她时刻铭记老支书的一席话，将带动群众共同进步看作自己的职责。她认为党员最重要的品质就是自律，所作所为要符合党员称号，要听党指挥，认真贯彻党的方针政策，任何时间任何地点都要铭记党员身份，明确党的考察不仅限于一时，要一辈子对得起共产党员称号，永远自觉接受党和人民的考察。

"思想上的入党是一时，行动上的入党是一世"，李老师一直践行着这句话。出任外文采编部主任时，她面临着巨大的考验，是党员身份让她勇敢地挑起了重担。面对外文采访和编目工作的大量积压，她努力寻找改革之路，大力推行岗位责任制，定岗定编定员，建立规章制度，从传统管理过渡到科学管理、目标管理、定额管理。员工的工作积极性得到了调动，不久就将积压工作全部处理完毕。李老师回忆说，正是受到了中国共产党与时俱进、务实创新精神品格的影响，她对传统思维发起挑战，将囿于固有工作模式中的自己解放了出来，积极学习其他图书馆的先进经验，聆听社会各界的意见，探索新路子，谋求新发展。

1987 年新馆的落成和开放，为国家图书馆全面履行职责，发展成为世界一流图书馆奠定了基础。刚入馆工作的时候，办公条件艰苦，终日不见阳光，很多同事都患上了关节炎。乔迁新馆后，办公条件得到了极大的改善，当然，更大的改变发生在图书馆管理上，国图开始了从传统到现代化的进程。李老师激动地说道："我从老前辈身上看到了他们质朴无华、勤勉努力的美德，他们中的多数人没来得及享受到改革开放带来的硕果就离开了工作岗位。我们这一代人赶上了图书馆大刀阔斧搞改革、发展壮大的进程，从中发挥了应有的作用，十年动乱中错失的大好时光在后来的 20 多年工作中得到了补偿，我们是幸运的。"

2019 年 9 月 8 日，国家图书馆建馆 110 周年前夕，包括李仁年老师在内的 8 位国图老专家收到了习近平总书记的回信，这不仅促进了国图的发展，也推动了全国图书馆界的各项工作。说到这里，李老师的眼睛里闪烁着点点泪光，激动之情溢于言表。她将总书记的回信读了又读，将总书记的指示深深刻在了脑海里。虽然已退休，她仍然时刻牵挂着图书馆事业，坚持学习相关知识，紧跟时代脚步。她坚信莫道桑榆晚，为霞尚满天。李仁年见证了我国图书馆事业的发展历程，她说："图书馆如今取得了重大飞跃，作为图书馆人我感到十分骄傲。老牛自知夕阳晚，不须扬鞭自奋蹄，我很乐意向年轻人学习，希望能得到他们更多的帮助。"

谈到对年轻一代的期望时，李老师提到，这一代人是幸福的，国家为青年提供了充分施展才华、奉献知识的空间，年轻一代掌握了更丰富的现代科学技术知识，物质条件也有了极大改善，希望年轻人不要自满，懂得感恩，铭记幸福生活来源于努力奋斗，脚踏实地，求真务实，理解文化工作者的使命并切实践行。此外，还应加强理论学习，读原著、学原文、悟原理，对党的历史、功绩、经验教训进行总结，系统地、科学地、深入地领悟党的政策，而不是实用主义地、只字片语或者断章取义地去学习。问渠那得清如许，为有源头活水来。我们党正是因为不断探索学习才取得了今天的成就，作为党员更应该注意政治理论素养的提高，不断提升为人民服务的水平。

习近平同志强调，广大离退休干部是党和国家的宝贵财富，要发挥老同志的政治优势、经验优势、威望优势，组织引导老同志讲好中国故事、弘扬中国精神、传播中国好声音，推动全党全社会更好培育和践行社会主义核心价值观。此次采访让我们了解到了李仁年这位老党员的初心，在中国共产党百年征程中，无数位李仁年一样的平凡党员默默奉献了青春，漫漫薪火相传路，悠悠征程在青年，年轻党员应扛起他们交过来的大旗，将中国共产党推向下一个更加繁荣的百年。

（本文曾入选文化和旅游部机关党委、离退休干部局2021年联合策划推出的"红色文旅年华"访谈活动，收入本书时略有改动）

钱玄同书《国立北平图书馆记》

谢冬荣

1931 年 6 月，位于文津街的北平图书馆（国家图书馆前身）新址主体建筑落成。这不仅是北平图书馆历史上的大事，也是当时图书馆界乃至整个文化界的大事。按照传统，必须撰文以记、勒石以铭。时任馆长的蔡元培撰写了一篇《国立北平图书馆记》（以下简称《平馆记》），钱玄同则书写了《平馆记》碑文。

钱玄同是新文化运动时期著名的教育学家、文字学家。他生于 1887 年，卒于 1939 年，原名夏，后改名玄同，浙江吴兴（今属湖州市）人。他倡导文字改革，潜心文字学研究，现在我们使用的简化字、汉语拼音方案等都与他有着密不可分的关系。他的父亲钱振常是清同治十年（1871）进士，曾官礼部主事，后辞官投身教育事业，长年担任江浙等地书院的山长；同父异母的兄长钱恂，是晚清著名外交家，曾出使荷兰、意大利；儿子钱三强，是"两弹一星"的元勋；侄子钱仲联乃古典文学研究的大师级人物。钱氏家族可谓人才辈出。

因为研究文字学的缘故，钱玄同的书法成就颇高，篆、隶、楷、草诸体皆精通，特别是他的楷书，借鉴魏碑、晋唐写经体，古朴厚重之中不乏灵动秀气。他的老师章太炎所著《小学答问》《新出三体石经考》二书，曾经钱玄同手写抄录先后刊印出版。张中行评价钱玄同的书法道，"说起字，钱先生继承邓石如以来的传统，用北碑的笔意写行草，飘洒流利；有时工整，用隶笔而更像北朝的写经，功力都很深"。同为文字学家的黎锦熙认为，"钱先生的书法，艺术独优"，不过"向他求书，亦易得，亦不易得，看他精神兴致如何；他写字是不喜欢人家旁观的"。

钱玄同答应书写《平馆记》，或许是受徐森玉之托。徐森玉（1881—1971），与钱玄同是老乡，都是吴兴人，时任北平图书馆采访部主任兼善本金石部主任。钱玄同在日记中详细记载了书写《平馆记》的经过，十分难得。1931年6月12日记到："午后二时至琉璃厂购笔墨等。五—八时为圕（图书馆）写碑，上大下小，甚不惬意，拟告森玉重写之（实系写时屡有人来看看，使我心不安之故）。"这一稿由于屡次有人观看，所以写得并不满意。前面黎锦熙说他写字不喜欢人看，看来是非常熟悉钱玄同而得出的总结。钱玄同拟重新书写。不过这一搁就是两年以后了。

1933年6月20日载："下午在某海写蔡撰《北平圕（图书馆）记》。此文系两年前即应写成刻成者，那时在孔德写，被沈麟伯所扰乱，写得太坏，说明重写。不意一搁便是两年，今日拟赶成之。但因精力不济，未能写完，明日上午续写可毕。两年前所写被江阴某氏要去，其字亦略有某氏之嫌疑，此次所写全不相像矣。"第二天方才写完："晴。上午至中海，写完某记。"

钱玄同书写的《平馆记》镌刻在乾隆"训守冠服骑射碑"的背阴，现矗立在文津楼东面的小花园中，与文源阁碑并排而立。根据钱玄同的日记，《平馆记》碑文的书写完成时间是1933年6月，那么它的镌刻时间也应在此之后，其时北平图书馆已开馆两年了。

治馆心细小见大　做事低调待人宽

——忆任继愈馆长

许京生

　　1987年，北京图书馆白石桥新馆建成，搬迁在即。我所在的典藏部大书库，正处在图书除尘打捆阶段，任继愈馆长刚刚调任北京图书馆，就到文津街馆1号楼大书库查看图书的搬迁准备工作。

　　时值盛夏，天气炎热，任馆长已经七十高龄，他沿着楼梯来到放置西文图书的二层书库。书库楼层不高，铁制的书架略显压抑。

任继愈馆长

我当时正忙着从五层隔板的书架上把陈旧的西文书取下来，然后用塑料绳打成30厘米—50厘米高的书捆。任馆长见我身体有些瘦弱，力气也不十分充足，就带着疑惑的表情说："你捆的书紧不紧，不会搬迁的时候散掉吧？"我说不会的，搬迁前我们都经过了打书捆的训练。他还是有些不放心，似乎不太相信我能把这件事做好。于是我将书提起，然后又在地上颠了几下，他这才放心。

这是我与任馆长的一面之缘，他给我的第一印象是一位细心的老人。新馆开馆以后，他和有关负责人说，楼里的玻璃门太亮，走路的时候不小心会碰头，要贴上标记，防止发生危险。这件事体现出他对读者服务工作的关心与挂念，也体现出任馆长的细致和严谨。

任馆长为人比较低调，做事不喜欢张扬。20世纪90年代初期我还在典藏阅览部工作，曾为出版社编辑文集。众所周知，任馆长著作颇丰，于是我通过秘书向他约稿，希望能编辑他的文集。几天后，他让秘书把我找去，告诉我说："都是些旧作，就不炒冷饭了。"如果说这件事还不足以说明他的低调，那么，20世纪60年代被毛泽东主席深夜召入中南海，探讨哲学诸问题的事情，是在他去世后，我从他秘书的口中得知的。1999年5月我从典藏阅览部调到馆长办公室供职，一直到2019年退休，20年间也从未听别人说起过这件事情。

调入馆长办公室工作以后，我与任馆长接触的机会多了一些。一次，他接待完外宾，我陪他一起回办公室，他问我是哪一年到图书馆的，我说是1985年。任馆长说："正赶上新馆搬迁，馆里缺乏劳动力。"我说："是的，我就是作为劳动力被招进馆的，您还检查过我们的搬迁工作，我是在业务部门工作了15年后才调办公室工作的。"边走边谈，见他精神不错，就又聊道："当年想编您的文集，您没答应，现在想起来，有些唐突。"任馆长还是那句话："旧作，不炒冷饭。"

2000年到2006年，国家图书馆馆长办公室只有秘书科和宣传科两个科室，有一些工作是交叉进行和相互补台。我当时是在宣传科工作，一次，河北大学校领导来馆探望任馆长，并提出要与他合影留念，秘书科的人都在忙，任馆长就找我去拍照。

任馆长很少与人合影留念，这次合影算是例外吧。在他狭小、光线也不理想的办公室里，我没有把照片拍好，任馆长和来宾的脸被拍得有点黑，没完成好馆长交办的任务，我深感内疚。但当我把洗好的照片交给他时，他并没有批评我，只是叮嘱，别忘了给河大的同志邮寄过去。任馆长待人宽容略见一斑。

　　任馆长的学术成就和人品，使他成为我国图书馆界的楷模和典范。

回忆刘季平馆长

薛殿玺

我出生在东北，年轻的时候，在北京图书馆（即现在的国家图书馆）工作的我和爱人两地分居，希望调回大连和家人团聚，正当有机会前往当地一所大学工作时，刘季平馆长来到了图书馆。

刘馆长到任后馆内出现了一个说法：老员工退休了，新员工还没来，就这些 60 年代初到馆、年龄资历处在中间阶段的这波大学生还在，虽然年纪尚轻，却也成了单位骨干，这些人中有好几个和爱人两地分居，如果他们调离了，对图书馆的工作有一定影响。那个年代，在许多人眼中，外地人能到北京工作是件了不起的大事，就在大连那边的单位来人对我进行政审的时候，馆里人事部门和他们沟通，说明了馆内人手不足的情况，表示根据工作需要，不便调动。所以在多方考虑下，大连那边放弃将我调回，我也就没能回去。不过，在刘季平馆长关心下，和我情况类似的如金凤吉、曹鹤龙等人终于和家人团圆了。那次来京的家属约 15 人，家属来北京没工作怎么办？就都留在图书馆工作。没房住怎么办？就在现在的鼓楼西大街 113 号院子中间盖两排房子当宿舍。现在回想起这件事，我还是要跟刘季平馆长说句感谢。

在馆内，我只是普通的一员，并未担任多么重要的角色，但我与刘馆长也有过些许共事的经历。那时，全国古籍善本书目编辑工作会议即将在南京召开，北京图书馆作为主办单位，刘馆长要传达周恩来总理指示，还要作动员报告。为了编写报告，馆内专门成立了一个小组，讨论具体内容，最后执笔的重担落在了我肩上。我用了一个礼拜起草这份一万多字的报告文稿请刘馆长审阅，认真的刘馆长只要不开会，闲下来就修改这篇报告。作为起草人，我被要求和他一起去南京，帮助梳理这篇报告。

中间有个插曲，刘季平馆长去南京必去雨花台，他告诉我们，那里沉眠着他的很多战友，自己一定要去吊唁，这种革命的情谊令人感动。他爱人也曾说，刘馆长一天到晚经常坐在办公桌前，要么阅读文章，要么修改稿子，要么只是坐在那里不说话静静思考，唯一能打扰他的，就是他的小孙子，这个习惯是他过去从事革命工作的时候，因长时间蹲监狱养成的。听当地干部说，刘季平馆长在东南一带的人们心中是革命先驱，大家对他十分敬重。

后来在会上，刘馆长讲这篇报告大概讲了两个多小时，当我看到终稿的时候，发现它已经被改得完全看不出原来的样子，各种修改痕迹像复杂的绳结，猛地看上去不知怎么解。

大会闭幕后，刘馆长想去天一阁看看，我和善本组的同事们陪他先到上海，然后坐着火车去杭州，再转车去宁波的天一阁。

本来一行人可以在上海多停留一段时日，但按照刘馆长的说法，上海的接待规格相对高一些（按"文革"前他任教育部副部长的规格接待），按规定已经超过他可以享受的范围，觉得有些不妥，还是尽快离开比较好。从浙江回来路过济南的时候，在车站，山东省图书馆的馆长（刘季平馆长当年的部下）和几位当地的干部在站台迎接刘馆长，希望他能在济南住几天，但刘馆长觉得这阵势太大不好，就借故直接回了北京。

刘季平馆长来到图书馆以后做了不少工作，唐山大地震波及北京，我馆有的楼外墙开裂，有的柱子损坏了，馆里就把楼封了，住在馆里的员工只好暂时搬进地下室甚至车棚，刘馆长就坐在院子里，指挥大家干活。馆里有什么重大问题需要协调，他就去咨询拜访中央相关领导，回来后和大家一起讨论形成文件，再去向中央汇报，把问题解决。

可以说，刘季平馆长对于国家图书馆的建设厥功至伟。他推动落实了周恩来总理审定的北图新馆建设工程指示，启动了北京图书馆白石桥新馆基建和古籍善本目录的编辑工作；他为团结全国广大图书馆工作者积极投入学术研究，推动建立了中国图书馆学会；他走出国门，将国外现代化图书馆建设的理念引进来，为未来我国图书馆建设打下重要基础……

　　现在猛然回想起来，刘季平馆长竟已去世快 40 年了，我也从一个毛头小子变成了满头白发的老人。或许人到暮年，便又重新拾起了年轻时的经历，那时的我未曾觉得刘季平馆长有什么特殊之处，但现在却忽然发觉，他很特殊，而他的特殊之处，就在于对工作的孜孜以求，对员工平易近人、和蔼友善。虽然刘季平馆长早已离我们而去，但他的事迹会一直留存在我们的心中。

朱颜莊：深耕国图沃土，牢记使命担当

杨宵宵

2019年国家图书馆（以下简称"国图"）建馆110周年前夕，习近平总书记给国图8位老专家回信，对老同志离退休后仍然心系国图发展和文化事业、坚守服务初心的行为进行了高度肯定，勉励国图人为建设社会主义文化强国再立新功。总书记的亲切关怀是对图书馆界的巨大鼓舞，接到回信的老专家们更是激动不已，感到非常振奋，其中便有朱颜莊老师。

朱颜莊，又名朱岩，如今已年届八旬，清瘦而矍铄。谈及对党的最初认识，是在上小学时读了哥哥带来的一本小册子——毛主席撰写的《新民主主义论》。当时他就已经认识到中国共产党是领导中国人民推翻三座大山、建立一个独立繁荣富强新中国的党。打那时起，心里就对党充满了崇敬与热爱。

在北京四中读书时，朱颜莊认真阅读了苏联名著《钢铁是怎样炼成的》，了解了共产党员是无产阶级先进分子，要全心全意为人民服务，为解放全人类而奋斗。他至今还清晰地记得四中老师的叮嘱："要在红领巾还没摘下时争取加入共青团，在还没有超过团龄时争取加入共产党。"在后来的日子里，他一直遵循着这些教导和认识，在学习工作中一步步实践落实。他始终认为，作为一名共产党员就应该不忘初心，坚决听从党的召唤，党让干什么就干什么，无论干什么都要干好。

初中毕业后，朱颜莊考上了北京机器制造学校，学习机械工程专业，毕业后留校担任力学课程教师，第一学年就取得了较好的教学成绩。第二年，他被组织调往从事国家急需的国防材料高低温试验设备与方法研究工作，并在此期间光荣地加入了中国共产党。

1976年，朱颜庄被调到国图工作，从此与图书馆事业结缘，开始在国图这片沃土上辛勤耕耘。最初他在业务处工作，新馆工程启动后，领导提议他到自动化发展部从事馆藏文献计算机管理和数字化研发的领导工作。面对全新的工作内容，需要从头学习英语和电脑软件工程基本知识，对人到中年的朱颜庄来说，是不小的挑战。当时还没有时间到馆外进修，只能边学边干。想到组织的信任和重托，同时自己还是一名党员，朱颜庄义无反顾地挑起重担，迎难而上。

当时国图自动化建设遇到的一个重要技术难题，是字符集不敷使用，表现为三个方面：首先，在汉字方面，当时系统只配备了一个包含6763个简化字系列的字集，对于馆内收藏的大量使用繁体字、异体字、罕用字的中文文献处理远远不够。其次，馆内不仅要处理中文文献，还需要在一个系统中同时处理世界各语种文献。这就需要一个包括汉字在内的多种文字统一编码平台，而当时计算机系统只配备一两种字符集，即只能处理一两种文字资料，这显然是个障碍。最后，当时计算机厂家各搞一套字符集编码，不同计算机系统之间传输数据困难，不利于数据交换与共享。这不单是图书馆界遇到的困难，也是全社会信息处理发展面临的瓶颈。

作为国图的一名工作人员，经常与书目文献打交道，朱颜庄体会更深、感受更强烈。因此，当国际标准化组织提议制定大字符集国际标准时，朱老师和研发团队积极关注，密切追踪。1989年初，国际标准化组织（ISO）正式提出了一个框架讨论稿（ISO/IEC 10646草案），在汉字编码方面请求中国拿出方案，朱颜庄觉得在这方面有所作为的一天终于到来。

1989年6月初，根据国际标准化组织的议案，由中国计算机标准化委员会牵头召集国内有关专家和部门代表研讨国家对策。会议讨论了三个方案，其中前两个均是基于国家现用的基本字符集（简化字系列 6763 个汉字）单独进入国际标准框架的方案。与会人士认为不太理想，但是实现起来会比较容易，中、日、韩以及台湾地区都可以原封不动地将自己的字符集纳入国际标准。

基于国图信息处理需求，朱老师在会上提出了中国汉字与日、韩汉字（简称 CJK 汉字）以及台湾地区使用的汉字统一编码进入国际标准的第三方案。他指出，中国是汉字大国；中日韩汉字同属一个体系，日韩使用的汉字绝大多数与中国是一致的，其自造的个别汉字仅占全部汉字的很少一部分；大陆与台湾地区所用汉字本来就是一回事；中日韩以及台湾地区使用的汉字若不能统一编码进集，就不能最合理地利用大字符集编码空间。

大家认为该方案比较理想，而且避免了在国际标准中出现"两个中国"的可能，但实现起来会有较大的技术难度，也不能排除国际上一些国家不合作的困难，对能否在预定时间内完成标准制定还没有把握。在这关键时刻，时任国家计标委负责人陈力为院士表示：中国在国际标准中能为自己的汉字争得应有空间，应该以此方案到国际上去努力争取，不管遇到多大困难，都要去争取。他的态度，对后来的工作起了决定性的作用。

此后，大家加紧准备，并事先与台湾和香港资讯业界进行了研讨沟通，取得完全一致意见。1991 年 4 月，中国带着第三方案去韩国参加大字符集制定国际会议。果不其然，在会上中方一提出就遇到日本方面的坚决反对。但是来自美国计算机产业的代表对中方方案予以支持，他们也有 CJK 汉字统一编码的构想。面对日方的阻挠，中美双方磋商决定相互支持，提议联合研究，并在会上发表了欢迎其他成员参加的联合声明。虽说经历了不少波折，该方案还是获得了多数国家和地区的认同。

方案确定后，摆在中国面前的任务是，如何把书面方案落实成 CJK 汉字统一编码电子形式标准成果。为此，国家成立了攻关课题组，课题组首先建立了来自不同字集的汉字点阵、编码信息数据库，其涵盖来自不同国家和地区的十个字集（中国大陆基本集、三个辅助集和通用字表与文本通讯用的独立汉字，共 23633 个；台湾地区一个集 19370 个汉字；日本两个集约 12000 汉字；韩国约 400 个汉字），约六万汉字。要对这些来自不同地域、字形又有很多差异的大量汉字进行辨别（把认同的字放在一起，把独立的字分列出来），再按照一定序列统一编码，是一件非常不容易的事，靠手工方法不知要干到何年何月，而且质量也难以保证。

困难面前，朱颜庄和另外几位技术骨干的共识是：必须也只有走大胆创新和运用高科技手段之路。创建汉字属性库是采用计算机软件对汉字进行认同与甄别的唯一依据，是实现统一编码技术突破的一个关键环节。经过一年奋战，国图为该项目提供了我国基本集和三个辅助集两万多个汉字属性的研究成果，同时，又为日韩和台湾地区字集中的汉字追加编订新的属性。计算机通过属性对来自不同字符集的汉字进行区分与认同，终于编制出统一编码的电子子表。经过各国专家的多次审校，CJK 汉字统一编码字表定稿上报，于1993 年连同其他国家文字编码一起被 ISO 正式颁布为国际标准。

该标准投入使用后，迅速推动了世界范围互联网环境下中外文信息的交流、共享与统一处理。原国家计委、国家科委和财政部联合为国图颁发证书《国家八五科技攻关重大科技成果》。电子工业部有关领导指出，"这是国家在国际电子标准化方面打得最漂亮的一仗"。该项工作与之前完成的《汉字属性研究》《中国机读目录格式》等成果曾荣获多项国家科技进步奖，以及文化部、电子工业部等授予的荣誉奖项。

后来，朱颜庄在国图教育中心任职，工作期间多次组织国图以及国内图书馆界信息技术培训与交流，邀请国外著名专家来华讲述现代化管理。

工作岗位上的朱颜庄兢兢业业，刻苦钻研，取得了丰硕成果。1998 年退休后，他依然珍惜时光，老有所学、老有所为。他积极参加大字符集技术的推广应用，推动实现《四库全书》《四部丛刊》

《汉语大辞典》等重要典籍全文数字化和全文检索；协助北京大学创建北京历史地理数据库，收录著名历史地理学家、中国科学院院士侯仁之先生的全部著述及其弟子的主要著述，将数千万字的文字资料、百余幅地图、千余张图片和部分影像资料纳入专题数字图书馆；参与由大陆和港、澳、台地区十三个成员馆共同发起建设的辑录孙中山著述、革命活动与研究的数字化图书馆——孙中山数字图书馆；帮助实现日本古籍的数字化，为日本名古屋大学、早稻田大学、福冈大学的专家学者从事汉学研究提供方便；参与中国第一历史档案馆重点清史档案文献数字化工作项目"清代历史档案文献电子信息采集"等研发，助力图书馆从第一代以书目为核心的处理系统向新一代全文处理系统过渡，突破一系列技术难点，实现通过OCR转换达到典籍全文数字化、网络环境下全文检索（包括精准、模糊检索、知识检索），让读者足不出户、字字可查、句句可检、一步到位即可获得最终文献信息，有力推动了中外文化学术交流与合作。

虽已步入耄耋之年，朱颜庄的心态却依然年轻。他认为一个共产党员既要仰望星空，也要脚踏实地，应该立足本职工作，牢记初心使命，扎扎实实地去奋斗，刻苦钻研，团结协作。他一直强调，自己的一切灵感、创意都来自对国图这块沃土的深耕。国图让自己站得更高，看得更远，做到"胸怀祖国，放眼世界"，也收获了人生最大快乐。他希望年轻的党员同志们以国图事业为己任，在自己的岗位上寻梦追梦圆梦，使国图在新时代更好地传承文明、服务社会，与国家发展同步，与时代同行。

（本文曾入选文化和旅游部机关党委、离退休干部局2021年联合策划推出的"红色文旅年华"访谈活动，收入本书时略有改动）

万里委员长与北京图书馆

张季华

20 世纪 80 年代末至 90 年代初，正值新馆建设如火如荼的年代。那时国家图书馆尚未更名，仍称北京图书馆。新馆建成后，当时的人大委员长万里曾三次到访，其景至今历历在目：第一次是 1987 年 10 月新馆开馆，万里说要把北图建成世界第一流的国家图书馆；第二次是 1991 年 5 月北图集资兴建的科技贸易中心开业，万里说要充分利用北图馆藏，大力开发科技市场；第三次是 1991 年 11 月 7 日北图大型计算机综合管理系统开通，万里出席典礼并作了重要指示。

"当初选址选对了"

万里委员长第三次来馆时，环视着毗邻紫竹院的这座宏伟壮观的泱泱书城，感慨地说："当初选址选对了，还是这里好，开阔多了，比景山那边好。新馆从选址、设计、投资、建设、竣工，到开通，我都参加了，北京图书馆的工作很有意义。"

万里一席话把人们的思绪带回新馆建设初期。早在 1975 年 4 月，万里就对新馆建筑用地、高度、投资和设计提出过具体意见，指出：选址用地要搞一个长远规划，分期分批地建，把皮鞋厂和园林局迁走，使图书馆能紧靠紫竹院公园，读者看书疲倦了，一抬头就能望到美丽的园林。用地一定要合理，这是百年大计，要给下一代留些余地。至于高度，高一些没什么，读者服务场所不超过五层就可以了。关于设计，要把中国和外国现有图书馆使用中的问题摸清楚，把正反面经验教训很好总结一下。设计方案一要实用，二要采用国内外先进技术，三要搞好总体布局，四要注意外观。在投资上最好实报实销，首先要把使用问题考虑周到。我们国家是穷，再穷也要把一个国家图书馆搞好。北京图书馆不是一般图书馆，有国际影响，要建得好一点。

1983年9月新馆工程举行奠基典礼，邓小平题写了"北京图书馆"馆名。同年11月新馆工程破土动工。在新馆建设的三年半时间里，万里三次亲临工地视察工程进展情况，叮嘱要对工程质量、进度严格把关，一再强调：中国应该有一个世界第一流的图书馆。建筑规模、设备、管理都应该是第一。1986年11月，三建公司的领导向万里汇报，争取1987年7月1日竣工。万里说："不是争取，是必须。明年'十一'开馆，让十三大代表参观，说明我们中国有文化。计委要保证，钱必须给够，材料必须确保，质量必须第一流，'七一'必须竣工，十三大必须开馆。"1987年7月新馆土建工程竣工，万里欣慰地说："十几年了，周总理交办的事总算完成了。"

"图书馆不搞现代化是没有前途的"

1991年11月7日在红厅接待室，万里亲切会见了北京图书馆领导同志和有关单位的代表，着重谈了图书馆现代化和保护古籍文物问题。他关心地询问计算机设备是日本哪家的产品，软件开发达到什么水平，繁简字的处理功能怎样，馆长任继愈一一作答。万里说："中国和日本是近邻，有着长期友好合作的关系。我国改革开放，需要引进和借鉴发达国家的先进技术与管理经验。图书馆光靠传统的人工操作不行。我看过美国国会图书馆，那里运用现代技术，工作效率提高不知多少倍。中国的历史文化和现代文化大量集中在图书馆里，要用现代技术保存和使用它们，为我国建设服务。图书馆不搞现代化是没有前途的。"他还询问古籍和善本是否还借用别的地方存放，现在保存如何。任继愈回答说，北图线装书有 200 多万册，保存得很好。基本库房是恒温恒湿的。过去借用存书的地方已经还了。万里又谈到文物保护问题，他在列举敦煌壁画、秦兵马俑后说，挖掘出来后如不注意保护，技术跟不上，再过若干年就会损坏，这个问题要引起高度重视，加强科研，努力设法解决。

"北图需要专家"

当天在多功能休息室，万里会见了文化部副部长刘德有和新馆建设时期的北图老领导，谈到培养女干部和技术人员，以及北图将来的体制问题。万里听到北图领导中有懂专业的中年女同志后十分高兴，亲切地询问了副馆长孙蓓欣的有关情况。他认为我国各条战线女干部太少了，应当很好地注意培养、选拔优秀的女同志到领导岗位上来。万里非常关心北图技术人员的来源，他说："没有技术人员不行，北图需要专家。"得知北图培养了一批能维护硬件、开发软件的比较年轻的专业技术队伍，万里很高兴。他又说，我讲过几次，有国家图书馆，也就是北图，人大常委会不必再建图书馆。我与有关人士交换过意见，让北图为中央、人大常委会服务，体制问题可以解决。

在典礼仪式上，北图自动化发展部年仅 30 岁的青年工程师镇锡惠关于计算机管理系统的业务功能和技术水平的发言，引起了万里的关注，他对青年人能承担主要开发工作表示赞许。剪彩后，万里健步来到自动化发展部，饶有兴致地观看了软件开发成果演示，特别对汉字属性系统能用四角号码检索感兴趣。参观主机房时，万里十分关切地询问北图的计算机系统能否与其他图书馆联网，孙蓓欣回答，可以，该网具有扩展联网的能力。万里点头说，北图要面向全国，联网有利于资源共享，但要有条件，你们看还有什么困难，需要多少经费来支持？这番话既是对北图同志的鼓舞，又是巨大的鞭策。

离馆时，万里满怀信心而又语重心长地对北图馆领导说："现代化技术发展到哪一步，你们就要走到哪一步！"这是多么殷切的希望，又是多么深挚的嘱托。

时光荏苒，当年为图书馆建设呕心沥血的前辈们有许多人已离开我们，但他们的精神与足迹却激励着一代又一代图书馆人砥砺前行！

（原载 1991 年 12 月 2 日《人民日报》第三版，收入本书时略有改动）

为任继愈先生庆生

张　洁

　　多年前的 4 月 15 日正值周六，那天是任继愈先生九十周岁生日，也恰好在那天馆内将举办一个重要的讲座。任先生曾说他从不过生日，因此，时任馆领导决定在 4 月 14 日拜访任先生。我当时在馆办公室工作，从 4 月 11 日定下拜访的日子后，馆长希望大家共同出点子，送给任先生一份有纪念意义、特别一点的小礼物。我建议馆里设计制作个小玩意，签署上所有中层干部的名字，送给任先生以表心意。张书记同意这个建议，并开玩笑地说，"谁出主意谁负责落实"，算是把任务布置给我完成。我在两天之内搜集了包括出国在外、怀孕、出差等不在岗的所有时任中层干部的笔迹，请人设计了九寿图纹，紧张地进行扫描字体、排版喷绘、装裱设计，直到 4 月 14 日下午六点才算完成。我和设计师说，辛苦您了，但您别嫌累，生日礼物，别有意义。设计师也表示赞同，而且由于对任先生的敬仰之情，居然没有索要设计费用。

　　我当时负责馆内宣传的一些具体工作，经常因记者需要和任先生沟通采访时间等。当时我工作还没几年，平常说话语速就快，走起路来一溜小跑，加之我怕耽误先生的宝贵时间，所以每次去敲门都忐忑不安，怕打扰先生会客或休息，先生好几次都叫住我，说"你别着急，慢慢说"。先生的语速总是那么平缓而坚定。到了约定的时间定要提前五分钟，宁可他等记者也不让记者等他。偶尔碰见先生外出，从不让我们帮他拿东西或扶他，虽然视力不好，他也坚持自己或依靠拐杖前行。

我还记得先生有次接受采访时曾说，屋里摆放花花草草就为看个绿色。而且据我所知，二三十年前，先生从北大迁居北京三里河，北大旧窗前的那一丛竹子也一并被任先生携去新居，任先生以种竹为乐。因此，馆里决定送先生一盆刺冬青绿色盆景——现在还是绿色的小果实，到秋天就会通红通红，寓意硕果累累，再在先生办公室摆放一盆松柏盆景，寓意健康长寿。此外，先生常年穿一件毛衣，肘处已有绽裂，馆里决定送先生一件羊绒衫。

报纸组还制作了生日报纸，选先生出生之年之月之日的大公报为底本，施以金粉，精心制作。生日礼物就这样定了下来。待4月14日馆领导带队，我们将几样生日礼物送至先生家中。向先生展示完这些礼物后，先生说，以后再别送他礼物了，若表心意，可一人送一包方便面，签上名字，也别驱车送到家里，就放在办公室秘书科交换文件用的格子里，这样我们省事，他也实惠，能吃几天的。先生还开玩笑说我也没有硕果累累，"都是小球，小果"。那是我第一次去先生家，厕身其间，环视先生家中，线装书居多，藤椅木桌也很简朴。先生书桌上方左侧墙上悬挂早年（也许20世纪80年代，也许更早）自己写就的对联：浩歌冲破云天，为学须进地狱。先生曾说"书房是不闻金鼓声的战场"，"入个地狱也是早有思想准备的"。右侧墙上悬挂一幅水墨云龙，只见龙头与龙爪，不见龙身，一片祥云。

在座的陈馆长想起曾在山东省图书馆看到过先生题字，山东省馆特意装饰在中堂，十分漂亮。先生赶紧说，"那是80年代调到图书馆后才有的"。

从客厅可以瞥到卧室一角，看见先生一张单人床，书籍占据大半，真不知先生如何在剩下的空间内舒适地休憩。室内温度不高，就是停暖气以后的那种乍暖还寒的温度，先生穿了两件毛衣，双脚一直紧紧并拢，端坐在沙发上。说起馆里大事，在座馆领导向先生汇报古籍馆与北海公园地界纷争，经先生拜访北京市领导王岐山后，很快解决。主管这项工作的张副馆长谈到古籍馆建设地库时，先生说，"广场一定要能绿化、地要防水，北海水位很高，防水工作要到位。现在的古籍馆广场夏天太热，不环保"。

闲谈中，聊起先生健康，他说，自己知道自己的身体，就像机器零件，新机器出了问题可以更新，老了即使再更换成新的，整体不灵光，只要能带病运转就算正常。医学上讲的知识都是教人"正常"运转的道理。医院开设儿科、妇科，没有"老人科"就是这个道理。老人的病是综合病，这边心脏缓解可能会影响血压，都是牵一发动全身。所以，现在九十岁了，舒张压与收缩压值域跨度较大，哪天大血管迸裂，突然逝去是最好的离世之法。

我们赶紧说，先生还是别太累了，工作适可而止。又聊及其他，先生说曾在干校帮人针灸，因为学哲学，中医讲辨证，且在干校为帮助百姓，那里缺医少药，就自己买了赤脚医生所看之书，在自己身上试着针灸，为老乡看病。先生说他懂200多个穴位，又赶紧补充说，其实穴位都是对应的，因此实际也就是记100多个穴位。试针时，他发现刺激某个穴位，两小时后，白细胞会增多，因此，先生曾治好打摆子和小儿遗尿。我们总共待了半小时，走时，先生坚持送至门口。

这么多年，发生了很多事。在先生弥留之际，我作为曾在先生身边工作过的员工去医院探望，那时我已经调到其他部门工作了，我似乎已经记不清那天下午是如何度过的，但我一直记得先生九十岁生日那天的场景以及先生的样子。

一路播种，一路开花

张倩竹

　　作为国家图书馆古籍馆金石拓片组的"顶梁柱"，拓片编目界的"元老"，拓片鉴定界的"火眼金睛"，冀亚平老师总是神采奕奕、乐观爱笑，当他谦虚又坦诚地娓娓道来自己三十余年的从业经历时，我们的敬佩之情油然而生。

　　在冀亚平老师身上，我们看到了一代人的缩影。1975 年，冀老师退伍来到国家图书馆，初中毕业的他面对的是包罗万象、通贯古今的碑帖传拓和整理工作。当问起是什么精神激励他从对金石拓片一无所知到成为专家时，冀老师只是谦虚地笑笑："在我们那个时代，年轻人的想法就是服从组织分配，干一行爱一行干好一行，这是我们对党和祖国的承诺。"这个承诺冀老师坚守了三十七年。当时的国图，有大量的珍贵拓片积压在书库，没有得到充分的利用，其中很多是解放初期由学者和知名人士捐赠的。将这些拓片转化成大众可以利用的公共资源，是当时国家图书馆善本特藏部的重任，也是每一位同仁、捐赠者和社会的共同心愿。

　　厚重的责任激励人进取。"饥读之以当肉，寒读之以当裘，孤寂而读之以当友朋，幽忧而读之以当金石琴瑟"。这"四当"成为冀老师三十七年工作和生活的完美写照。多学多问多看是他的座右铭，《语石》《校碑随笔》是他的枕边书。他几乎到了废寝忘食的地步，甚至做梦都在背诵历史年号，成了彻头彻尾的"书痴"。外人眼中枯燥艰涩的碑刻，冀老师却从中看到了古人用花儿标注月份的浪漫，以及宋拓比清拓多的清肃巍然之气，仿佛碑刻已不再是冷冰冰的石板，拓片不再是单薄脆弱的纸张，而是历史与世人的深刻对话。

业内常言碑帖拓片是"黑老虎"，这不仅因为拓片大都是黑底的，还因为拓片的鉴定十分困难，一不小心就容易上当，而一旦上当就会令国家蒙受巨大损失，上当者犹如被老虎咬了一口。要想制服这只老虎，非刻苦实践不可为。冀老师深知这一道理。遇到举办展览、接待外宾这样可以接触善拓本的机会，冀老师总会如饥似渴地细细观摩拓本细节，在不同版本的拓片间分辨和思索着微小的差别。

外出传拓也是金石组工作的重要内容之一。早年，冀老师经常跟随他年逾花甲的师傅王敏先生走南闯北地实地传拓。由于大部分补拓的碑刻都存放在室外，野外拓碑对天气的要求很高，所以他们往往天还没亮就出发了，赶好几里山路在日出之前把碑刻拓好，再连夜做好登记著录工作。有时石碑太高，"高空作业"在所难免，洗碑、刷纸、扑墨，一道道繁琐的程序下来要上上下下攀爬几十次，一直高举的双臂会酸疼不已。遇到暴雨之类的自然灾害，冀老师他们还要冒着石碑随时可能坍塌的危险，夹在狭窄的石缝中坚持拓碑。在这样艰苦的条件下，冀老师和同事们拯救了一大批清代皇家的碑刻，其中不少拓片由于原碑的腐蚀，已成为珍贵的孤本。

精诚所至，金石为开。几十年的积累让冀老师在碑拓编目和鉴定方面大有所成，但他总是谦虚地说自己的成就是受益于前辈们的著作和指导。他深感老一辈金石拓片工作者留下的经验和记录是多么地宝贵而实用。因此他一直继续着前辈们的工作，埋头于拓片目录的编制和校对，建立了完善的拓片著录规则，结束了同一张拓片不同名称的时代。他参与编辑的《北京图书馆藏画像拓本汇编》《北京图书馆藏北京石刻拓片目录》和《北京图书馆藏墓志拓片目录》为全国图书馆的拓片收藏提供了权威的原拓参考。他参与主编的《北京图书馆藏中国历代石刻拓本汇编》和负责具体实施的"中国石刻拓片资源库"建设项目，现已上网 23000 余种，是目前世界上最大的石刻拓片资源库，为揭示馆藏和方便公众利用起到了很大的作用。

用急迫和快乐两个词来形容冀老师工作时的心情最贴切不过了。急迫是因为石碑的腐蚀速度越来越快，为了保护文物急需留下它们的拓本。同时为了便于读者利用，需要著录的拓本太多，而目录没有编完，整理的工作就无法开展。快乐是因为他主持出版的目录得到了社会的认可和同行们的充分利用，为中国的图书馆事业尽了一份心一份力。我国于 20 世纪 80 年代末开始整理出版的《全宋文》和 90 年代的《全元文》中，很多碑刻和刻帖中的珍贵资料都来自冀老师和同事们的劳动成果。看到出版者们兴奋的神情，冀老师心里无疑是最快乐的。他总是诚恳地说："在为他人作嫁衣的同时，自己也能成为一名好裁缝，如此足矣。"

三十七年，四万余种碑帖拓本，见证了一颗赤诚的心。冀亚平老师甘于平凡和奉献、业务精益求精的精神激励着一代又一代工作在金石拓片领域的后来人。几年前，冀老师被查出罹患肝癌，但这并没有使他停下奉献的脚步。在病愈出院后不久，他又投入组里的工作中去，以期能将毕生所学传递给后辈们。他总遗憾地感慨时间太紧迫，他入行时师傅带了他十多年，而现在他带徒弟的时间却太短。

冀亚平老师将自己的全部精力奉献给了平凡的事业，成就了不平凡的价值。正如冰心先生所言，最有价值的人生，是在人生路上，一路撒种，一路开花，将这一径长途点缀得香花弥漫，使得穿枝拂叶的后人，深陷迷途，有径可循，踏着荆棘，不觉痛苦，漫漫前路，不觉寂寞。风华正茂时，冀老师已开始人生的求索，如今年逾古稀，他依然是人生的开拓者，引领后人在图书馆事业中不断进取和拼搏！

我与读者

张　煜

　　我在国家图书馆工作的二十多年里，有一段时间曾在阅览出纳台和馆总咨询台工作，都是最直接接触读者并与读者互动最频繁的岗位。对我们来说，每天迎来送往的读者中大部分只是人海茫茫中的匆匆一瞥，而有些读者因为常来常往成了图书馆的"熟客"。这些熟面孔读者中有扎在各种学习资料堆中苦读的学生，有以读书为乐休闲养性的长者，有带着课题或研究项目的各行各业的专家学者，还有查询背景资料的影视艺术工作者等。因为熟知他们的需求，能提供主动服务，提高他们的学习、研究或工作效率，彼此间有默契和信任，这些读者和我们相处成了很熟悉的朋友。黄建大先生就是其中的一位。

　　记得那是我在总咨询台工作期间，初次见面，黄建大先生就给我留下了深刻的印象。他中等身材，看上去挺拔硬朗，步伐矫健，说话爽快，两眼炯炯有神，态度谦逊诚恳，完全不觉得已经是一位年近古稀的老人。由于他不熟悉图书馆的各种信息检索系统，就找到总咨询台寻求帮助。我耐心地听他讲述所要做的工作，了解到他具体需要哪些方面的图书资料，很快帮他完成了查询检索，并引导他到相关阅览室去索取图书。从那天起，黄先生几乎每天早早来到图书馆，进门直奔总咨询台，告诉我们他今天又需查看哪些图书资料。我和我的同事们无论赶上谁在值班，都会非常认真耐心地帮他完成查询检索。因为我在图书馆多个岗位的工作经历，有一些读者服务的工作经验，对馆藏也比较熟悉，所以我不仅仅帮黄先生完成简单的查询检索，还会根据他的研究方向，主动提出一些扩大视野、多方面搜寻查找的建议，比如不局限于查找图书，还有期刊、报纸甚至是地方志等，得到他的认可并取得了很满意的效果。黄先生研究创作工作进展顺利，我们之间的友谊也日益增进。

后来，常来常往的黄先生对图书馆各种检索查询、借阅流程越来越熟悉了，有时候来了也并不需要我们帮助，但他仍旧会来到总咨询台和我们热情地打招呼，随意聊上几句。交流中，我得知黄建大先生原是归国华侨，在国内做过外事、外交、社团、文化、体育等多项工作，经历丰富。退休后仍然是中国华侨文学艺术家协会会员、北京"马来西亚归国华侨联谊会"副主席、南京中山文学院客座教授，等等，社会工作非常繁忙。同时，他还是一位疾病缠身的老人，血糖高，心脏做过搭桥手术。我曾问过他，您完全有条件好好休养身体享清福，为什么还要这么忙碌工作。黄先生告诉我说，他年轻时就喜欢写作，梦想做一名记者，现在退休有了充足的时间做自己喜欢的事情，实现梦想。我对黄先生勤奋刻苦、老当益壮的精神由衷地敬佩，同时也对他创作效率之高、作品之丰厚着实感到吃惊。他的研究创作方面主要是针对华侨和海外侨胞的传记、评述及论文。短短几年时间，他为中国炎黄文化研究会、中国文联出版社、海内与海外杂志社、中国人民抗日战争纪念馆、国家博物馆等撰写了大量的评论和革命文物简介，在《光明日报》《国际政治与经济》等报刊发表了多篇文章，出版了《郑嘉乐传》《人物春秋》《成功者的足迹》《花开不败》等著作。其中一些著作、文章就是在国家图书馆边查资料边写作出来的。某年评选国家图书馆读书标兵时，我毫不犹豫地推荐了黄建大先生，他也从众多竞争者中脱颖而出，光荣当选了那一年的国家图书馆十名读书标兵之一。我是真诚地希望把黄建大先生的精神和事迹传递给更多的人，包括读者，也包括我们这些为读者服务的图书馆工作者。

黄建大先生曾将他创作的一本书《人物春秋》送给了我，并在书上签名感言。多少年过去了，我还清楚地记得他送书到总咨询台给我们的情景。他诚恳谦逊，满口都是感谢的话。类似这样将自己的作品签名赠与我的读者还有一些，这些图书我都好好保存着。这里面有名人，也有很普通的人，他们在图书馆知识的海洋中孜孜以求，获取了源泉和力量，完成了各自的工作或成就了各自的事业，对我们图书馆工作者在这个过程中的助力表达了感谢。但我觉得更应该感谢的是这些读者。图书馆的读者服务工作很平凡，职责所在，我们只是做了应该做的工作，然而，因为读者的反馈，读者的成绩和成就，给了我们更多的激励和职业的自豪感，从另一个视角体现了图书馆员的社会价值，我会更加体会到图书馆工作者甘为人梯，为他人作嫁衣的工作也是多么光荣，多么有意义。

老 许

赵绍玲

　　一九七八年秋，进馆第一天，报刊部主任宋肇基带着我径直进了老馆一号楼地下室，这是科技期刊组。进门右手第一个桌子旁，坐着位老者，宋主任回头对我说："这是你师傅老许。"然后对着连忙站起身的老许说："这是前几天跟你说过的小赵，以后就跟着你学做中文科技期刊的采访。"

20 世纪 80 年代科技期刊组合影（前排右起第八位为许宗海，第三排右起第二位为潘黎蕺，第三排右起第九位为本文作者）

我赶紧打量我师傅：个子不高，背稍稍有点驼，穿旧中山装，戴黑框老式圆眼镜，估计是老花镜，眼镜的一条腿用绳子绑着，镜片已磨得花花的，不清不楚，花白头发剩下不多，露着头顶，让人想起二三十年代落拓的知识分子。

老许极其客气，谦恭地站在主任面前，隔着主任操着山东腔对我说："欢迎欢迎，我叫许宗海。"于是，我知道了师傅是山东人，也记住了师傅的大名。

我和老许都是骑自行车上班，几年来我总是第一个到办公室，老许总是随后就到。每次进了门，见到我，老许就躬一躬腰，客气地说句"早"，我赶紧回道："您早！"老许礼貌地道早安的样子，让我感受到一种只存在于文化人身上的气质，不由得对师傅尊重了许多，亲近了许多。

中文科技期刊采访的基本功是熟悉目录，熟悉目录首先要熟悉目录的笔画，老许被大家公认是馆里的活字典，不论简体字、繁体字，不论多难认、多难写的生僻字，你只要说出来，老许几乎是立马，不打磕巴，随口告诉你这个字几画！我开始时只能用右手指在左手心一笔一画地算，算出来还往往不对，急得一头汗，问师傅错在哪儿，老许一笑，操着他的山东乡音告诉我，这个字，横折钩算一笔。

我和几个年轻人见老许如此厉害，曾故意难为老许，出一些特别生僻的字，问老许几画，老许闭目一两秒钟，睁眼就说出几画来。我们惊为天人，问老许，怎么能记得住那么难写的字的笔画？老许淡淡地说，别看这个字难写，你把它拆成两三个部分，再把笔画相加就简单了。

有了师傅的悉心传授，我也初步掌握了笔画的基本功。

后来，出差到外地的省馆，和省馆的同志一起查笔画时我秒报笔画的基本功，让省馆的同志很是惊异，我就想，北图那些有名的老专家已经名扬海内，我得趁机给我名不见经传其实极其厉害的师傅扬扬名，于是就不无得意地告诉省馆的同志，我师傅是许宗海！

然而，在拥戴大师大家的喧嚣时代，人们还是不知道许宗海是何方神圣。

老许不仅业务精湛，也有不少轶事。

老许性格随和，从不争强好胜，更不张扬。这些年，我观察，他不群不派，独往独来，没有好友，也没有对头，他对每个人都非常友善，每个人也都很喜欢他的存在，还有调皮的年轻人常跟他开个无伤大雅的玩笑。

那年头，北图结了婚的都是自带午饭，老许也是。每天早上喘着气端着个盒盖盒底各有两个凹的旧的铝饭盒进办公室，饭盒上那对称的两个凹，是多年来被自行车后座夹出来的。饭盒里总是干巴巴的两个干粮，不是老伴儿蒸的糖三角，就是花卷，从不带菜。日文摊的小潘总是又心疼又气恼地说他："你得吃好点啊！这个岁数了，总不吃菜哪行啊？你带点肉啊鸡蛋啊多好！"老许总是笑着说："我不爱吃肉，不爱吃鸡蛋。"小潘有点动气了："什么不爱吃肉啊，你就是舍不得！每年国庆会餐的时候你吃肉最多！"老许讪讪地笑笑，低头吃他的干粮，不再搭话。

他当然知道大家疼他的心意。

到了八九十年代，社会上开始流行称呼老知识分子为某老。我们科技期刊的同事便半真半假地称老许为许老。老许听见后连连摆手："不妥不妥！不要看就是两个字颠倒一下位置，那分量我可承受不起！"不过，老许虽对这个誉称坚辞不受，但我们坚持叫他"许老"时，他也不得不答应了。

其实，称老许为许老，也不算太牵强，老许1936年毕业于燕京大学，不也是地地道道的老知识分子吗?!只不过北图实在是大腕云集，名流荟萃，虽被北图众人称为活字典，可老许始终低调地做人做事，故一直不为人知罢了。

后来，我被借调到外单位工作五年，1994年回馆后，跟科技期刊的老同事打听老许，方知师傅已辞世两年多了……

唉……老许，师傅，你可知徒弟心里一直记着您？

两代国图人的光荣传承

郑　荣

在我父亲郑忠祥家显眼的位置，摆放着两张照片，分别是饶权副部长走访慰问父亲并颁发纪念章的合影和部领导、馆领导与我家人的合影。每当看到这两张照片，光荣和骄傲感便油然而生。

那是中国共产党成立 100 周年之际，党中央决定首次颁发"光荣在党 50 年"纪念章，我馆共有 80 名老党员获此殊荣，我父亲那年是有着 72 年党龄的 92 岁高龄的离休老同志，有幸由部领导莅临家中亲自颁授纪念章，我有幸被邀同时在场。

部领导、馆领导走访慰问父亲郑忠祥并与家人合影

饶权副部长走访慰问父亲郑忠祥并颁发纪念章合影

2021年6月29日上午10时许，文化和旅游部党组成员、副部长饶权，文化和旅游部机关党委副书记张彦胜以及国家图书馆副馆长张军以走访慰问的形式，莅临了我父亲家，由饶权副部长亲自为我父亲颁发了纪念章，并向父亲致以崇高敬意和衷心感谢。此时此刻，电视里正在直播在北京人民大会堂金色大厅隆重举行的庆祝中国共产党成立100周年"七一勋章"的颁授仪式。惊人的巧合令人激动、兴奋，大家喜气洋洋，顿感蓬荜生辉，完美合拍。

随后，饶权副部长亲切地询问我的老父亲是为何来到北京来到国图的，还问起我的退休生活，并一一问候了我的家人，称赞我们是红色家庭。他平易近人，和蔼可亲，语速舒缓，语气亲切，现场气氛融洽而愉快，不知不觉聊了很长时间。部领导带来了以习近平同志为核心的党中央的关怀和温暖，让我们实实在在、真真切切地感受到了部领导、馆领导以及老干部处对离退休人员的关心和爱护，这是国家对老一辈离退休人员的特别褒奖，是对所有国图人的激励。父亲和我全家感到无比光荣，无比幸福，激动、兴奋的心情久久不能平复，必将终生难忘。

"光荣在党50年"纪念章的寓意是党员不忘初心、牢记使命、勇攀高峰、永葆青春。这枚沉甸甸的纪念章，对耄耋之年的父亲更多的是荣誉，是温暖，对我而言则更多的是激励，是要考虑如何发挥余热，赓续红色血脉和传承红色基因，为国家图书馆事业、为党再尽我的绵薄之力。

父亲是1948年1月自愿入伍，同年10月入党，立过大功，解放后因身体做了大手术而离开部队。1965年1月，因文化部要尽力加强保卫工作，父亲被调到国家图书馆（当时是北京图书馆）作保卫工作。父亲是个认真负责的人，兢兢业业，恪尽职守，曾成功侦破读者偷书案件。"文革"期间，为保护文津街老馆广场上的那对石狮子，用木条封装做掩护存放在隐蔽的地方，躲过了劫难。离休前做消防工作，为消除安全隐患尽心尽力。公安部曾向父亲颁发了保卫工作满30年的荣誉证书。2019年9月，副馆长孙一钢莅临父亲家中，亲自为父亲颁发了"庆祝中华人民共和国成立70周年"纪念章。离休后，父亲仍然心系国图的安保工作，关注文化事业的发展，关注祖国的统一大业。馆领导始终没有忘记离休的老同志们，每年馆领导、老干部处的领导及同事都上门进行慰问。

我从小在北图宿舍长大，没事儿就往北图跑，耳濡目染，我的身心早已扎根在北图。我受父亲影响颇深，父亲以身作则，让我看到了党员的模范带头作用，自幼就坚信党的领导。我从小体弱多病，但从未削弱我好强的性格。我学会了像父亲一样的认真，认认真真做事，踏踏实实做人。上小学前父亲跟我商量起名字的时候，我选择了郑荣这个名字，我愿意像父亲一样，一辈子只做光荣的事，当光荣的人。

父亲有把心爱的木质大算盘，他说他做报表做统计工作都离不开算盘，这给年幼的我留下了深刻印象，为我后来选择专业引领了方向，在国图从事的工作也与算盘结下了不解之缘。随着时代的发展，虽然算盘渐渐淡出了人们的视线，但我也像父亲一样，在家里留了一把算盘。

在工作中，我爱岗敬业，注重细节，踏实肯干，在财务科工作期间，连续两年荣获我馆先进个人。在购书经费及国有资产管理工作中，我多次参加重大项目采购与管理工作，并获得过馆里的表彰。退休前荣获在馆工作30年纪念章。在担任部处安全员期间，连续被评为安全保卫工作先进个人。退休前，我曾多年担任党支部组织委员工作，荣获我馆优秀党务工作者奖章。

父亲和我，虽然没有做过什么惊天动地的壮举，但各自在平凡而重要的岗位上，都是心系国图，忠于职守。我们既是父女关系，又是同事关系，既是家人，又同是国图人，有着同样的大目标、同样的使命担当。虽然父亲和我的身体都不是很好，但是我们始终都在勠力前行，父亲为保卫国图丝毫不敢懈怠，我为国图发展全身心投入。两代国图人，赓续50载，见证了国图近半个世纪的发展与壮大，见证了文化事业的发展与壮大，见证了国家的繁荣富强。

去年，应老干部处邀请，我接任了我所在党小组的组长工作，我被几十位银发党小组长的工作热情深深打动，为他们的辛勤工作感到震撼，我那股子认真的劲头儿又回归了，那股子拼劲儿又冒出来了。我将发挥余热，跟所有国图人一起，牢记习近平总书记嘱托，坚守"传承文明、服务社会"的初心，携手共创国图发展新辉煌，助力文化事业的繁荣兴盛。

我能和父亲在同一个单位工作，何其幸运！同为国图人，何等光荣！我骄傲！

彭竹：堤岸往事映丹心

郑晓雯

　　自古以来，竹子作为"岁寒三友"之一，因其挺拔的身姿、高洁的品格一直被誉为有"君子之风"。年过九旬的国家图书馆老党员彭竹名字中的"竹"字便取自该意，对党忠贞，正道直行，这也是他一生坚守的信条。

　　彭竹，国家图书馆离休干部，1945 年即在越南堤岸参加华侨青年组织，曾在中共地下组织领导下的新侨剧社、大众流动书报社、亚新书店等工作，宣传爱国进步思想，推动革命事业发展，2019 年荣获"庆祝中华人民共和国成立 70 周年"纪念章。提起彭竹，在国家图书馆工作过的许多老同志都知道他为人低调内敛，话不多，但做事极为严谨认真。中国共产党成立 100 周年之际，青年理论小组的成员对彭竹进行了"红色文旅年华"专访。面对镜头，这位已经 91 岁高龄的老人敞开心扉、侃侃而谈，第一次向外界详细讲述了那段已经过去近一个世纪之久的往事。

　　彭氏家族原籍广东，19 世纪早期到越南、泰国、柬埔寨一带经商，成为旅居越南的华侨，住在越南西贡（今胡志明市）堤岸。堤岸是胡志明市最古老的街区，也是越南著名的唐人街，约 50 万华人聚居于此，系世界上最大的华人社区之一。20 世纪初，堤岸是一个富庶之地，华人在当地工商业中拥有举足轻重的地位。

　　1927 年，国共合作破裂，中国大革命失败，一批来自中国上海、广东、海南、福建等地的共产党员先后到越南西贡堤岸等地避难。中国共产党一贯重视华侨工作，他们到越南后继续坚持传播马克思主义和进步思想，领导当地华人参加反抗帝国主义侵略的革命运动（以下简称"华运"），支援祖国革命事业。

在轰轰烈烈的越南华运中，彭家贡献很大。家族中彭可涛、彭可兆、彭竹、何芷等人都是华运中的骨干力量，在不同领域发挥着重要作用。彭竹堂哥彭可涛是当时著名的华侨爱国青年，曾创办亚新书店，专门售卖进步书籍。回国后曾担任香港三联书店、新民主出版社副经理，在书报业服务几十年，不计名利、勤勤恳恳、全心全意为华侨服务，取得了优异成绩。彭竹妹夫何芷参加了当时的进步剧团新侨剧社，编写、导演多部反映爱国思想的话剧，回国后历任广州市委宣传部处长、《广州日报》编委等职。

在家族的影响和带动下，年幼的彭竹从小就开始接受进步思想，接触进步组织，参加一系列爱国活动。

1941年，日本军队入侵越南，与法国殖民统治者相互勾结，实行血腥统治，残酷镇压进步思想、残害进步人士。当时，华运的重要内容之一，就是引导追求进步的各阶层人士学习马列主义书刊，宣传爱国主义思想和国际共产主义思想，援助中国革命战争，提高争取民族解放的信心。侨居越南的知识青年们珍藏了一批内容积极进步的图书，如托尔斯泰的《战争与和平》、奥斯特洛夫斯基的《钢铁是怎样炼成的》、巴金的《家》《春》《秋》等中外文学名著，以及艾思奇《大众哲学》和其他哲学、历史、政治经济学等方面书籍。

这些图书被热爱知识的年轻人奉为知识的宝库、思想的甘霖。但是，在当时情势下，这些书都是禁书，一旦被日寇或当地反动统治当局搜查出来，就会付出沉重代价。为了保护好这批图书，大家想了很多办法。

彭可涛的朋友李沙是当地著名侨领李氏家族的"三公子"。当时，李家正代理一家名叫"太平洋保险公司"的业务。这家公司坐落于越南西贡吉甸拿街最繁盛的地段，既是商业中心，又是市政府的所在地。原法殖民者的特务统治中心——吉甸拿侦探楼也是在这条街，平时警卫森严。李沙总结前人"最危险的地方就是最安全的地方"经验，毅然决定和彭可涛一起，把这批图书一部分藏在该保险公司的天花板上，另一部分藏在彭竹的家中。当时，彭竹只有十二三岁，由于家道中落，辍学在家。这批珍贵的图书伴随他度过了暗无天日的时光，哺育他迅速地成长，为今后坚定地走上革命道路奠定了基础。

1945年，第二次世界大战结束，日本战败投降，这些被藏匿起来的珍贵图书终得重现光明。为了进一步传播进步思想，丰富图书资源，李沙通过朋友采办了黄炎培的《延安归来》、陈嘉庚的《南侨回忆录》、斯诺的《西行漫记》以及《虾球传》《太阳照在桑干河上》《李有才板话》《小二黑结婚》等书籍，以及《群众》《华商报》《正报》等刊物。彭可涛则利用随彭竹父亲前往柬埔寨经商的机会，购买了泰国出版的《全民报》、毛泽东《论联合政府》等书刊。这些文献的购入极大地丰富了原有的书库。

一开始，这些书只是在几位创办者的家人和同事、朋友、同学小范围传阅，在一些小型的读书小组和时事座谈会中研读。后来，随着华侨爱国民主运动的不断开展，大家都希望能把这批革命读物公诸同好，让更多的人接受进步思想的洗礼。在讨论的过程中，大家想起了童年时曾蹲在街边连环图书档旁，沉迷于阅览生动的"公仔书"时的情景，于是便决定成立"大众流动图书供应社"，通过工会、青年团体以及学校师生介绍读者，推广进步书刊。经过商议，大家一致推选彭竹和妹妹彭淑媛，以及其他几位年轻人来主持这个活动。那时，彭竹才不过十六七岁的年纪，他满腔热情，每天骑着一辆满载着书报的破旧自行车，灵活地穿行在西贡堤岸的大街小巷，风雨无阻地为大家送书、换书。

广大爱国侨胞时刻关心着祖国局势和世界变幻，对进步书刊有着迫切期望。"大众流动图书供应社"满足了广大群众对进步精神食粮的需求，既方便群众生活，又减轻群众负担，再加上几位派送书报的年轻人朝气蓬勃，全心全意为侨众服务，因而受到广大爱国侨众的欢迎和支持。不少当年的读者至今仍记得，从阅读这些书刊中提高了对中华文化的认识，接受了革命真理的教育。令他们印象深刻的，还有当时彭竹瘦弱稚嫩的身影和积极乐观的笑容。

1945—1949 年，中国人民解放战争期间，越南华侨响应祖国和平民主运动开展了大量的进步活动，亚新书店和新侨剧社都是此时发展起来的青年进步组织。

1946 年初，彭可涛、李乔（即李沙）等人创办亚新书店，主要经销香港新民主、生活、读书、新知等出版社的书刊，代理发行《华商日报》《文汇报》《群众报》《正报》等进步报刊，特别是翻印了毛泽东的《论联合政府》《新民主主义论》《改造我们的学习》《反对党八股》、刘少奇的《论共产党员的修养》《关于修改党章的报告》等政论类书籍，对提高爱国华侨的思想认识水平有着重要的推动作用。"大众流动图书供应社"并入亚新书店，成为该书店的租书部。彭竹继续在书店工作，通过租借的方式将进步图书送到读者手上。书店的工作让他感到自豪和满足，这些书也不断滋养着他的心灵和学识，既是他思想上指路的灯塔，也为他日后从事图书馆工作奠定了深厚的知识基础。

1946 年新侨剧团成立，彭竹和堂哥彭可涛等人均是剧团成员。该剧团曾演出过《海恋》《升官图》《女子公寓》《夜店》《晚祷》《春雷》《以身作则》《黄河大合唱》等进步剧目，通过生动的艺术形式向大众传播进步思想。后来，剧团还和亚新书店合作引进中国的图书读物、歌曲、剧本等。

战争结束后，彭竹随家人一同回国。1956 年，他从武汉大学毕业，进入北京图书馆工作，最初在东文图书采编组负责越南文献编目，之后到阅览部。在北图工作的彭竹兢兢业业，他曾在《北京图书馆馆藏外文有关美国书目》（经济部分）、《民国时期总书目·经济》、《北京图书馆馆藏目录一览》等多个重要文献书目整理项目中担任主编，还曾于 1976 年的毛主席纪念堂重大参考咨询项目中，查找 80 余种来自不同语种的相关文献，为毛主席纪念堂的修建工作提供了重要的文献支撑。

从幼时跟随家人旅居海外，投身进步组织，从事革命事业，到回国后在不同的岗位上支持祖国文化事业，彭竹用一生的行动默默践行着竹子般的品格与信条——"坚韧、正直、高洁"，书写着一名共产党员的忠诚和担当，青年时期那段鲜为人知的堤岸往事，更是他一生爱党爱国、赤子丹心的无悔见证。

（本文曾入选文化和旅游部机关党委、离退休干部局2021年联合策划推出的"红色文旅年华"访谈活动，收入本书时略有改动）

光辉永驻心间

——深切怀念敬爱的刘湘生老师

朱 芊

　　2023 年 8 月，敬爱的刘湘生老师驾鹤西去。他正直善良、胸怀宽广、学识渊博、学术民主、提携后人、知人善任的高贵品格，令人深深敬仰、永远怀念。

　　20 世纪 80 年代，国家图书馆要在全国推广中文图书主题标引业务，中文采编部调入一批具有各大学科知识背景的专业人才，加强统一编目组的力量。在这样的背景下，1984 年 8 月初我调入统一编目组。刘湘生老师当时是部处的副主任，主抓主题标引推广工作。他直接下到组里，天天和大家在一起，指导我们在编目过程中确定各学科、各类型图书的主题标引手工标题模式，确定标题中主题词的数量、排列次序，以及手工标题的轮排规则等，并建立中文图书主题公务目录和读者目录。同时成立主题词增删改委员会，每个季度向全国各图书馆编目部门发布主题词增删改情况简报，有力推动全国图书馆，尤其是公共图书馆开展主题标引业务。不久后，刘湘生老师升任新组建的图书馆学研究部主任，但是对统一编目组主题标引业务的指导始终没有中断。

　　1986 年，刘湘生老师主编、《中国图书馆图书分类法》编委会编制的国家社会科学基金会资助项目——《中国分类主题词表》编制工作启动。在《中图法》编委会的领导与支持下，以国家图书馆为核心的 40 个单位 160 位专家学者和编辑人员参与了这一工作。当时《中国分类主题词表》的编制是在手工环境下进行的，依靠几十万张条目卡片，历经几度春秋，这部大型综合性的分类法语言与主题法语言兼容的信息文献标引工具终于在 1994 年问世。《中国分类主题词表》编制成功和实际应用，不仅大大减轻了各图书馆编目人员的劳动强度，还极大地提高了编目工作的效率，在中国分类法理论和主题法理论建设上，以及检索技术上具有开创意义。

在《中国分类主题词表》的编制过程中，根据《中图法》编委会的安排，我与其他三位同事承担了《中国分类主题词表》"G0－G3"的编制，我还承担了这一部分的统稿。工作中，我经常向刘湘生老师请教，而他也总是倾囊相授。1988 年夏天，《中国分类主题词表》第一次集中全国三十几位专家在上海审稿。历时一个月后召开总结讨论会，刘湘生老师极力为我争取到参会机会，这使我大开眼界，增进了对主题法理论的认识，并能更好运用到实际中去。这些眼界和理论的积累，让我的工作能力和效率有了量变到质变的飞跃。

1993 年，清华大学图书馆要开展主题标引业务，编目部主任吴开华老师找到刘湘生老师，邀请他去讲课并指导相关工作，刘湘生老师说他为他们找了一个更好的老师，之后竟然把我推荐了过去。这是我第一次去馆外讲课，而且去的还是知识储备和技术背景都十分雄厚的清华大学图书馆。我忐忑地接下这项任务，向刘湘生老师和组里同事请教，认真备课，最后较圆满完成任务。这次讲课不仅对提升我的主题标引理论水平和工作实践中解决问题的能力帮助极大，也大大提高了我工作中的自信心。

1996 年，在《中图法》编委会主编刘湘生老师以及馆里领导和部处主任的推荐下，经文化部社会文化图书馆司批准，我被聘为《中图法》第五届编委。从 1984 年到 1996 年，在业务岗位上我从中文图书主题标引校对到分类标引和主题标引校对，再到标引总校、国家图书馆中文书目数据库副主编，后来又从事专职的分类法、主题词表的修订编制工作。从起初的懵懂、一知半解到能较好地运用学到的知识，带领书目数据组（原统一编目组）的同事们以较高质量的编目数据向全国图书馆提供服务，都要归功于刘湘生老师为我打下的坚实基础。刘湘生老师任《中图法》主编期间，我参与完成《中图法》第四版的修订，在1997年和1998年集中审稿期间，我有了较多时间与刘湘生老师接触。刘湘生老师学识渊博，虚怀若谷，学术研究上极为认真又非常民主，能倾听每一位新老编委的建议意见。我们一批新进入编委会的年轻编委可以毫无顾虑地和老编委、副主编、主编讨论甚至争论问题，在充分讨论的基础上确定《中图法》每一条类目和《中国分类主题词表》每一条条目。

《中图法》和《中国分类主题词表》每一版的修订周期接近十年，而且是组织全国几十位甚至上百位专家学者、业务骨干参与。修订工作的各项准备工作、修订任务的分配、按时推进修订进度，多次集中审稿，主编和出版方责任编辑逐字总审……特别是期间集中审稿，人员的住宿吃喝、迎来送往，都要逐一安排，是一个庞大的系统工程，刘湘生老师以其高超的组织协调能力，一切都安排得妥妥帖帖。1988年，我到上海参加《中国分类主题词表》集中审稿后的总结讨论会，见到刘湘生老师双眼红肿布满血丝，嗓子都哑了，可见背后付出多少心血。

刘湘生老师主持《中图法》编委会工作期间，以身作则，工作上精益求精；待遇上严于律己，清正廉洁。《中图法》编委们集中审稿时，刘湘生按照国家图书馆规定，严格遵守财务制度，精打细算，让编委们吃得好，住得好。有馆外编委曾调侃说，刘湘生老师太节省了，这些钱都是刘湘生老师挣的。源于文化部的规定，《中图法》编委会常设办公室（词表组）编制在国家图书馆，但所有活动经费均从《中图法》编委会系列产品的稿酬中出，这些稿酬大部分会成为修订下一版时的活动经费，刘湘生老师甚至把自己受邀或推广《中图法》和《中国分类主题词表》的讲课费都上缴，存在馆里计财处《中图法》编委会专门账户上。记得当年刘湘生老师带着总审班子的几位馆外编委在承租馆里食堂的东坡餐厅吃午餐，刘湘生老师是湖南人，非常喜欢吃鱼，可是一看干烧鱼的价格超过预算，就只点了 10 元一盘的四川凉面。

《中图法》编委会的工作逐渐交棒后，刘湘生老师仍然心系图书馆事业的传承。1999 年由文化部社会文化图书馆司组织一批具有丰富理论与实践经验的图书馆专家、学者编写一套 16 册的《图书馆岗位培训教材》。刘湘生老师担任系列教材之一《文献标引工作》的主编，他还邀请我参加并承担教材中实操技能部分的撰写。这是一本理论扎实、操作实用的教材，自 2001 年出版至 2006 年重印 6 次，发行量达 24000 册。

刘湘生老师是中国图书馆信息文献检索领域的开创者、领路人，为中国图书馆事业培养了一代专家、骨干，使中国图书馆事业紧跟时代步伐，使国家图书馆标引工作引领全国。我常常庆幸自己在最好的年华，有幸得到刘湘生老师倾力相授，把我一个信息文献检索领域的小白，手把手培养成这个领域的骨干。刘湘生老师永远活在我的心里。

传承篇

走近文坛巨匠

陈凯彤

1987 年，北京图书馆（即今国家图书馆）白石桥新馆落成开馆，开辟了国图事业的崭新时代。从 1987 年至 1995 年八年期间，我馆和中国现代文学馆、中国科学技术协会共同举办了 20 多位作家和科学家的系列展览。我当时在展览组工作，有幸参与设计了三四位作家的展览，其中令我难忘的是冰心、丁玲两位中国文坛巨匠的生平创作展。筹备展览的过程，也是一次提升文学素养、荡涤心灵的过程，使我终身受益。

1988 年 7 月 12 日，"冰心文学创作生涯七十年展览"在北京图书馆展览厅举行。赵朴初、萧乾、刘白羽、魏巍、李准、艾青等在京的著名作家及亲友、读者、新闻单位数百人出席开幕式，现场隆重热烈。

冰心女士喜欢月季花，展览组考虑在每个单元设计一块手绘展板，粉底咖啡色的花朵、图案各异、非常新颖。玻璃柜里还陈列了冰心各时期出版的著作和手稿，比较全面地展示了她七十年文学剧作的历程。展览起始，冰心女士的大幅油画肖像，引人驻足拍照。画中的她轻托下颚、凝视远方，背景是波涛翻滚的大海，海鸥自由翱翔。

冰心原名谢婉莹，1900 年 10 月 5 日生于福建福州。她是崛起于"五四"新文化运动的文学巨匠。童年时期的海边生活，陶冶了她高洁的情操，孕育了她诗人的气质。她的心中充满了对儿童、对母亲、对自然、对祖国的爱。《寄小读者》《小桔灯》深受几代读者的喜爱。

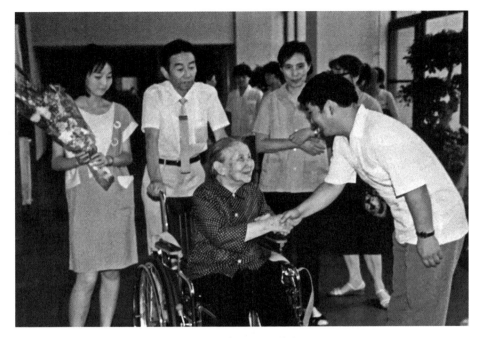

陈凯彤接待冰心及其家人

八十岁以后，她顽强的生命活力和蓬勃的创作激情，更赢得了全社会的敬重。

展览引用了冰心女士的一段话作为结束语：回溯我八十多年的生活，经过几个"朝代"。我的生命的道路如同一道小溪，从浅浅的山谷中缓缓地、曲折地流入"不择细流"的大海。它有时经过荒芜的平野，也有时经过青绿的丘陵，于是这水流的声音，有时凝涩，也有时通畅，但它还是不停地向前流着。

中国现代文学馆馆长舒乙，推着轮椅上的冰心，从展览前言走过每个单元，时不时停下来细细观看。我陪同介绍展览的照片，边走边聆听她的谆谆教诲。观展结束后，冰心女士对展览非常满意，夸赞我们展览设计得很好，也向我们道了声辛苦。

后来，冰心女士为我们题写了"丁玲生平与创作展览"的展名，这也是另一个令我印象深刻的展览。1991 年 11 月 15 日该展在北京图书馆南 206 室开幕。

"丁玲生平与创作展览"组合影

因展览的需要，我出差来到了丁玲女士的故乡——湖南常德临澧县，拜访了丁玲文学研究会的同志，收集到一些珍贵的照片和文献资料，并邀请他们出席在京的开幕式。记得当时我站在沅江之畔望着滚滚向东的江水，不禁思绪万千。我想，这汹涌澎湃的江水，不正是她跌宕传奇的革命生涯的象征吗？感谢丁玲女士故乡的母亲河哺育了中国文坛巨匠，锻造了她顽强、坚韧、不屈的性格。我摁下快门，为"丁玲生平与创作展览"拍摄了第一张展示照片。

展览按照时间顺序，将丁玲女士的生平分成了"'莎菲'时代的叛逆""'左联'时期的斗士""雄壮队伍中的'号兵'""繁荣社会主义文艺的带头人""春蚕到死丝方尽"五大部分。

许多优秀的中国现代革命家都是湖南人，丁玲女士也是湖南人。她1904年10月12日生于临澧县，是我国著名的革命女作家。她的《莎菲女士的日记》《太阳照在桑干河上》等著作不仅在中国现当代文学史上产生了巨大影响，而且把丁玲的名字送上了世界文坛。

123

丁玲是少数几位去世后获得评价高于生前的现代作家之一，人们赞颂她高贵的意志品质。她倡导妇女解放，是共产主义思想的坚定拥戴者。

这些作家的系列展览反响热烈，每个展览的开幕式都很盛大，新闻单位悉数到场采访报道。观展的人络绎不绝，还有参观者观展后意犹未尽，询问我们下次准备举办哪位作家的展览。

在国家图书馆建馆 115 周年之际，记忆国图、回望展史，她们是一颗颗璀璨耀眼的明珠，她们宣传中华文明，歌颂改革开放的伟业，她们的作品丰富了馆藏，进一步提高了国家图书馆的社会地位和影响力。

走近她们、学习她们、仰视她们。

感谢时代、感谢国图、感谢同仁。

忆机电处

陈天佑

自古以来，图书馆（藏书楼）只要有藏书、房屋、电（灯）就可以开馆迎读者。随着时代变迁，科学技术进步，新建的世界排名第三、国内一流的北京图书馆因工艺、建筑、现代化设备设施运行的需要，在开馆前夕，1987年7月20日的馆长办公会上，决定设置北京图书馆机电处。机电处主要职责是负责新馆公用设备动力系统（号称八大系统：消防报警系统、通讯电话系统、空调及中央控制系统、供电电力系统、照明系统、书刊传送小车系统、书条气送系统、电梯系统，不含上下水及供暖系统）的设施设备管理运行和引进设备备品备件国产化研究开发工作。同年8月26日正式任命孙承鉴为首任处长。机电处成立之初配置三个科室，员工达八十余人，其中具有高级职称四人（后通过晋升达到八人），有大学学历或中级职称二十余人，各类技术人员约占员工总数32%，其他员工也都是经过严格考核的高素质的能工巧匠。我们还和馆教育部门一起开办机电大专班，使员工大部分都有了大专学历。建处初期，机电处解决了大量基建时期遗留问题，让八大系统运转起来。通过内查外调建立了机电处各项规章制度和各级干部工人岗位责任制，为以后各项工作打下坚实基础。以文养文，搞承包，稳队伍，机电处虽然是文化事业单位，但管辖的机电设施五花八门，各系统绝大部分是计算机操控，现代化程度达到世界先进水平。有的设备如空调中央控制是引进的，要和国内设备配套，其复杂程度和难度可想而知。当时国家整个形势是事业单位普遍都经费紧缺，俗称"买得起马备不起鞍"。国家一次拨款后，后续维修经费就难以落实了。员工收入偏低，人员流失严重，矛盾和困难摆在面前怎么办？机电处干部在主管馆长和计财处有关部门支持下，学习借鉴南方改革开放经验，依据文化部"以文养文"的政策精神，经馆长办公会批准，1992年3月23日，陈天佑处长代表机电处和主管孙馆长签订"机电处内部承包经营责任合同书"。根据合同规定，机电处会同计财处，测算了机电处有限资金（全员工资总额、保证八大系统安全运行所需备品备件等维修保费用一起打包）。我们利用国家（图书馆）政策拨付的有限打包资金，精打细算，充分动员群众，自己动手预检预修，保证设备完好率和安全运行前提下，腾出人力资源，在政策允许范围内，利用自身人才技术优势，广开门路，集思广益搞创收，弥补经费不足，提高收入，如率先挂靠北京图新公司，创办北京图新技术开发公司机电技术分公司等手段，展开对内对外技术服务，增加预算外收入，补贴经费不足，以确保服务质量，增加员工福利收入，留住人才。

承包合同签字仪式

全员动员，搞大检修，我们一群从企业单位调入的员工，为保证设备完好运转率，动员全处员工不分工种、岗位，投入年度大检修。经处务会议统一思想，动员全体员工投入年度春季大检修。春季大检修已成为我处每年工作重中之重，年年如此。为保证北京图书馆能正常开馆，馆领导只允许我们全馆停电闭馆一天，规定了空调运行冬夏温度的硬性指标。每年春节一过，我们就安排春季大检修工作计划。管理科着手做工作计划，安排各科室班组做检修用材料备件计划。检修一开展，全处各科室不分男女，不分工种，摩拳擦掌上第一线参加检修劳动。检修地点、检修场面轰轰烈烈，在五月一日前全部检修工作完成，确保新的一年春夏季安全运行。

大检修前的处务会讨论计划安排

　　引进设备消化配套及备品备件国产化是机电处又一项任务。我处有一群有为青年，以张大华为首，这些大学生用他们学的专业技能为进口设备的消化利用做出贡献。馆南区借还书出纳台上方电子条屏，是我处弱电科传送站毛欣等几位青年工程师用国产化方案替代从日本引进"书条气力输送系统"而创新研制的"书条传递电子计算机系统"（该项目荣获馆科技进步三等奖）。总馆南区更新改造后，我们研制的项目也融入了新系统中，变得更先进漂亮了。

轰轰烈烈的大检修

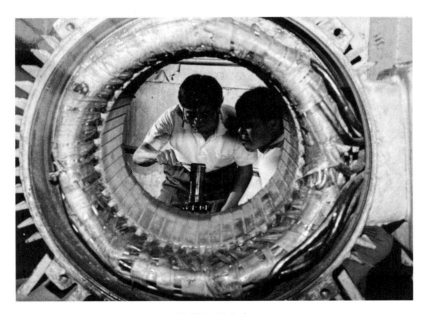

检修大型电机

我馆"防灾报警系统"是从瑞士西伯乐斯公司引进的当时世界上最先进的报警灭火系统。我馆安装的遍布各处的防火探头共有3000多个，这个体量当时在北京也是绝无仅有的。防火探头每个进口价800余元，要求两年测试一次。我们和北京消防协作研制出一台区域控制机。何玉宏等工程师研制出可替代进口的防灾探头测试仪。张大华工程师经过多年努力，改后完善了从美国引进的空调中央控制系统，克服了国产空调联合控制技术难题。

机电处员工上下团结、努力工作，圆满完成图书馆的各项任务。工作之余，我们的文化娱乐活动也是很丰富多彩的。我们参加了北京图书馆第三届运动会，还获得第三名的好成绩；我们积极参加全馆歌咏比赛，每年春秋两季都会组织全处员开展春秋游等群众文化活动；每年春节前我们都要组织年会，在欢歌笑语中总结当年，展望来年。

参加北京图书馆第三届职工运动会的机电处代表团

一岁一枯荣、一年一春芽，走过了十年风风雨雨，相聚在机电处岗位上的三位处长相继退休了……

新石壁揭幕，身穿新馆服的机电处工作人员在此潇洒亮相

经历百年的国家图书馆将会越来越美好。随着改革发展，我们为此而努力勤奋拼搏过十年的机电处几度变迁，成了后勤管理中心下属机电科，其管辖运营管理设备大部分升级改造了，由于领导政策理念和大环境时代变迁，员工陆续退休了，设备外包了……机电处作为一个处的机构编制在北京图书馆消失了（注：机电等后勤三处于1998年后相继撤销），新设机电服务中心，下设机电服务、空调机械、电气控制、通讯传送四科（1998年4月10日成立至12月24日撤销）；同时新设物业服务中心（1998年4月10日成立至12月24日撤销）。上述两部门合并更名为行政管理处，1998年12月24日成立，1999年12月6日行政管理处又撤销，更改为后勤服务中心，1999年12月6日成立，经过频繁变更，有关机电部分只设一机电科，当然再也没有了当年的机电处……

今年春天很特殊，宅在家里让我回忆起当年机电处兄弟姊妹轰轰烈烈撸起袖子大干春季大检修的点点滴滴。因资料缺失、老眼昏花、文字水平有限，不能全面反映原机电处伙伴们工作、生活、活动的美好场景，为此深表歉意。

拓学甲骨感旧缘

范贵全

　　退休后，每当回忆起在国图所做过的工作，那感觉真可谓五味俱全，其中总让我感到隽永有味、难舍难弃的就是在金石组拓学甲骨文的那段往事。拓学甲骨文的工作为我开启了人生事业新路，从而使我在对馆藏甲骨保护和阅览的新工作理念的了解感悟中，在边拓边学的工作实践中和馆藏甲骨结下了深厚的古文字新缘。

　　万事起头难。回忆当初，为拓学甲骨文，对我来说还先有一段忍痛割爱、被迫改行的曲折。记得那是 50 多年前即 1973 年的孟春，我背着画夹，满怀丹青之志地走进文津街国图大门，以为能在美术工作上有一番作为，可到了善本部之后，部里和金石组领导却一齐告诉我，甲骨文传拓工作急需开展，要我去拓学甲骨文。我听后顿时讶而诘之，然而答之依旧。我被带到了位于鼓楼西大街果子市胡同旁边已废弃的皮研所院里，一进门只见全院荒寂无人，一栋两三层旧楼则是金石组的库房。楼内整齐叠放存有甲骨的棕黄色漆木战备箱，气氛冷清。

　　在旧楼正厅即北门外西侧，有排房间，就是金石组的办公室。还清楚地记得初次来到办公桌前，我呆坐良久，因为这里既没有伦勃朗、苏里科夫、徐悲鸿，也没有整体观察、三矾九染，我感到真正该和美术说声再见了。随后经领导耐心引导和老同学的支持鼓励，以及在教我拓甲骨文的前辈的教导培养下，我终于走上了拓学甲骨文的事业新路。散发着翰墨幽香的古老的传拓技艺，成了我全新的工作实践和事业。

教我学拓甲骨文的是我馆传拓老前辈，名匠张广泉老师。他在教我动手学拓之前给我看的几种传拓工具让我倍感新奇。比如：上墨用的小如豆枣的扑子；清宫旧藏乾隆朝的七星古墨；专门拓甲骨文而从故宫特批的清宫旧藏六吉棉连古纸；半透明的白芨水；绿如军装又可任意堆摆作甲骨底托的橡皮泥以及黑如猪鬃却居然是男青年头发做成又比牙刷大三倍的打刷等。张广泉老师一边教我捆扑子，用橡皮泥的甲骨片做托，上纸，刷白芨水，把纸打入字口等实干步骤，一边向我讲了拓好每一步的方法和每张合格拓片的总要求。

然而，当我实干开拓时马上发现，张老师讲的这几个传拓步骤，原来环环相扣，干好绝非易事，必须步步为营，否则一招失误，满盘皆输。记得初学时，有一次因小扑子揉墨不匀或第二、三遍上墨时，没等前一遍墨色全干就又上墨，结果墨色乱洇，使甲骨文字变瘦失真，有的字已模糊不清，整张拓片看上去活像一张脏兮兮的小花脸，成果直接告吹。还有一次，从上纸，打入字口到上墨都做得特别好，然而揭下一看，从拓片上甲骨片边缘到字口里有许多麻眼小洞，拓片不仅漏得如筛如纱，还把甲骨片搞脏了，导致全张拓片报废。再记得有一次，拓片做得既没有漏墨也不如纱，而且墨色匀净、字迹清晰、黑白分明。我一边为这张杰作暗暗鼓掌，一边揭取拓片，但这时才发现拓片和骨片亲密接触得怎么也分不开，后经指点我才明白是白芨水刷多了。亏得这几次拓的全是假甲骨，才没造成大损失。随后我在张老师耐心的反复帮助、指导下，继续认真、锲而不舍地拓着，渐渐地把张老师对拓甲骨文的要求变成了我手中的真功夫。

张广泉老师在传拓技艺上精湛而全面，在传拓器物上，从形如碎饼干的甲骨到丈余平面大碑石刻以及凹凸不平的铜器；在传拓方式上，从墨香浓郁、黑白分明的乌金拓到墨色贵雅、精神匀净的蝉翼拓，他不仅都会，而且都拓得很好。张老师出色的传拓技艺受业于故宫传拓老前辈马子云先生，他始终恪遵师教，把马子云先生的

《传拓史略与技法》等著述变成指导传拓工作实践的标准，从而使他的传拓技艺在当时文化部国博系统实居出类拔萃的水平。张老师还把马子云先生的著作向我作了选讲、介绍。初拿打刷、扑子的我，当然把这些奉为圭臬，抄录了全书，并且从那至今每有拓事，必反复研读。

《传拓史略与技法》

另外，从张广泉老师和办公室同事平时互道寒暑等闲叙中得知，张老师不仅传拓馆藏甲骨文，还从20世纪50年代开始和办公室同事一起对北京地区的石刻碑记选拓了大量多学科的宝贵资料。例如：清朝乾隆年间为达赖喇嘛坐床讲经而建的东皇寺碑，白塔寺建寺的元代碑刻，昌平区居庸关云台门洞内壁上的蒙古族文字巴斯巴文石刻，房山区上方山和云居寺的隋、唐、辽、金等历代石刻，直到文津街国图老馆里现仍在的乾隆习教武碑等等。可以说，张老师是拓遍京城内外，为我馆充实了大量的石刻资料。同时，在宏观上还可以说是赶在国博、首博成立之前和"文革"之前抢救性拓存了大量北京地区石刻资料，为保护和研究首都地区的民族文化史、中外交流史、宗教史和书法史等资料立下了永不磨灭的功劳。

在跟张老师学拓甲骨文不久的一天上午，我又按张老师的要求心无旁骛、步步为营地拓完了一张，送到张老师面前并求问字口清晰度和前黑背白都对否。只见他看了拓片正面后又聚到窗前逆光细看了背面，微笑着说："你拓了这么多天，如果拓得都像今天这张那就行了，你往后就这么拓，行，就这样拓吧！"我听后在高兴之余，对干活儿更有了底。于是我很快又拓了第二张、第二十张……就这样，在张广泉老师反复耐心的鼓励、指导和言传身教中，也经过自己的努力，我学会了传拓甲骨文，能胜任国图传拓甲骨文的工作了。

　　就在我放下打刷拿起扑子拓了一张接一张的同时，领导为了让我通过对甲骨文内容的熟悉来更好地为读者服务，并且为甲骨文缀合做好准备而安排的甲骨文基础知识课也开学了，时间是安排在每周六的上午。就这样，我既是拓工又是学生，又拓又学的双重实践，

使我感到工作更加新奇充实。

　　教我学习甲骨文基础知识的是我馆金石组甲骨文老前辈曾毅公先生。记得当初我是顺着他讲的商朝祖母简狄误食了玄鸟蛋后，生了商朝始祖契的优美神话而走进商朝这个甲骨文殿堂的。曾先生向我讲了约从公元前17世纪初汤建立商朝至商朝灭亡这段约600年的历史。当讲到商朝共经历了31个王的世系表时，他说，我们今天所见到的甲骨文只是商朝后期在盘庚迁殷至商朝灭亡这期间共200余年的文化遗存，而我馆收藏的甲骨也正是此间的产物。同时，曾先生告诉我，在商朝近600年的生产、征战历史中，据记载是始终有着丰富大量的典籍或卜骨卜甲的，只是到今天谁也不知道迁殷前那些宝贝都躲到哪里去了，甚至还在不在。

　　识记甲骨文，结识甲骨文内容是我学习甲骨文的核心内容。因为无论是为读者找甲骨阅览还是甲骨缀合，读懂字句都是最基本、最重要的。可是，入藏我馆的甲骨却全如破碎散乱的书页，它们有的每一片上只有两三个单字，有的则又保存了占辞和验辞问答的两个或一个半句子，3000年前商朝时，农耕、征战、狩猎、医疗和气象等方方面面就隐含在这些只言片语中。然而从多种讲古汉语的书到王力的《古代汉语》，都没有讲到甲骨文的一字一句。1973年的我又从哪儿学起呢？随后在曾先生的指教、启发下，我就从馆藏甲骨文的单音词至多音词和文法开始学起。为了能正确和尽量多地学记甲骨文字词，我不仅学记了曾先生的文章，还在曾先生指导下学记了甲骨文研究单位和学者的著述。就这样，从曾先生的文章到馆外单位及其专家学者的著述都成了我学习甲骨文的课本。我还利用业余时间抄了许多常见字词，从而逐步走进了甲骨文古奥幽深的古文字世界。在边学边译的学习实践中，我深爱上了我的新专业——甲骨学。

　　清楚地记得，曾先生首先从甲骨文的来源即保持着原始图画特征的象形字的单音词教我学起，例如孔子的"子"，虽是字形古怪，但曾先生却讲得好。他告诉我，字中方形象征着小孩的大头，方形里的叉子或一横象征着孩子的眼鼻五官，方形上边长短不齐的三笔竖划是小孩的稀疏头发，而方形下角伸出的两竖横划是小孩子的小腿小脚。

贞人壳 1　　　　　　贞人壳 2

　　为了能让我完整、准确地学懂甲骨文，曾先生除了教我识记了如"子""桑""羌""星"等单音节字词外，还从馆藏甲骨文中常出现的词汇里教我选学了不少如"妇好""十三月""小臣""鬼方"等反映商代农耕、官吏名称、外交、神王称谓的多音词。就这样，在七八个月的时间里，我跟曾先生学记掌握了 530 多个甲骨文字词。

　　暑往寒来，在曾毅公先生结合馆藏甲骨文耐心具体的指教下，我继学认了 530 多甲骨文后，又掌握了甲骨文语法的基本知识。在此基础上，我能读懂大部分馆藏甲骨文片了。

　　此间，曾先生还十分痛惜地告诉我，自甲骨文重现后到现在，竟先后流失到美国、法国、比利时、英国、德国、瑞士、日本等几十个国家，成了人家的国宝。曾先生十分悲愤地说，八国联军的入侵不仅是一场家国大难，也是甲骨文收藏的一场大难。

　　边听着曾先生讲着往事，边看着今天取自恒温库房、樟楠木锦盒里的甲骨片，我心情复杂，不知说什么才好。待我醒过神来，回味曾先生的深情所讲，发觉我不但记住了甲骨文发现、研究的历史，还记住了什么叫勿忘国耻和为什么要奋发改革，以及一定要学好、保护好我们的文化国宝——甲骨文版，我觉得这可能也是曾先生所希望和要求我的。

　　在地下埋了三千多年，出土后又历经磨难，成了今天的像破碎书页一样的甲骨文版，我们虽然可读，但能读懂的也仅是只言片语的几个字和一句半句而已。而要想熟读全片全文，那就得把本属一块，现已破碎分散的甲骨片重新拼合到一起恢复成原来完整一块的样子，这样就可读懂全文了。这项分选、拼合的复原工作，就是甲骨文学中一个必须学做的专业——甲骨文缀合。这在甲骨文学习、研究中是一项十分复杂严谨的工作，它要求做缀合工作的人必须熟悉和掌握商朝的历史世系、不同时期甲骨文字形和写刻风格的变化，甚至还要熟悉国内外甲骨文收藏研究现状以及甲骨文的分期断代等等。曾先生讲的缀合要求和具体简介，我边听边记，这时也深觉要掌握甲骨文缀合的几点要求，实在是自己前所未闻的难题。只可惜在我边拓边学的一天上午，组领导宣布从明天起，我停止拓学甲骨文，去和新来的同志一起，核查、校对组藏全部碑帖，以及为读者查阅而刻印的目录卡片。从此，我告别了拓学甲骨文的工作。

兔走鸟飞，逝水流年，拓学甲骨文的1973年一晃已离我远去五十多年了，每当回味这段往事，仍是如影历历。退休后的现在，我把掌握的甲骨文知识又用到了书法创作上。每当我拿起笔就想起五十多年前这段拓学甲骨文旧缘往事，觉得它对我今天的书法创作如累土、如楼基一般，从而也觉得原来这往事并不如烟。因为这段旧缘往事既开启了我对甲骨文新的探索与交流，又成了我书苑新梦的基点。

回忆我的出纳台生涯

冯庆昌

1988 年 2 月，我结束了 17 年的企业生涯，从工美集团抽纱工艺品厂来到北京图书馆，也就是现在的国家图书馆，被分配到阅览部阅览出纳台，正式成为了一名国图员工。

冯庆昌与同事们的合影

当时正值我馆白石桥新馆开馆接待读者不久，我们的阅览出纳台是新组建的，成员来自五湖四海，有先期招聘从法院、手表厂等企事业单位来的人员，有从文津街老馆、柏林寺、装订厂来的人员，还有些是刚毕业的大学生。其中印象尤深的是老馆员张光曾，他 16

岁就来到图书馆工作，经验丰富，业务熟练，待人亲和，是组里的核心。组里的年轻人居多，他们劲头十足，创业意识强，乐于助人，帮助我熟悉学会了各项业务。不久，部主任韩德昌找我谈话，任命我为副组长，协助管理全面工作，主要负责二层出纳台的业务。又过了段时间组长调走了，由我挑起了全组的工作重担。

当时阅览出纳台管理是开放的，在出纳台完成全部的借还手续。读者从目录厅查好所需要阅览的书刊，填好阅览单，交由工作人员审阅后，装进一种"气送子"传输系统，送入基藏库的不同藏书层，库里人员将书刊找到后，用小车送至出纳台，再由工作人员交给读者，读者阅毕后还回出纳台，工作人员再将书刊分层送回库里。如果其中某个环节出了问题导致书刊未借到，可能立刻就会引起读者不满。每逢节假日和旅游旺季，读者流量更是激增，出纳台通道前人来人往，工作人员不时回答读者的咨询，还要忙于图书借还业务，手脑并用，嘴也不闲着，一天下来很是劳累，回到家里甚至都不想多说话。

在出纳台这个岗位上，"读者至上""服务第一"的理念是必不可少的。绝大多数的一线员工特别是典藏阅览部，如中文外借组、外文阅览室等科组的员工都具有这种强烈的服务意识。馆里每年都要评选一线的"文明岗"和"读者服务标兵"，我曾有幸被评为标兵，作为代表参加了国图"第一届职工代表大会"，与大家共商图书馆发展大计，表达了职工对做好读者服务工作的一些想法。在讨论发言时，我强调了要树牢"以人为本"的理念，服务好读者不仅是一线员工的职责，更应贯彻到本馆的每位员工。

伴随着国家图书馆二期工程竣工，互联网的发展以及中国加入世贸组织，国图在千禧年进入了一个新的发展时期。改革进一步深化，我馆文献提供中心成立，外文外借组撤销，也许是冥冥之中的缘分，我仍被留在外文外借出纳台岗位。

外文外借台和阅览出纳台都是面向读者服务的一线岗位，不同的是一个主要承担外文外借职能，另一个承担中文阅览职能。阅览出纳台的读者群体更为大众化，外文外借出纳台服务对象基本是高学历读者，且有不少精英人才。工作中我是带着一种敬畏的心情来为所有读者服务的，也确实从读者身上看到不少闪光之处，激励着我立足岗位做好工作。较长时间的出纳台服务工作，让我和常来借书的读者有了更多的沟通和了解，逐渐有了不是亲人胜似亲人的感觉。老读者冯培退休后几乎每星期都到出纳台来一次，看书是他唯一的爱好，他告诉我在家他不爱看电视，老伴看电视他看书。还有一位曾在延安保育院生活过的女读者老蔡，俄文极好，但眼睛不太好，看起书来经常眯着眼睛，而我恰好在中学学过俄语，有时能帮她核准一下书号，如果遇有急需的书也帮她去库里找，见她拿到书时是那样的爱不释手，我也从心里为她高兴！后来听说她意外出了车祸不幸辞世，临终前还嘱托女儿把借的书按时还到图书馆，这种爱惜图书、遵守规章的品格让人肃然起敬！

在我服务的读者群体中，中青年学者占多数，他们勤奋、钻研、好学，成果斐然。眼看着他们一些人从大学生毕业到工作，到成为专家、学者、教授，我也会产生一种莫名的自豪感。曾有读者亲口说过，愿意在出书时署上我的名字，但我谢绝了。据我看来，署不署我的名字并不重要，重要的是由于我们良好、贴心、到位的服务，有助于作品的产生和传播，有益于社会，造福于读者，这就是我一位图书馆馆员最大的期望。

除了那些老读者和青年读者之外，有时还能遇上名人读者。我印象中有获国家最高科学技术奖的科学家吴文俊、国防大学教授金一南、中国人民大学美国问题研究专家金灿荣、有《鼓浪屿之波》作曲家金立民、央视体育频道主持人张斌、电影演员方青卓等。特别值得一提的是华东师大苏联问题专家刘志华。他曾亲口告诉我，自费去俄罗斯档案馆复制不少资料，费用昂贵，准备整理好这些资料作研究。后来我得知，他将这些自费筹集的宝贵资料无偿捐献给了一个公办研究机构。在市场经济条件下，能用自己的钱自费购置资料用于研究，然后又捐赠国家，如果没有一定的胆识和眼光，没有对历史研究高度的责任感和爱好，我想是很难做到的。

2006年11月我要退休了，离岗之前意外收到一份生日礼物——一张生日卡，上面有部门全体工作人员的签名。组里也为我开了欢送会，同事们的情谊至今仍令我难以忘却。有年轻人问我在国图工作的主要体会是什么，我的回答是：一要爱岗，二要管己。爱岗，就是热爱图书馆事业，把远大理想和做好本职工作联系起来，把实现中华民族伟大复兴的中国梦落实到自己的岗位上。管己，就是做好自己，管理自己，不断提升完善自己，更好地服务读者。

一代代的图书馆人在平凡的岗位上辛勤付出，共同书写了国图115年光辉璀璨的历史。今天在习近平新时代中国特色社会主义思想指引下，新一代图书馆人已经接过老一辈的接力棒，相信他们将会创造出更加辉煌的业绩！

追忆在马列著作研究室的日子

李崇安

1979年2月，我考入了北京图书馆，当跨入这座历史悠久的知识宝库、文化殿堂时，我感到非常兴奋，因为这里有取之不尽、用之不竭的藏书。

一开始我在东方语文图书编目组从事日语图书分类编目工作，后于1981年调入参考部马列著作研究室。该室成立于1979年，陆续收藏了国外及我国各少数民族语言刊发的一系列马列主义、毛泽东思想著作，还包括研究该思想的各种书刊资料，涵盖英、法、西、俄、阿拉伯语等联合国通用语种，也有罗马尼亚、捷克、印地、缅甸、蒙古等相对小众冷门的语言。工作人员除了我，还有刘一平、苏爱荣、张育平几位同事。

那个年代，各种大会发言，必先引用毛主席语录或马克思、恩格斯语录，发表论文、写文章更是需要引经据典。因此，德文版马恩语录，俄文版列宁全集以及毛泽东选集、语录被频繁引用，来我们室查资料的读者也就非常之多，其中查找频率最高的就有《资本论》《反杜林论》《共产党宣言》等12种"干部必读"的马列著作。

研究室的读者来自全国各地和社会各界，包括编写教材及完成学位论文的各大专院校师生，撰写马列主义、毛泽东思想宣传报道的机关企业干部，利用该室的中外文经典著作核对、校订译著的研究人员。除此以外，还有中央文献研究室的领导及研究人员、中共中央党校的教职员工、中央编译局马恩列斯著作编译部的工作人员、社会科学院马列所的研究人员等等。

有一次，为研究周恩来对毛泽东思想贡献的课题，洛阳工学院张玉荣教授委托我们做专题咨询。我帮助他们检索了中、英、日文资料，国内外报刊上发表的相关文章以及1990年以后国内研究周恩来的论文和图书等，力求充实准确。精益求精的服务得到了课题组肯定，为此他们专门致信国图提出书面表扬。这封信也深深激励了我，让我对工作更加充满热情，更好地服务读者。

多年来研究室也为中央党政机关提供过很多资料，如全国人大常委会、中纪委、文化部等部委。不管是著述还是研究，工作人员都尽可能地查找到最全面的文献资料，圆满完成咨询服务工作，在帮助读者的同时，亦体现了国图的社会效益。

为了做好业务工作，展现研究室特色，我一直没有放松学习。工作期间，略懂德语的我翻译过业务处转来的德文信件等材料，也夜以继日地研读中外文原著，潜心钻研过马克思、恩格斯深邃的哲学思想以及经济学原理，争取以最快速度帮读者查找各种语言版本的原文出处。但在研读德文原著时，遇到了诸多难以解决的问题，于是我向组织提出了进一步学习德语的请求，得到了领导支持。经过不懈努力，我的德文水平和工作能力均得到了进一步提升。

另外，我还与同事刘一平合作，为曹鹤龙主任主持编纂的《马克思恩格斯著作中译文综录》附上了外文原著的页码对照，我负责德文版和日文版，刘一平负责俄文版。这本书于1983年由书目文献出版社出版。作为一本工具书，它极大节省了读者查找外文原著的时间，也让我们充分感受到服务工作的价值和成就。

在认真研读中外文版本《马克思恩格斯全集》和列宁著作，并对馆藏文献资料进行整理后，我还在图书馆相关刊物上发表了《本室藏〈马克思恩格斯全集〉外文版简介》和《北京图书馆有关〈列宁全集〉各种版本馆藏目录》等研究文章。在《北京图书馆文献资源调查》（1989—1990）一书中撰写了《马克思主义文献调查报告》，得到了组长李凭的支持与肯定。在组长带动下，我还完成了《东方

144

思想宝库》《社会主义百科要览》《日本军国主义侵华人物》等书目的供稿工作。

　　回想在国家图书馆的历程，是丰富的馆藏资源和前辈们的耐心指点，让我能够不断地努力学习工作，收获了丰富的研究成果。如今，随着业务调整，马列著作研究室已经不复存在，我也早已离开了工作岗位，但我希望，同事们在马列室整理的那些书目与文献，能够继续在国图发光发热。

两条与《赵城金藏》相关的史料

李际宁

《赵城金藏》是金代在山西地区雕版，元朝时期在大都印刷的佛教大藏经。1949年从太行根据地辗转运到坐落于北海太液池畔的北平图书馆（今国家图书馆古籍馆），成为国家图书馆一部重要专藏。国图历代馆员，对该《藏》历史和研究都格外重视。

《赵城金藏》学术史上有很多重要课题，其中之一，就是该《藏》的发起人是谁？明代后期以来，女尼法珍断臂刻经的故事一直流传，但却语焉不详。1935年蒋唯心发表《金藏雕印始末考》，利用《金史纪事本末》等传世资料，结合《赵城金藏》题记，推断该《藏》发起人应该是潞州长子县民女崔法珍。蒋唯心的研究，被学术界广泛接受。可惜的是，有关记述仅存只言片语，对学术研究而言，过于单薄。

我1984年入馆到善本部工作，真正接触并关心《赵城金藏》研究则很晚。1993年至1994年间，我整理1966年从北京柏林寺抢救回来的《碛砂藏》，逐册记录这部《碛砂藏》的状况，在记录《大宝积经》的过程中，竟然发现了两条崔法珍刊刻《金藏》历史的发愿题记。两条发愿文，内容一样，一为全文，题名"最初敕赐弘教大师雕藏经板院记"，另一条是这个题记的缩写。笔者撰《〈金藏〉新资料考》，刊登在方广锠先生主编的《藏外佛教文献》第三辑（1997年，北京宗教文化出版社），这篇《最初敕赐弘教大师雕藏经板院记》原文很长，此处节录开篇一段："潞州长子县崔进之女，名法珍，自幼好道，年十三岁断臂出家。尝发誓愿雕造藏经，垂三十年，方克有成。大定十有八年（1178），始印经一藏进于朝。奉敕旨，令左右街十大寺僧，香花迎经，于大圣安寺安置。既而宣法珍，见于宫中尼寺，赐坐设斋。法珍奏言：'臣所印藏经，已蒙圣恩，安置名刹。所造经板，亦愿上进。庶得流布圣教，仰报国恩。'奉诏许之，乃命圣安寺为法珍建坛，落发受具，为比丘尼。仍赐钱千万，洎内合五百万，起运经板。至二十一年（1181）进到京师，其所进经板凡一十六万八千一百一十三，计陆千九百八十为卷。上命有司选通经沙门导遵等五人校正。至二十三年（1183），赐法珍紫衣，号弘教大师。其导遵等，亦赐紫衣德号。其同心协力雕经板杨惠温等七十二人，并给戒牒，许礼弘教大师为师。仍置经板于大昊天寺，遂流通焉。"

这条愿文，解决了困扰《赵城金藏》历史研究中的一些重要问题。而这篇发愿文，也使本馆收藏的《碛砂藏》，成为目前全世界已知五部《碛砂藏》中文物和文献价值最独特的一部。

2002 年，山西省运城市绛县太阴寺文物工作人员，在调查该寺碑刻资料的时候，发现了几块与刊刻《金藏》历史有关的石刻，其中最重要的是大德元年（1297）刻《雕藏经主重修太阴寺碑》。之后几年内，有学者陆续做了释读，但是对该碑的性质理解有误。

2016 年是老馆长任继愈先生一百周年诞辰，我撰写了论文《山西绛县〈雕藏经主重修太阴寺碑〉研究》。任先生生前一直关注佛教大藏经研究，从 20 世纪 80 年代到 21 世纪初，任先生主持了以《金藏》为基础的《中华大藏经（汉文部分）》的编纂出版工作。1987 年任先生出任国家图书馆馆长，格外重视善本部的建设。1989 年之后，任先生主持国家图书馆藏敦煌遗书出版工作。该项目由任先生的博士、时任善本部副主任方广锠先生组织执行，笔者有幸参加了这个项目组的工作。从这个时候起，笔者在工作中多次聆听任先生的教诲。撰写这篇论文，既是表达我对任继愈先生的怀念，也是对任先生为佛教大藏经研究所做贡献的纪念。这篇论文刊载在《永远的怀念——纪念任继愈先生诞辰一百周年纪念文集》（2016 年 4 月，国家图书馆出版社）。

《雕藏经主重修太阴寺碑》记述了太阴寺开创者慈云法师及其法脉世系，其中浓墨重彩记述了慈云法师的师姐崔法珍，以及他们二人的师傅寔公和尚如何带领他们开创刊经事业，雕造《金藏》的历史盛况，比如文中记述到："（崔法珍师徒等人）趋至金台天宁寺，请师住持，童女、居士左右辅弼。纠集门徒三千余众，同心戮力，于河、解、隰、吉、平水、绛阳，盛行化缘，起数作院，雕造大藏经板。……大定十八年（1178），将所雕藏经部帙卷目，总录板数，表奏朝廷。世宗皇帝特降紫泥，慈部七十二道给付行功，以度僧尼。更赐大弘法寺之名额，敕降童女菩萨以为弘教大师。云公遵师遗嘱，于新田、翼城、古绛三处，再起作院，补雕藏经板数圆备。"这篇碑文记述的很多历史事实，与笔者在馆藏《碛砂藏》中发现的《最初敕赐弘教大师雕藏经板院记》得到互相印证。

现在，这份"太阴寺碑"拓片，也通过笔者联系，入藏国家图书馆金石组，成为本馆研究《赵城金藏》的重要史料。

2017 年夏，在馆领导、国家古籍保护中心办公室和山西省临汾市文化局支持下，由著名导演葛芸生先生带队，由顾问李万里、馆长办公室张鹏、保护中心孙婳、古籍馆李际宁、山西省图书馆古籍保护中心主任范月珍以及相关摄制人员组成摄制小组，循《赵城金藏》相关史迹，沿线实地拍摄三十集资料，交由本馆保存。

以上有关《赵城金藏》的研究和工作，已经成为笔者在国图工作生活四十年的美好回忆。

期刊生涯那些难忘的人和事

李淑云

我是 1954 年从北京自然博物馆调到北京图书馆的，分配在阅览部的期刊阅览组，在组里一直工作到退休。在我将近 30 年的期刊生涯中，遇到了一些有趣难忘的人和事，讲出来和大家分享。

早年来我们阅览室的读者大都是知识分子，比较知名的有物理学家钱学森、社会学家费孝通、数学家陈景润、画家李可染等。费孝通自己没空，就把要看的书名抄下来，派人到我们这儿借，李可染也总让他儿子来帮忙借书。

陈景润每次来都看美国数学杂志，他不是那种讲究、修边幅的人，褂子常年就穿那么一件。他来期刊组看杂志，杂志是刚到的新杂志，最后还回来的时候，准有一个黑色的手指印子。有一次他被一个读者认出来了，过去跟他打招呼："您就是陈景润同志吧?"结果把陈景润吓得不轻，让我帮忙把他藏起来。阅览室没法藏人，我就和组长商量了一下，把他带到书库里，让他在那里待一会儿，等读者离开了再出去看书。陈景润在书库里待了一个多钟头不敢出来，让我去看读者走了没有。我说读者已经走了，他才从书库出来，还说被吓了一跳。我对他讲："您不用这么害怕，老百姓认出您是对您的尊敬，没有要打扰伤害您的意思。"

阅览室的读者中，有两位年轻人令我印象很深。一位是名叫杨宜南的华侨，当时没找到工作，天天到图书馆研究设计，后来成了北京无线电研究所的设计师。不仅如此，他还在阅览室邂逅了在北

数学家陈景润

京红灯厂做设计师的钟友琴，二人成就了一段爱情佳话。另外一位是二机床的工人杨辉，专门来这里看机械类杂志，孜孜不倦地学习，是期刊阅览室的长期读者，后来升任了技术员、工程师。

每年广交会（中国进出口商品交易会）开幕前，设计人员一般都会到图书馆查阅资料。其中就有我们国家第一轻工业局局长带领着局里的设计人员，到组里查找资料。当时英美等国对我国搞技术封锁，我们对电冰箱、空调之类家电都还不熟悉，图书馆的资料在当时对帮助我们获取专业信息有着重要作用。

中央工艺美术学院教授何镇强、黄林，以及他们的学生清华大学美术学院院长鲁晓波、我国第一代红旗轿车的设计师贾延良等，都从期刊阅览室受益良多，他们通过阅读相关期刊开阔眼界，汲取创作灵感。服装设计大师李克瑜常年"长"在期刊阅览室，天天翻资料，为什么？因为芭蕾舞的裙子需要她设计，苏联对我们保密，她又不懂这方面的知识，只好从阅览室的服装杂志里查找资料，中央芭蕾舞剧团《天鹅湖》的服装就是她在图书馆里设计的。至今这些人仍对在阅览室度过的美好时光念念不忘。

我发现来阅览室看医学类书刊的读者比较多，医生来得多，就和同事商量把新来的中文医学杂志目录抄下来，放在外边夹着，这样能节省不少找书的时间。在查阅资料的过程中，我记录了一些治病的偏方，有一大厚本，后来有位同事的家人得了癌症，向我借走了那本书。

　　我到图书馆以后阅读了不少前人写的笔记史料，还从一本书中查证到了晚清德龄公主的身世，之前从未有相关书籍资料提及，这也使我愈发觉得图书馆资源的丰富宝贵。图书馆是一个文化宝库，有很多价值连城的宝贝。曾经有位读者每周四都会到我们阅览室学习，我问他为什么来，他打趣说"书中有黄金万两"，读者勤学不辍的求学精神也让我收获颇多。

我与文津阁《四库全书》

李晓明

　　国家图书馆是一个国家的文化中心，是知识的宝库。保存人类文化遗产是国家图书馆的职能之一，善本特藏部的工作尤为体现这点。

　　《四库全书》是清代乾隆年间纂修的一部大丛书，当时共抄写七部，分藏于七个书阁，至今存世仅三部半。文津阁《四库全书》是目前保存完整且原架、原函、原书一体存放的唯一一部。文津阁《四库全书》成书于清乾隆四十九年（1784），收藏在承德避暑山庄专供御览。1909 年 7 月，学部奏请筹建京师图书馆，清政府允准，拨文津阁《四库全书》为筹建京师图书馆所用，于 1913 年 12 月底从承德启运，1914 年 1 月初到京，暂存故宫文华殿，1915 年 9 月由京师图书馆正式接收。

　　文津阁《四库全书》与《敦煌遗书》《赵城金藏》《永乐大典》并称国图特藏书库的四大镇库之宝，多年来除了在有特别需要时接待国内外的重要人士参观外，基本是以藏为主。

　　1991 年杨讷先生到善本部工作，计划研究文津阁《四库全书》的文献价值，我被善本部领导安排到文津阁《四库全书》专藏书库，负责该书的保管，并作为杨讷先生的助手协助工作。

　　我们的具体工作是用台湾出版的文渊阁《四库全书》影印本和文津阁《四库全书》原本进行核对录异，把不一样的地方找出来，重点在于文津阁本多于文渊阁本的内容。核对工作从 1991 年底开

作者与杨讷先生正在工作（左一为杨讷）

始，可惜这部分内容在"以藏为主"的保管原则下，不能提供给读者所用。

我们从集部入手，因为杨先生说集部的使用率高，集部约占全书总量的三分之一，我们按照别集、总集、诗文评、词曲的顺序进行核对，核对集部的 1273 种书中有 788 种存在差异，占比 62％。这个结果在 1992 年至 1997 年的《北京图书馆馆刊》上陆续发表，其中宋别集部分在中华书局的《古籍整理情况简报》1994 年第 4 期至第 12 期分期发表。

1995 年初集部核对完毕，我们把文津阁本多于文渊阁本的内容拍照、编辑整理，编制目录和索引、撰写前言，在与北京图书馆出版社同志的共同努力下，于 1997 年 7 月正式出版，书名为《文渊阁〈四库全书〉补遗·集部》，全套 15 册收录文津阁本多于文渊阁本的历代诗文 4000 余篇，该书的出版得到了大家的肯定，荣获 1999 年第四届国家图书奖提名奖。

集部补遗出版后，杨讷先生退休了，我继续做史部的核对工作，善本部李景仁老师参与了史部的基础核对工作。史部全部核对完成后的录异结果，发表在由敦煌文艺出版社出版的《〈四库全书〉研究文集》。

在多年的《四库全书》核对整理工作中，我对发现的一些问题进行了查考、梳理和研究，撰写了《〈四库全书〉宋别集类的〈永乐大典〉辑佚书》《文津阁〈四库全书〉排架考》《〈四库全书〉底本新发现》等论文，分别发表在《文献》刊物总第 88 期、第 99 期、第 109 期。

2002 年初，国图善本部和商务印书馆共同策划将文津阁《四库全书》全部影印出版，这是一项巨大的文化工程。《四库全书》共收录 3000 多种书籍，总计 36304 册。工作开启后，这三万多册书的每一册、每一页都要和现代化的技术碰撞一把，我有担心，有焦虑，最重要的是有责任。我尽力把工作的具体细节考虑周到进行较为妥当地安排，确保拍照工作每个环节万无一失。在善本部领导的高度重视和正确领导下，在参与此项工作的各位同仁的通力合作下，于 2005 年底顺利完工。当这 36304 册书完好无损地回到各自原来的架位上，我内心一直紧绷着的这根弦，终于得以缓缓地松弛下来。

文津阁《四库全书》自 1915 年由京师图书馆接收至今，近 110 年，一直受到世人的珍视。经过国图人的不断努力，在保护好其文物价值的前提下，尽力挖掘开发它的文献价值。现在我们可以通过影印本、光盘来了解它的内容，查阅它的文字，让它的历史文献价值得到充分的发挥，但其本身的历史文物价值和它所承载的历史文化底蕴，将随时光的前行而日渐加深。

我从茫茫人海中幸运地走进了国图，能为广大的学者、研究人员、求知者提供服务，能为收藏和保存祖国的文化遗产、传承和传播中华的传统文化而工作，特别是来到善本特藏部，有杨讷先生的引领和教诲，部领导的信任和鼓励，日日接触着国家文物级的藏品，时时接受着传统文化的滋养和熏陶，我在不断地提升和成长。

退休后我离开了工作岗位，特别是历经三年疫情，人们更多关注的是养生、健康，我也慢慢远离了自己曾经做过的业务。但今天，当我提笔写这篇短文时，不禁又翻开自己留存的当年工作时的资料。我一页一页地翻看着、回忆着，内心充满感激之情，感恩国图对我的培养、教育、历练和成就。虽然我不是很优秀，但我竭尽全力了，在国图工作的时光中，在守护文津阁《四库全书》的岁月里，我收获了满满的幸福与无上的荣光。

责任　担当　奉献　传承

刘小玲

　　今年是国家图书馆 115 年馆庆，也是习近平总书记给国家图书馆老专家回信五周年。习近平总书记在给老专家回信中指出："110年来，国家图书馆在传承中华文明、提高国民素质、推动经济社会发展等方面发挥了积极作用。一代代国图人为此付出了智慧和力量。"虽然我已退休多年，但我也从前辈那里获取了图书馆工作的知识和技能，从他们身上看到了国图人的责任、担当、奉献、传承。

　　我退休之后一直返聘于中文采编部所属的全国图书馆联合编目中心，负责数据库数据的维护及规范等工作。近几年我主要从事民国时期文献的普查与培训，制定民国数据制作标准及编目规则，对全国各类型图书馆上传的民国数据进行评估、整理、核查、修改、答疑等。同时，我还参与制定民国文献总目的出版格式、出版内容及规则的研制，并和项目组的其他同事完成了哲学、宗教、社会科学总论、语言文字、文化教育等卷的编纂工作。

　　我很满足也很充实，因为我在退休之后还能尽自己所能，继续发挥余热。尤其是看到《国家图书馆通讯》上登载的、由国家新闻出版署发布的《出版业"十四五"时期发展规划》，首次遴选规划项目 1929 个，国家图书馆出版社有 12 个项目入选，其中就包括自己参与的《民国时期图书总目》这个项目，这里面饱含着采编人的汗水和艰辛。

　　"革命文献与民国时期文献保护计划"是全国性的文献保护项

目，由国家图书馆牵头于 2012 年启动。由于民国时期造纸工艺落后，保存环境较差，文献破损严重，酸化、脆化、虫蛀、缺页，甚至拿到手里就会掉页，一碰即碎，亟待抢救保护和普查利用。这一时期印刷形式也很随意，没有规范可言。很多情况无法套用现有的编目规则。所以，同一部文献，可能因为破坏程度不同，字迹模糊不清、著录格式差异、数据质量问题（错字、漏字、简繁体转换）等，造成提交的数据出现大量的重复和错误。我们在全国范围内收集公共图书馆、高校图书馆、科学院图书馆等收藏单位的民国文献馆藏信息，并对其书目数据和馆藏数据进行校对、整理、筛选，同时撰写评估报告等。此外，我们还开展线上、线下培训，现场教学，并统一格式和标准。该项工作的困难在于，我们收集到的很多是不同格式、不同标准且质量参差不齐的数据。因为看不到实体文献，我们要通过各个网站查找相关书影来甄别数据，包括剔重、改错、考证、梳理等。最后，我们按照内容（学科分类）、书名、责任者、出版者、版本、出版时间等排序，并整理出版。

"责任"这两个字是我从事联合编目工作以来感受最深且分量最重的两个字。联合编目中心是国家图书馆对外提供资源共建共享服务的窗口，截至 2023 年底，联编中心的书目数据库及规范数据库中各种不同文献类型的数据有 1870 多万条。每当数据库中的某些数据，无论是格式上还是著录标引方面出现变化（变化无论大小）、不统一甚至错误，都会误导用户和各成员馆的编目人员，因为在他们眼里国家图书馆是龙头，国家图书馆的编目数据就是他们遵循的标准，这就会导致问题的扩大和延伸。所以，作为国图人，除了有自豪感，更重要的是要承担责任，起到引领作用。

2019 年，我受离退休党支部委托，与文旅部老干部局的其他 7 位离退休老同志一起作为文化扶贫志愿者，前往山西省静乐县（忻州市贫困县）开展对口扶贫工作。我作为国家图书馆工作者与县图书馆对接。根据他们提出的需求，我为图书馆的同行讲授了图书馆的基础业务，也是图书馆的核心业务——采编工作，普及了编目工作需要掌握的规则与标准以及现行的计算机编目的理论与方法。同时，针对如何利用 CNMARC 格式建立本馆特藏资源的书目数据进行了现场指导。静乐县图书馆共有工作人员 14 人，他们全部参加了此次培训。县图书馆的同志朴实、敬业，他们的学习热情和强烈的求知欲深深感染着我，使我真切体会到随着贫困地区人民群众生活水平的提高和物质条件的改善，人们对精神文化的需求应成为新时代扶贫工作的重点。

我是一名编目员，也是一名共产党员，无论退休与否，传承中华文明、提高国民素质，让国图精神一代代传承下去，为弘扬中华文化付出我们的智慧和力量，这始终是每个国图人义不容辞的责任和义务。

我的连环画情结

路国林

连环画对我来说并不陌生。五十多年前，当我还是不谙世事、只知调皮的孩子时就见过了。至今还清楚记得第一次见到它的情景：那是个炎热的夏季，晚饭后闲溜时，看到一位小伙伴坐在路边的石板上，低着头，捧着一本小书旁若无物、聚精会神地翻看着。我出于好奇走过去，原来是一本带画的书，那是我平生第一次见每一页都绘有图画的书。它就像磁石般立马把我吸引住了。那本书的名字叫《穆桂英》，书的封面至今还清晰地浮现在我的脑海里。也就是从那时起，连环画在我心里扎下了根，与我结下了不解之缘。

连环画，是我当之无愧的启蒙老师，称得上是良师益友。在我成长的过程中，它曾一度伴随着我，度过那纯真无邪的孩童时代。记得上小学二年级时，有一次，学校少先队的辅导员召集我们到她的办公室。办公室书架上排放着满满的书，都是连环画。这是我第一次见到这样多的连环画。那时的我对书中很多字还不认得，但能从画面上猜出大致的意思，这或许是连环画的魅力之一吧！

从这些厚薄不一、小小的连环画中，我见到了从未见过的东西，仿佛把我带进了一个新的世界，使我领略到其中的快乐和乐趣，让我幼小的心里充满了好奇和向往。伴随着年龄和阅历的增长，从翻阅连环画中，我逐渐对外部世界有了更多的认识，知道了许多历史人物、故事和神话，对中国悠久的历史，逐渐有了粗浅的认识。当然，体验和了解中国历史文化的博大与精深，仅仅浏览和阅读连环

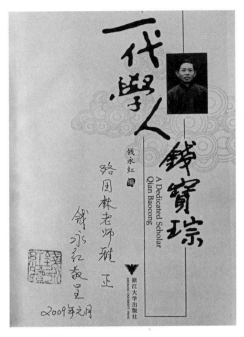

钱永红赠书

画是远远不够的。但至少连环画对我开阔视野、认识世界的影响和启蒙作用是巨大的。不夸张地说，它就像是无言之师，引导我从小就爱上了书籍，童年的乐趣有相当一部分是得益于连环画。直到现在，我还很庆幸当年能够与连环画的相遇及相交。或许是我对它的这份不能忘却的留恋和情怀感动了上苍，命运之神再次将我与它牵到了一起。

那是 2003 年，受领导委托，由我具体负责，组织安排人力，对国家图书馆收藏的民国时期及"文革"前出版的连环画，进行整理、除尘、保存以及日后的核对、简编、上架排列等工作。这个"天赐良机"，为我提供了近水楼台，是一个全面认识和了解这批藏书的难得机会。国图收藏的这批藏书共计 3 万余册，其中许多连环图画书，即便今天看来，也煞是好看，极具观赏性。其题材广泛，附加文字简练，内容更是丰富多彩。其中既有古今中外的古典名著、神话及民间传说，还有反映现实题材的作品，包括当时的舞台戏曲、电影等也被以连环画这种通俗易懂的形式，在民众中广泛传阅。此外，还有当时国外传入国内的著名作品，以及适合少儿阅读的作品等等。

民国时期的连环画，我是头一次见到，真的就像哥伦布发现新大陆似的，当时的心情可想而知。当我触摸到这些连环画时，仿佛又回到了从前那天真快乐，充满好奇和幻想的年代。当我看到这些宝贵的文化遗产及其丰富的内容时，许多感慨油然而生。作为图书馆工作者，自然而然地也更感到身上所肩负的责任。这不是冠冕堂皇的话，而是出自肺腑之言。当我在认识和了解这些藏书时，不再仅仅是关注连环画的内容、外观及观赏性、娱乐性等本身的东西，还想通过这些表现形式，探求其内在的精神和价值，这才是我更感兴趣的。在此基础上，才能更全面地认识它、揭示它，进而更好地展示和保存它们，在弘扬传统文化方面发挥应有的作用，这也是整理工作的意义所在吧！

为此，我查阅了许多相关文献，了解了许多相关情况。如上海，当时仅出版机构就达数百家之多。至于出售或出租的书摊，更是多如牛毛，遍布在上海的街头巷尾。这一情景在茅盾先生的文集中，在其收录的有关论述"连环图画"一文里，开头就有描述：上海的街头巷尾像步哨似的密布着无数的小书摊。可见当时的上海连环画火热的程度。通过小小的连环画，在查阅相关文献的过程中，我对民国时期的图书文化有了更多的了解和认识。

关于国图收藏的民国时期出版的连环画，我们曾在 2013 年编辑出版的《民国时期连环图画总目》中予以揭示，我也曾在本书出版前后写过若干篇与民国时期连环画相关的文章，其内容不再赘述。当然，其中也有许多遗憾，如缺乏对民国时期连环画中"跑马书"的揭示和论述等。因此，我总想找机会对这方面做些专题调研，以便为这批藏书的揭示和保存利用，做些拾遗补阙的工作。

时过境迁，现如今孩子们的眼光早已被那些五彩缤纷的动画片、动漫等所吸引，连环画不再是他们的首选。我们小时候争先传阅流行的连环画，也大都改弦易辙，纷纷踏入和"躲进"了收藏的殿堂，不再是流行的普及读物。难道我们曾经爱不释手的连环画真得已经完成了自己的历史使命？这是需要认真思考的，也有待于进一步的挖掘整理，让连环画再度绽放光彩，走进儿童的内心深处。

官厅水库图书流动站往事

宋克夫

1953年，为了支援和服务官厅水库的建设，冯仲云馆长指示我馆推广组在水库工地建立图书流动站。馆里委派业务水平高、见多识广的钟履同志来官厅水库开展工作，由我配合协助，把官厅水库图书馆建了起来。期间我从官厅水库回馆汇报工作，向鲍振西组长汇报完毕后，鲍组长又去向冯馆长汇报。但很快鲍组长就从冯馆长那儿回来说："快跟我去，冯馆长要亲自听你汇报。"

于是我跟鲍组长进了冯馆长办公室。

冯馆长看我进来，哈哈一笑说："克夫同志你辛苦了，去官厅工作，是换了个新环境，习惯吗？那儿伙食怎样？"

我说："几个大工区，离京路途较远，物质条件稍差点，另外，就是此地风沙大，现进入冬季，下工棚跟没有穿棉衣棉鞋一样，不过我还能过得去。"

冯馆长听后，转身抓起电话："喂！是元烈同志吗？宋克夫同志在官厅水库工作，那里风沙大，也冷，你们去买件皮大衣和棉鞋、一幅风镜交给克夫同志。"听到这儿，我感动于冯馆长对职工的关心，眼眶湿润了。

冯馆长看我有些激动，安慰我说："不要激动嘛，这就不怕冷不怕风沙大啦，好，生活说完了，说说工作吧。"

我平复了一下心情，向冯馆长汇报了工作开展情况。本次去官厅水库共筹备10000册政治科技类图书、通俗读物、连环画等书籍，分装 50 箱。其中指挥部分配 5 箱，主要是政治、水利科技类书刊资料。在工棚建设 15 个图书流动站，每站分配 2 箱，有英雄事迹、种田科学技术图书及连环画。各站都有专人管理，站与站的书箱，每月互换一次，每两个周末开一次个人读书心得会。余下 15 箱书，放在总站阅览室，供干部和工人休闲时来此阅读。

运去官厅水库的图书受到了当地干部和工人的热烈欢迎。当地的同志反映，在爆破溢洪道施工中，他们运用科技水利书中记述的苏联修建水库的经验，定方位，减少了爆破后石方的数量，省了工又省了钱，并希望再要批有关水利科技建设的书刊，学习里面的技术经验。工人同志学习了书中的科学种田方法，高兴地说："这下可知道怎样种好地才能增产了！"在学习了英雄事迹以后，工人精神抖擞，风雨无阻，干劲十足，尤其是大战红五月，每辆车装的沙石都冒尖，光着膀子，短裤被汗水浸透贴在身上，推起车就小跑，和战士在战场上打冲锋与敌人拼搏一样呐喊着！

冯馆长插话说："好啊！这就是战斗英雄在战场上冲锋陷阵和敌人拼搏的精神，把同志们的拼命干劲激发出来了，好啊！你和钟履同志配合的还好吗？"

我说："钟履同志知识渊博，业务水平高，工作能力强，我是半路出家，文化水平没有他高，好多事都得向他请教。"

冯馆长笑了一下说："这就好了，我放心啦。"

冯馆长去官厅水库视察，为不打扰当地领导工作，约法三章：一、到官厅不准叫馆长，要叫老冯；二、不吃小锅饭，和大家同吃大锅饭；三、不另搭床铺，和大家同住。冯馆长视察工地时，对工地上的同志们赞扬不已："这工程好伟大壮观啊！"看着汗流浃背，推着装满沙石的车子，和小老虎一样往来如梭，热火朝天拼命工作的工人说："工人同志们精神抖擞干劲真足，眼看大坝长高，他们真棒真伟大啊！"

1954 年官厅水库工程提前完工，指挥部党委书记在庆功大会上说："北京图书馆协助我们建立起了水库图书馆，活跃了工地广大干部和工人的文化生活，积极地支援了工程建设，我代表水库全体同志，向北京图书馆致敬和感谢！"并亲自给我馆颁发一面两米高的锦旗。转眼间，这已是多年前的往事了，可冯馆长的谈话依然言犹在耳，仿佛就在昨天刚刚发生。

"国图"滋养着我成长

——写在国家图书馆115周年馆庆之际

王　卉

时间荏苒、岁月如梭，我来到国家图书馆已经 29 年，已步入夕阳之年，而国家图书馆正在迎着朝阳蓬勃发展！

曾经年轻的我，放弃了对口的工作，放弃了技术科副科长、车间技术副主任和党支部书记的职务，义无反顾地来到国家图书馆面试。因为，我向往图书馆这份书香之气，喜欢这里静谧的环境和那些热爱读书的读者……在分别参加了外文采编部和保卫处的考试，并且都有意向录用后，我选择了到保卫处工作。我知道安全保卫工作，对图书馆是多么的重要，能成为守护她的一分子是多么的任重道远。

因为国家图书馆，她的总面积达到 28 万平方米，是仅次于美国国会图书馆、俄罗斯国立图书馆的世界第三大图书馆；馆藏、地位以及人均读者流量等因素，都决定了其安全工作责任之重大。

正如周和平馆长在 1996 年 1 月 1 日 "寄语北图保卫工作"（北京图书馆后更名为国家图书馆）中指出："北京图书馆历史悠久，藏书宏福，是中华人民共和国的国家图书馆和总书库，是中华民族勤劳智慧的结晶，是祖国灿烂文明桂冠上一颗璀璨的明珠。在社会主义现代化建设中，北图发挥着独特的作用。我们每一个北图人，不仅有责任继续把她建设好，更有义务始终如一地把她守护好。安全第一，至关重要；事关万代，人人有责。决不容有丝毫的马虎和懈

165

怠，更不能出现任何羞见祖先、愧对子孙的安全事故。要预防为主，确保重点，严格制度，谨小慎微，如临深渊，如履薄冰……"一直以来，全馆上下认真贯彻落实馆领导的指示精神，始终把安全工作当成全馆最为重要的工作之一来抓。

我的岗位是保卫处保卫科内勤，主要负责文书、档案管理、集体户口管理以及人员调入调出（包括馆内外）、各种证卡办理等等，同时兼任财产管理员、档案管理员、计划生育宣传员以及分工会主席。该分工会是由党群工作部、纪委监察处、人事处、离退休干部处和保卫处等职能部门组成。

而保卫处本身人员比较多，人员结构相对复杂，不仅下设三科一室，还负责警卫队的日常管理。期间，我配合过四任处长，圆满完成全处各项安全保卫任务。做好承上启下、上行下达等工作，需要有高度的责任心，认真细致的工作态度，积极主动的吃苦耐劳精神。在做好本职工作的同时，我积极参加馆里组织的各项重大重要活动，参加高层讲座、国家领导人来馆安全保卫执勤等等。在国家图书馆的发展过程中，我始终要求自己在平凡的岗位上增光发热，做一颗永不生锈的螺丝钉。

在馆20余年（退休后又返聘工作2年），在各级领导的培养教育、支持帮助和关心爱护下，自己不断进步，获得无数优秀、先进荣誉……不仅圆满完成了工作任务，在专业技术方面也努力进取，从中级职称晋升为副研究馆员。

岁月流逝，转瞬间一切已是过往……曾经年轻充满活力的我，已经走完一生的工作生涯。虽然短暂，却刻骨铭心，我由衷地感到无比荣幸。我的成长进步、所有成绩的取得都是国家图书馆培养、教育的结果。

2014年6月，在我即将退休的时候，保卫处领导安排我返聘半年。为了更好地做好信访服务工作，按照馆领导指示精神，2014年11月保卫处开始筹建"来宾接待室"。12月18日召开专题工作会议，确定工作人员、服务目标、工作职责、管理制度以及应急突发事件处置等等。我继续返聘到接待室参与筹建工作，荣幸地成为这里的第一位工作人员。面对每天大大小小、各种各样的人和事情，我们兢兢业业、履职尽责、服务周到、热情待客，较好地完成了工作任务。2016年春节前，韩永进馆长和刘惠平书记，以及相关部处领导来接待室慰问，赠送贺年卡并与我合影留念。

王卉与韩永进馆长、刘惠平书记合影

一路走来，我目睹了国家图书馆事业的蓬勃发展、壮大；与馆共度了百年生日。在退休10年中，我参加了老年大学的装裱班；还写了一些文章投稿在《中国老年文化》杂志；也非常感谢离退休干部处党支部对我的信任，安排我担任了10年的党小组长。

今年，国家图书馆又将迎来建馆115周年馆庆，我作为她的一员，始终在她的滋养教育下成长，怎能不心潮澎湃，兴高采烈……虽然我离开了工作岗位，但是热爱国家图书馆，期盼着她有更大更好的发展，是我永久的心愿。

在当今知识改变命运的时代，人老心不能老。书如海，我如鱼，让我们共同在书的海洋里徜徉。

我的第一次：国图展览记忆

王致翔

国家图书馆（曾用名京师图书馆、国立北平图书馆、北京图书馆等，为行文方便，统名为国家图书馆，简称"国图"）建馆于1909年，馆内举办展览始于1929年。1950年，国图成立群众工作组，从此，国图有了专门负责展览和报告会工作的机构。1985年，我从国图阅览部阅览组调到群众工作组（时名图书宣传展览组，此后又多次改名，为行文方便，以下统名"展览组"），开始从事国图展览，主要负责文案工作。

"书史展"：第一次参加筹办展览

1985年，接受国家出版局委托，我馆开始筹办"中国古代书籍史展览"。为此，从善本部和展览组各抽调3人，组成了"脱产"的筹备组（不再参加其他业务工作），展览组胡昕任组长，善本部杜伟生任副组长，总负责人是时任善本部主任的李致忠先生。我参加了"书史展"筹备组，为了办好展览，我们首先进行了近半年的看书学习，了解书史相关知识，并在李致忠先生的指导下，经充分酝酿、讨论，形成了最终的展览大纲。

展览是靠展品说话的立体艺术，走出"纸上谈兵"阶段后，筹备组六人分成两路，分赴河南、陕西、山西、甘肃、四川、上海、湖南、贵州和云南等地，搜集、复制最适合展览的展品，对于无法用实物表现的内容，我们决定邀请著名画家"命题作画"，先后有潘絜兹、范曾、贺友直、刘旦宅、戴敦邦等画坛大师应邀作画，为展览添彩。李可染大师为展览题写匾额，原中国历史博物馆资深设计师曹肇基应邀担任展览美术设计。最终，精美的展览呈现在国内外观众面前，大获赞誉。筹展之人也得到了只有自知的甘苦。老同志说，"书史展"为国图展览开创了一条新路。而我，最大的感悟是，磨刀不误砍柴工，展览质量的高低与为其付出的多寡成正比。

"巴金展"：第一次独立完成展览文案

1986 年，为迎接我馆白石桥新馆开馆，展览组承接了筹办"巴金文学创作生涯六十年展览"的任务。领导把该展的文案撰写工作交给了我。当时，我到展览组仅一年余，只参加过"书史展"的筹办，对展览工作还是一知半解，仍属新兵菜鸟阶段，而文案乃展览的基础，一旦失误，后果不堪设想。我很忐忑。不过，或许因为我尚属初生之犊，或许因为想着总会有老同志保驾，或许因为我想锻炼，要进步，所以我最终还是接下了这一任务。

我仿照"书史展"的筹备方法，首先学习翻阅了巴金和与巴金相关的大量著作。得益于国图的大书库，使我很快掌握了相关的知识和待搜集的素材线索。我又到四川、福建、江苏、上海等巴金在国内住过的地方去走访，从当地一些关注并研究巴金的同志那里搜集到许多资料。因当时巴金还健在，我到上海时还专程拜访了他。问了他一些问题，他都一一作答。可惜我实在听不懂巴老的话（方言），当时又只有我们两人，有些问题重复了几遍，我还是没听懂，最后只好作罢，告辞。

回北京后，我尽自己最大努力写出了展览大纲，为了更好地融合巴金的"创作"和"生涯"，我用巴金的著作为这个编年体展览的章节命名。如青年时代，我取名为"激流"；抗战时期，我取名为"火"。大纲顺利通过了领导的审查。在全组同事的共同努力下，展览于 1987 年 10 月正式展出，成为我国为健在人士举办的第一个个人生平展。著名作家曹禺成为"巴金展"的第一位观众。展览开幕式当日，工作人员还没到，他已经带着女儿万方在门口等候了。

说到"巴金展"，想起件题外事。1986 年，我到上海图书馆搜集资料，接待人员曾好奇地问我：图书馆还要办展览吗？到了 2000 年前后，上海图书馆以组织、发起者的身份，致函我馆，邀请参加图书馆展览联盟。我不禁感慨：仅 10 余年，图书馆展览已经遍地开花了啊。

"汉字展"：第一次为创收筹办展览

2002 年 10 月，由文化部外联局创意、委托，由我们展览组承担制作的"汉字——从甲骨文到计算机"展览在中国现代文学馆预展，得到了前来观展的文化部领导和有关人士的赞许。接下来，该展览将作为外联局重点项目，赴世界上建有中国文化中心的国家进行巡展。作为该展制作的具体负责人，我在预展时受到了记者的采访。他们问我，办展的目的、想法？我用官方说法做了回答。而我未说的想法是：这是我们为创收而办的展览。

当时，展览组历经撤销、重建、缩编，隶属参考研究辅导部，只留下我和赵建忠两个人。我们没有工资，收入来源是：本组创收纯收入的百分之三十。如果有展厅，我们还能创收。但我们没有展厅，只能靠给馆里做些美工零活来勉强维持。某日，参考部领导通知，文化部外联局准备筹办"汉字展"，正在招标制作单位，问我们是否愿意参加？如能中标，可得展览经费。我们当然愿意。于是，我用最短的时间提交了我最满意的展览方案，并最终获得通过。

展览制作过程中，我们始终牢记控制成本，能自己做的就自己做，能通过关系做的就通过关系做。当然，我们没有忘记我们是国图的展览组，节省成本的前提是保证质量。如有些展览书影的拍摄，如拍原书，每拍要付对方 500 元，如果翻拍，则不用付钱。但考虑到翻拍质量不如拍原书好，我们最终还是决定付钱拍原书。拍照时，由我组赵建忠任摄影，他的技术很过硬，每幅书影都是一拍完成，不用再多交一份钱，节省了展览费用。

"汉字展"完成后，又制作了几套不同文字版本的，分赴多个国家展出，在为国增光的同时，也保障了我组两三年的工资收入。

时至今日，国图的展览可谓鸟枪换炮。国图成立了展览部和由其管理的国家典籍博物馆，拥有多个展览厅和适应不同需要的展览设备。归属展览部后的展览组发展到 20 余人，分为文案策划和美工设计两个专业科组。展览部还下辖有讲解、保管等科组，学历从大学本科到硕士、博士都有。记得展览组老组长胡昕曾多次讲过，办展人员就得一专三会八能，什么都能干才行。而今天的办展人员则分工更加明细，专业化程度因而更高。展览部的年轻人们已经筹办出了一个个高质量的展览，国图展览已经呈现出未来的辉煌。遗憾的是，我已退休，不能够和大家一起开创这一辉煌。但我坚信，我一定能够亲眼看到，国图展览一步步走向新的更大的辉煌。

关于国图老馆员口述史项目的回忆

吴邦伟

我 1979 年 12 月入馆，2015 年 12 月退休，退休后返聘至今，在国图已经工作 45 年了。在国图 115 岁生日来临之际，我想重点回忆一下国图老馆员口述史项目与纪录片《口述国图》的相关工作。

2003 年，我接到时任党群工作部主任索奎桓老师的委托，参与到对国图老馆员的采访拍摄工作中。从 2003 年至今，我们对张秀民、李兴辉、戚志芬、鲍振西、孙蓓欣等 50 余位国图老馆员及其亲属进行口述史访问，累积了 200 余小时 100 余万字的口述资料。他们当中既有引领国图事业发展的老领导，也有图书馆领域的老专家，还有为国图辛勤付出一生的老馆员。这些口述资料对于保存、研究国图历史具有重要的意义。即便当时没有经费，工作繁重，我们还是充分发挥主观能动性，利用摄编组拥有拍摄设备和拍摄人员的有利条件，挤出时间，坚持采访，争取为国图多留下一些珍贵的历史资料。在这个过程中，一些人、一些事给我留下了深刻的印象。

2014 年末到 2015 年初，我们对黄润华老师进行了三次口述史访问。黄老师出生于 1940 年，1965 年从中央民族大学毕业，专业是维吾尔语。毕业后，他被分配到北京图书馆善本特藏部，主要从事少数民族文献的整理、收集和编目工作，后担任善本特藏部主任，于2000 年退休。在访问过程中，他提到蒙古文《甘珠尔经》的入藏故事令我印象深刻。

据他回忆，蒙古文《甘珠尔经》是我馆在特殊年代里的一个意外收获。1973年12月的一天，黄老师接待了一位来自内蒙古的陌生人。他说他有一部蒙古文的《甘珠尔经》，问北京图书馆要不要。这是一部重要的佛教典籍，印于康熙年间，共计108函，具有很高的历史价值与文献价值。在那个特殊的时期，馆领导们最终做出决定，接收这批文献，由黄老师负责对接。1974年2月底，黄老师和金石组的王敏老师就去内蒙古语言文学历史研究所取这部经。黄老师回忆，到了呼和浩特刚下火车，他们一面迎着刺骨的寒风，一面听着大喇叭里播放"批林批孔"的内容，却来运送这么一批200多年前的佛教典籍，让他觉得非常吊诡。因为他们所做的事情和当时那个时代有一个巨大的反差。

　　黄老师的回忆，为我们揭开了一段不为人知的馆藏故事。在那样一个年代，不知道有多少珍贵的图书付之一炬。但还是有一批知识分子，他们有很睿智的眼光，很理性的思维，很明智的决断，对自己祖宗留下来的这些宝贝，能够出于爱护之心，在自己力所能及的范围里把它保护起来，并且传之永久。国图的珍贵馆藏还有很多，每一部背后都有一代代图书馆人的坚守与付出，都有着说不完的故事，等着我们去发现、去记录，值得现在年轻的图书馆员去了解、去学习。

　　另一位让我印象深刻的老馆员是宋克夫老师，我们于2017年对他进行了六次口述史访问。宋老师于1924年出生，2020年去世。1939年，年仅15岁的他参军入伍，1952年他转业到北京图书馆，1960年被调往柏林寺负责保卫和后勤等工作，一直到1985年退休。他的回忆，带我们走进了国图一个鲜为人知的馆区——柏林寺。

　　柏林寺位于北京市东城区，毗邻雍和宫，是一座始建于元代的古老寺院。在20世纪中叶，柏林寺成为北京图书馆的一个分馆，保存着大量图书，并作为阅览室对读者开放。1987年，白石桥新馆落成，柏林寺完成了它作为北图分馆的历史使命。2019年7月31日，时隔34年，我们邀请95岁的宋老师重回柏林寺，为部门的年轻馆员讲述柏林寺的悠悠岁月与动人故事。

宋老师在柏林寺工作了 25 年，对这里的一草一木、一砖一瓦都了如指掌，院子里的一排树就是他当年亲手种下的。他在柏林寺什么活都干，什么苦也都吃过。当年的柏林寺不比现在，房子（库房）非常破旧。为了图书的安全，冬天不能生火取暖，非常寒冷。走到大殿前，宋老师回忆，冬天工作人员都是在大殿（书库）前面的空场整理图书。这里冬天北风刮不着，太阳晒得着，就是借着这么一点阳光取暖。

对于馆里的文献，宋老师竭尽全力保护。在特殊年代里，他冒着被当作反动分子的危险，拿出破釜沉舟的勇气，对前来"破四旧"的红卫兵晓之以理、动之以情，劝说他们这些书都是古人和现代人用心血凝结成的结晶，如果烧了，国家的历史就断代了，我们就是千古罪人，最终保护下了柏林寺的藏书。

可以说，柏林寺凝聚了他一生的心血，他对这里有着极深的感情。刚一回到柏林寺，他就来到大殿前的一棵古树前，用拐杖轻轻敲击古树的身体，像是在和它打招呼，然后动情地说道："老伙计，老朋友，我又来了，还没死呢。我来看你来了。"在重访结束后，他又绕道来到古树前告别："老伙计，再见了，我回家了。我有功夫就来看你。"这一幕，出乎所有人的意料，让我们为之动容。古树依旧青绿，但故人已经老去。这棵宋老师曾经乘凉、休息的古树，见证了柏林寺的悠悠过往，也见证了宋老师的似水年华。

其实，老馆员们回忆的国图故事还有很多很多，我无法在文章里逐一列举。2019 年，时值国图 110 年馆庆之际，我们在社会教育部汤更生主任的领导下，由田苗副主任亲自指导，在全体摄编组同事的共同努力下，将多年积累的口述史访问素材制作成纪录片《口述国图》。全片约 103 分钟，共有 35 位国图老馆员出镜讲述了自己的国图故事。影片在中国（广州）国际纪录片节、北京纪实影像周等进行展映，并荣获首届"国际口述历史协会传媒奖"等荣誉。我们把它作为一份礼物，献给国图，献给国图的老馆员们。正如影片最后所言：国有斯馆，馆有斯人。文脉存焉，国运兴焉。

对于国图老馆员口述史的挖掘与记录，我们还在继续。谨以此文祝贺国图 115 岁生日快乐，祝愿国图越来越好！

传承篇

国图往事

严向东[①]

一、和任先生相处的日子

我 2003 年 3 月调入国图，当时任继愈先生担任馆长，我们都在行政楼三楼办公，他的办公室在最东边，我们经常楼道里相遇，但交流并不多，直到有一天他秘书请我过去。

任先生没有谈事务性工作。他询问了我之前在以色列的工作情况，特别强调犹太教、犹太文化十分值得研究，国图有丰富的馆藏，一方面还要不断加强收集，一方面要组织人力发掘研究，自己要研究，也可以与兄弟图书馆、高校和科研院所联合研究，日积跬步，以致千里。他说，目前国图与日本、韩国和新加坡有固定的往来，希望能够加强与以色列、印度和俄罗斯的交流，从人员往来、收藏和研究都要加强。

说实话，我到国图不久，当时满脑子还想着如何推动更多的人员交流，而任先生无疑提出了收藏与研究并重的更高目标。

2003 年 12 月，以色列总统卡察夫访华，以色列驻华使馆举办活动，邀请国图领导参加。我觉得这不过是一个一般性的外事活动，

---

①2003 年调入国家图书馆担任国际交流处（台港澳交流处）处长，2011 年转岗担任中国图书馆学会秘书长，2014 年文化部借调赴尼日利亚、埃塞俄比亚和以色列担任文化教育参赞，2023 年 5 月退休。

去的人很多，似乎并不重要。但任先生破例同意应邀前往，我有点意外。路上，任先生并没有解释为什么要参加这个活动，而是又提起应该加强对犹太文化研究。他说，不仅是以色列，印度、俄罗斯的文化和宗教的出版物，我们都要努力收全，加强研究。

国家文物局 2002 年在以色列举办"中国百件文物珍宝展"，卡察夫总统亲临参观，我陪同大使也参与了接待，所以他在以色列使馆的会客室一眼就认出了坐在第二排的我，说你什么时候回来的，现在在哪里？我说在国家图书馆，这是我们任馆长。他马上走过去和任先生握手，热情问候。任先生不卑不亢，以礼相待。

我回味这件事情，认为任先生参加这次活动，并非一次普通的外事应酬，而是体现他看重犹太文化的态度。这也是我们做外事工作应该时刻警醒的，"外事无小事"，我们的一言一行展示了对外国文化的态度。

如果说，任先生作为一位资深学者，难得幽默，那就大错特错了。记得一次全馆大会，领导发言强调提高读者服务意识。轮到任先生讲话，他说，国家图书馆馆区很大，我得到一些反馈，读者找一本书不方便，楼上楼下的跑。我们馆里有个厅，镌刻着屈原的诗句"路漫漫其修远兮，吾将上下而求索"（全场哄堂大笑），我觉得有点讽刺，也是对我们的鞭策，希望我们的馆员考虑得周到一点，让读者少跑腿。我觉得任先生只用很少的话语就阐明一个问题，服务质量是图书馆的生命但往往我们对有些问题熟视无睹，而图书馆馆舍的标引就是一个既简单又重要的问题，往往有些读者忽视存包的指示牌，走进馆内才发现还要出来存包，类似问题需要我们换位思考。

二、图联准备会

从 2004 年起，国家图书馆与国际图联的合作日益密切。在馆党委"人才兴馆"政策推动下，我馆鼓励更多的馆员参与到各个专业委员会①，发出中国图书馆员的声音，介绍国家图书馆的新成就，也为我馆培养更多的复合型国际人才。同时，我馆开始承担更多国际图联义务，如承办本国语言的国际图联大会会前准备会（Caucus Meeting②，简称准备会，下同）、建立国际图联中文服务中心，等等。

国际图联年度大会被外行人戏称为"骡马大会"，庞大而繁杂，对初来乍到的人来说，很容易迷失其中。而图联设置准备会，就是帮助与会者尽快掌握本届会议的主线和与本民族语言相关的重要会议，方便他们在最短的时间里取得最大的收获。准备会安排在图联核心会议——管理委员会和专业委员会第一次会议之后，方便各国管理委员和各专业委员会委员向本国馆员介绍本次会议的重点推荐内容。通过参与准备会，中图学会组织的数十名参会人员获益匪浅。

与此同时，我们借助准备会的平台介绍国图开展的国际交流，如中文文献资源共建共享会议下一年度的活动、中美图书馆合作会议准备情况、中华寻根网建设进展、世界数字图书馆项目和国际敦煌项目，等等。来自世界各地的图书馆同仁上台做短的发言，推介本地区图书馆近期的新进展新服务和跨地区合作项目，无疑促进了世界各地图书馆员之间相互了解和交流。

国际图联中文中心的服务也是一个亮点。图联大会的工作语言是英语，但为了方便与会者，建立了俄语、法语、阿语等语言服务中心。我馆经过与图联总部多年协商，于2009年建立中文中心，推选我担任首任主任。中心除了推介图联的理念和活动，还组织有英语基础的馆员接受专业同传人员的培训，用同声传译和图联通讯的形式为中文参会者提供服务，受到图联总部和国内与会者的好评，也成为国家图书馆参与国际图联的亮点。

---

①这些机构和岗位包括：1. 国家图书馆组常务委员会委员；2. 图书保存保护核心项目中国中心主任；3. 技术组常委会委员；4. 编目组常委会委员；5. 亚洲和大洋洲组常委会委员；6. 言论自由与信息自由获取委员会委员；7. 版权与法律事务委员会委员；8. 图书保存与保护委员会委员；9. 文献提供和信息共享委员会委员；10. 家谱和地方志组常委会观察员；11. 议会图书馆组常委会委员；12. 中文语言中心主任。

②原意为干部会议、核心会议。

由一枚印章说起

岳书宝

2018 年春，我翻检自己旧物时，发现了"北京图书馆社科期刊组"印章一枚，送交馆办公室时，我又回忆起这枚印章的故事。

1982 年夏，我调入原报刊部社科期刊组，不久后担任副组长，负责采访工作，到岗后发现不少入藏刊物缺期情况较多。对于作为连续出版物的期刊来说，如果缺期，不能完整入藏，其价值将大打折扣。另外，当时正值改革开放初期，新出的刊物如雨后春笋般地创刊问世，同时，不少刊物还是自办发行，这些都需要我们及时与各刊物的编辑、出版、发行部门联系，以保证各刊物的完整入藏。那时科组没有公章，只有馆藏章，邮发信函均需到部办、馆办签章，麻烦耗时。

为了能够及时、高效联系到出版单位，保证各类期刊顺利入藏我馆，我认为组内需要一枚自己的印章用于信函，在向领导进行汇报后，领导同意我负责联系印章制作的事宜。

科组内的赵海明同志是书法大师李铎先生的弟子，空闲之余常练习书法，也喜爱篆刻，我了解这些后找到他，向他说明情况，希望他帮忙制作一枚科组印章。海明同志欣然允诺，几天后，一枚灰绿色的玉石印章送到我手里，刻有"北京图书馆社科期刊组"的篆书，印文工整，端庄大气，与我馆的地位与作用相得益彰。

此后，带有"北京图书馆社科期刊组"印章印迹的征缴、补缺信函，随即发往全国各地的社科期刊出版社、编辑部、发行组。这枚印章为充实和完善国家图书馆的馆藏立下了汗马功劳，同时，这枚印章也见证了一代图书馆工作者为国家图书馆的藏书建设所做出的不懈努力。

2018 年 9 月 10 日于本馆行政楼接待室，本馆退休干部岳书宝捐回
赵海明刻"北京图书馆社科期刊组"（非正式公章）条形石章一枚

1987 年北京图书馆新址落成，搬迁在即，馆领导对报刊部的科组建制做出了调整，将原按学科（科技、社科）建组，改为按文种（中文、外文）建组，并增设了中外文期刊阅览组，我被任命为中文期刊组组长。进入新馆后，馆领导将馆里统一做的各科组印章经由各部处领导发给科组使用，至此，这枚功勋印章完成了自己的使命，我也把它存放在了办公室里。

这枚印章或许是在搬迁时，于忙乱之中，同自己个人物品放在了一起，带回了家中。暑往寒来 30 多年，许多往事我已记得不真切，忙碌之余，我竟没有再关注过它，直到 2018 年整理物品时，才重新出现在我眼前。我将这枚"北京图书馆社科期刊组"印章的灰尘细细擦去，完璧归赵，送交馆办，请馆内相关单位珍藏。

希望这枚印章，和镌刻者赵海明先生的名字一起，能够一同留存在国家图书馆的记忆中。

我担任组长的那些年

张　燕

　　国际组织与外国政府出版物组在国家图书馆是个较为特殊的科组，该组最初从西编组抽离出来独立成组，命名为"联合国资料组"，隶属于外文采编部，1975年更名为"外文资料组"，但大家仍然习惯称为"联合国资料组"，1985年又改名为"国际组织与外国政府出版物组"。该组80年代由外文采编部划归报刊部，接着转归参考部，最终回归外文采编部。它的变更证明了该组的特殊性，因为其工作内容涵盖了图书馆业务的方方面面，既有图书采编、报刊管理、又有阅览咨询、文献典藏。我们说国际组织与外国政府出版物组可以称作一个"小型图书馆"。

　　我1984年调到联合国资料组，1995年任该组副组长，2003年起担任组长直至50岁年龄所限。

　　我任职期间正值国家图书馆由传统手工工作模式向现代计算机工作模式转型的时期。在此期间，本组完成了几十万条数目数据回溯任务，涵盖了图书、期刊、光盘、缩微平片各种类型的文献资料。现在想起来，我们为了赶任务，午饭后顾不上休息，立即投入计算机编目，这种紧张而忘我的工作场景，还历历在目。那几年本组人员流动性大，最少时全组只有5名工作人员，而在80年代，该组工作人员曾多达14人。在人员减少、工作量增多的情况下，全组人员共同努力，按时完成了采访、编目、阅览、咨询等各项繁杂的任务。当时，我不仅是主要的编目人员，还肩负着数目数据的总审校工作。

张燕工作照

在这个转型期，作为组长，我先行一步，组织并辅导本组人员学习计算机编目技术，使我组编目趋于规范化和标准化。例如，1996年我们开始接收到大量加拿大政府出版物，但组里无人了解它的分类编目体系，一时间资料大量积压，我便承担并研究其分类的任务，解决编目难题，在短时间内突击完成了所有积压的加拿大政府出版物。

那些年也是国家图书馆大量开发网络信息的年代，在部主任的支持下，为了扩大国际组织与外国政府出版物的影响力，2005年我们在国家图书馆网站建立了本组自己的网页，我设计了网页层级、编写相关内容、推介重点出版物和主要数据库、收集整理国际组织与外国政府在中国设立的"托存图书馆"名录，极大地方便了读者通过网络利用国际组织和外国政府出版物，也为国图"国际组织与外国政府出版物网络资源整合服务平台"打下了基础。

那时，国家图书馆启动改革试点工作，打破了以往的思维模式。

2003 年开始全员竞聘上岗，在部主任的领导下，我设置本组岗位人数、制定岗位职责和岗位任务。思维模式的改变，让我意识到必须改变收藏模式，将被动收藏变为主动收藏。我与联合国各机构驻中国代表处进行联系，多次到其驻京机构索取相关出版物，补充本组缺藏的文献资料。为了扩大收藏范围，我与未获得"托存图书馆"地位的国际组织取得联系，争取免费获得更多的文献资料，以确保我馆国际组织和外国政府出版物在全国处于领先地位。

我在国图工作的那些年，得到了各级领导和同事的认可，同时也收获了很多荣誉，包括文化部直属机关优秀共产党员和国家图书馆优秀共产党员的光荣称号等。我也积极参与馆级课题"MARC21使用手册"、本组课题"国际组织与外国政府出版物的研究与开发利用"等很多科研项目，还多次参加学术研讨会，发表 20 多篇论文。我庆幸自己赶上国图事业快速发展的时代，目睹了她的发展与变化，为自己能成为国图事业承上启下的建设者、亲历者而感到自豪。我深信在中央号召："深入推进全民阅读，支持文化产业发展"的大好形势下，国家图书馆必将发扬"国图精神"，再创国图事业新辉煌！

亲历我馆两次大搬迁

张云双

我叫张云双，我于 1982 年入馆，至 2014 年退休，在职 32 年来一直在典藏阅览部文献典藏二组从事读者服务工作。期间，我亲身经历了几次大的搬迁工作。

对我馆了解的朋友们都知道，国家图书馆目前有三处馆舍，分别是位于紫竹院公园北侧的白石桥总馆南区、总馆北区以及坐落于北海公园西侧的文津街古籍馆。其中的白石桥总馆南区于 1987 年建成，

文献搬迁图书打捆除尘

在新馆搬迁中完成艰巨任务的青年突击队

这一年迎来了历史上的第一次大的文献搬迁，即文津街北京图书馆的藏书搬至白石桥总馆南区。

图书下架

那时我正值年华，体力充沛，在组长的带领下，全体员工团结一致，加班加点，双手磨上了泡忍着疼痛都在坚持，不叫苦不叫累，克服了一切困难，奋力地拼搏。我们基藏库提前完成了书刊打捆的任务。接下来，在部队官兵的帮助下，军车一趟一趟不分昼夜地把书刊运到了白石桥总馆南区，我们员工一捆一捆地把书刊运到基藏库上架，然后拆捆，把书刊整理好等待开馆……我们提前圆满完成了第一次文献搬迁工作。

第二次文献搬迁是在 2012 年至 2013 年间，把基藏库多余的文献迁移到天竺储备库。白石桥总馆南区基藏库可容纳两千多万册的藏书，1987年到2012年二十多年的时间库藏空间已饱和，容纳不下大量的图书了。基藏库2002年以前入藏的书刊都是两个副本，即部二部三，领导下令要把部三抽下架运到天竺储备库，部二留在架上流通，这样就能腾出很多的空间，于是就开展了除尘、抽副本、装箱、装车、运输等这项大的文献迁移工程。

我身为中文图书片的"片儿长"，首先要以身作则，作为一名党员，更要身先士卒。组长把我抽出来，作为骨干和几位同事负责这项任务。首先是除尘，每架每本书都要用吸尘器把尘土吸干净。抽副本是个细心的活，不能抽错也不能落下一本。接下来是装箱，第一步要填写装箱单，写上每箱的第一本书的索书号和最后一本书的索书号，再把装箱单贴在箱子上，把箱子封好，这样一箱就完成了。这些工作看起来很简单实则劳动强度很大，没

整理库房文献

有到过基层书库的人都难以想象这项工程量有多大，只有我们库内员工亲身经历才知道有多么的艰辛、不容易啊！这项任务可以说是时间紧、任务重、人员少、空气污浊、噪声大、条件非常的艰苦。在这种恶劣的条件下，我几次都是带病坚持工作，因螨虫过敏脸上又红又痒，全靠吃药维持着，炎热夏天空调不给力，衣服湿了干，干了又湿，戴着口罩鼻孔都是黑的，一天下来腰酸背痛很痛苦的。作为一名党员，我只能往前冲，不能退缩，再苦再累也要冲在第一线。

文献搬迁

　　接下来是装车运输，组长让我来负责监管这项工作。首先把装好箱的书刊一箱箱运到一层，按顺序摆放整齐，有的工人不管不顾乱放，我就让他们返工重干。下一步是装车，按顺序来一箱一箱装满，一车装多少箱，要填写运送单，负责人签字，然后再把运送单交到押运员手上，他再签上自己的名字，这样层层把关确保万无一失。押运员他们也很辛苦的，早出晚归，责任重大，有时候中午饭都来不及吃。就这样经过我们的努力和互相协作完成了运输这项工作。为了这次文献迁移工作，大家都付出了超负荷的劳动和辛勤的汗水。在组长的带领下，大家齐心协力，共同努力攻克了一个又一个的难关，圆满完成了这项艰巨的任务，同时我也受到了领导的嘉奖。

　　北京图书馆 1998 年 12 月 12 日更名为国家图书馆。国家图书馆北区 2008 年落成开馆。我有幸见证了这一切。作为图书馆的一分子，几十年的兢兢业业，默默奉献，几十年的无怨无悔，恪尽职守，一点一点支撑搭建起这座知识殿堂，这是每个国图人应该做的也是应尽的职责。我现在是离退休干部处党支部第十六党小组组长，退休后仍然能为党支部出一分力发一分光，记录下这些历史瞬间，我感到无比的幸福。

守望善本四十年

赵 前

第一次见到古籍善本，应该说是机缘巧合。1982 年 10 月 23 日，是国家图书馆开馆七十周年的纪念日，馆里举行了隆重集会，时任中央书记处书记邓力群、文化部部长朱穆之到会热烈祝贺并讲话。

这天，为了配合纪念活动，善本阅览室举办了一个小规模的善本古籍展。在开展前，李致忠先生、薛殿玺先生同意我进去阅览一下向往已久的古籍善本。打开善本阅览室的大门，迎面的桌子上铺着红丝绒台布，桌上整齐地摆放着一些古籍善本。

首先映入我眼帘的是"青出于蓝而胜于蓝"，我知道这是《荀子》中的一句话，但是真正让我震撼的是，此书楮墨精良，字大如钱，感觉如新。我当时疑惑地问李先生："这书是新印的吗？"李先生、薛先生听了我的话都乐了。薛先生笑着对我说，这部书是宋代刻本，距今有八九百年了，我当时非常诧异。

后来李先生又详细介绍说，这部书就是南方著名藏书家陈澄中用一万大洋购藏的宋刻本《荀子》，陈氏因为得到此书，把自己的书斋命名为"郇斋"。

在《荀子》右侧展放的是宋咸淳廖氏世綵堂刻本《昌黎先生集》《河东先生集》，字体隽秀，刀法剔透，纸莹墨润，精雅绝伦，被誉为无上神品，世称双璧。

两集向称双璧，传世或合或分。两集明代同藏项氏万卷堂。《昌黎集》入清由汪士钟而归郁松年，由郁入丰顺丁氏持静斋，由丁入杨氏海源阁,海源阁书散,为陈清华收得。《河东集》由项氏入宋至纬萧草堂,由宋入沈氏,近代归潘氏宝礼堂,由潘氏而归陈清华所有,至是两集复合。两书由陈清华手中入藏国家图书馆。

两集由于各种原因,曾长期分离。民国时期,陈澄中以重价购藏并携往香港。这三部珍贵的古籍善本,都是在周恩来总理亲切关怀下,在香港陈氏家人出售藏书时以重金购回的。李先生娓娓道来,我听得津津有味。虽然只有短短的十几分钟,却让我大开眼界,同时也让我下定决心,今后一定要从事古籍善本工作。

1983年7月20日,我正式调入国家图书馆古籍馆,我的愿望实现了!我终于可以同朝思暮想的古籍善本终日相伴了!从那天起,无论何事,都没能动摇我守望古籍善本的决心。

2002年,为了加强善本阅览室咨询工作,古籍馆领导决定,由我负责阅览咨询。几年来,经我解答、回复的各类咨询数千件。咨询古籍善本文献的读者,大部分是从事中国传统文化、古典文献研究的专业人士,还有的承担着国家重点项目与研究课题。我凭借在古籍善本编目、鉴定工作中积累的经验以及多年来对图书馆工作的了解,在为读者咨询工作中,能够迅速准确地帮助读者获得所需信息,或为读者提供相关研究领域的线索和途径。由于对馆藏资源比较熟悉,因此在建议读者使用馆藏资源时,尽力做到合理有效。这样既可使读者减少阅览古籍善本的数量,又能达到解决问题的目的,使满足读者需求与保护国家文物两方面达到较好的统一。

2008年7月,一位中华书局的女编辑为点校本《二十四史》的修订,咨询其索阅的宋刻本《陈书》的收藏者及其题跋。世传宋本《陈书》,为南宋绍兴年间四川眉山地区所刻,为"眉山七史"之一。由于该书需求者较多,因此宋代雕版以来,曾不断刷印。至元代书版开始修补,入明以后,书版存南京国子监,万历时还在不断修补重印。历经数百年,大量书版模糊漫漶,被前人戏称"邋遢本"。但她所咨询的《陈书》虽然仅存一卷,却很重要,因为此册不是宋元明三朝递修本,而是宋刻元修本,这对版本校勘是非常重要的。

由于这册《陈书》上收藏者题跋落款很难辨认，三字名章又是大篆，女编辑只能释读其中一字，因此无法知晓收藏者的任何情况。我仔细研究了名章，知此书的收藏者是"龚心钊"，跋文的落款是龚心钊的字"怀希"。据此再查阅相关文献，得知龚心钊的生平事迹，给了她一个非常圆满的答复。由此也引起我对古籍工作者群体的关注。

经过数年调查，我发现大量咨询问题是因为读者对行草书法不熟或印鉴不能释读造成的。这些读者中有承担国家课题研究的学者、教授，也有撰写论文的博士后、博士、硕士研究生等。以古代文学、历史文献以及中医药学等学科最多。为此我想在这里顺便提出呼吁，凡是设有上述专业的大学，都应把书法篆刻的课程，列为本科学生的必修课！我相信，如果从现在开始，在未来的八至十年，上述学科或领域，将会出现一批青年才俊。他们将会使古籍中的疑难文字活起来！

2009年6月27日，《文汇报》驻京记者，在第二批《国家珍贵古籍名录》专家评审后，曾经采访过李致忠先生，李先生当时感慨万千，特别谈到我国古籍版本鉴定人才"老化"严重，面临"断流"的问题。那年我50岁，是当时评审专家中最年轻的。五年过去了，我以为中国古籍版本鉴定人才的队伍虽然已有所扩大，但远远不够。只有培养出新人，这个行业才会有光明的前途。因此，我建议，可仿照非物质文化遗产传承人培养新人的模式，由专家与学习者建立起直接的传、帮、带关系。如果能够坚持五年、十年，也许可以培养一批专业人才。

岁月如梭，我守望古籍善本已四十年了！也许我还可以继续守望五年、八年，却终要离去。但我相信，我的心仍然会继续守望我珍爱的古籍善本！

文献搬迁背后的故事

郑庆元

2018 年，国家图书馆启动了文献周转库搬迁工作，将天竺周转库的文献搬迁至战略储备库附近的周转库。此举既是国家图书馆响应疏解北京非首都功能、推进京津冀协同发展的具体举措，也是国家文献战略储备库建设前期工作之一，标志着文献战略储备库建设的开启，成为国图 2018 年的一项重点工作。

馆领导对本次搬迁工作高度重视，召开文献搬迁动员大会并出席启动仪式，同时成立文献搬迁工作领导小组，就搬迁工作进行多次安排部署，制定详细的工作方案、规范及应急预案，并首创性地面向全馆范围招募 70 余名党员志愿者组建文献搬迁青年志愿者突击队，充分发挥年轻党员的先锋模范作用，践行爱岗敬业、甘于奉献的国图精神。

参与这次文献搬迁的志愿者众多，其中不乏搬迁经验丰富的资深国图人。然而本次文献搬迁距离之远、规模之大、情况之复杂为历年仅有，搬迁期间不断出现的各种问题给所有人都带来了巨大的挑战。提前进驻天竺库区为志愿者布置宿舍的志愿者，面对空调撤走留下的管道孔洞，不得不经历一次奇妙的堵老鼠洞体验；等候在承德周转库的志愿者，面对空空如也的新库房，不得不一寸寸地测量尺寸，划线定位，为文献垛体的码放设计最合理的布局；奔走在天竺与承德之间的志愿者，面对车辆超载、暴雨冰雹等恶劣天气，不得不打起一百倍的精神，提醒司机减速慢行，注意安全。为了人员安全和文献安全，所有人都绷紧了神经，尤其在搬迁工作的最开始阶段，志愿者都毅然驻守在文献搬迁第一现场，不肯离开。这边，承德库区志愿者刚刚创造了 13 天的最长驻守时间；那边，负责押运的志愿者用连续工作 22 天刷新了纪录……

尤其是女士志愿者参与押运工作，在馆领导和部门领导看来都比较心疼，也不太放心。但恰恰因为是女士，好像在押运工作中显得既突兀又格外珍贵，习惯了出门在外的师傅们，都分外照顾：擦净积满灰尘的副驾座位，不到困得不行尽量不抽烟，下坡转弯慢速行进，调低音响音量，习惯省油却打开空调，到服务区买"高价"水果一起吃。对大车师傅嘘寒问暖，聊聊人生、谈谈理想，普及普及交通标识，介绍介绍图书馆，时间在不知不觉中流逝，这样的驾驶给他们增加了许多乐趣，也让他们认识到这次运输的重要意义。

扬尘，风沙，柴油叉车卷起的旋转灰渣，隔着口罩依然清晰可闻，这是他们身处的工作环境，这是他们生活了 38 天的地方。如此恶劣，却无法折损他们对工作的投入，对生活的热情。日落时分，天竺的志愿者们去新发现的桑树处敲打桑葚品尝美味，去活动场地打篮球挥洒汗水；承德的志愿者们则品尝当地的白杏，攀登周边的山峦。较天竺而言，承德的条件更为艰苦，时有惦记承德的伙伴借押运的机会为他们捎去各种物资，偶尔还有惊喜，有时是一兜脐橙，有时是巨大的西瓜。这一幕幕温情的举动，编织成浓浓的国图情。在那一刻，不分部门、无论姓名，他们都是国家图书馆文献搬迁青年志愿者。

38 天，224 车次，67460 箱文献，这是本次文献搬迁工作完成的最后标志；21％、38％、55％、67％、100％，这是书写在每期文献搬迁工作周报上的进度汇报；"人员与文献均安全无虞""未发生安全问题""排除安全隐患"……这是呈报在每期工作周报上的安全汇报。这些再简单不过的数字和语句，背后凝结的是来自国图人的全部付出与心血。国家图书馆数次历经文献搬迁，从战火纷飞的抗战文献南迁，到 1987 年文献搬迁白石桥新址，再到国家图书馆二期工程竣工文献搬迁，这不仅浓缩了一个个历史的变迁，也正是在这个过程中形成了国图严谨务实的工作作风，形成了国图人特有的精神风貌。小小的书箱标签、码放整齐的书箱、放置的樟脑丸、书箱上盖放的防水塑料……无一不写满了国图人那一份沉甸甸的使命感。

让书写在古籍里的文字活起来

朱　岩

　　我曾是一名力学课程老师，从事材料高低温试验设备与方法研究工作。1976 年，我被调到国家图书馆（时称北京图书馆），在业务处工作。1978 年，我转到自动化发展部，专注于馆藏文献计算机管理和数字化研发。

　　当时国图计划未来新馆业务采用计算机管理。由于缺乏工作经验，我和团队从头学习英语、计算机软硬件技术等，在较短时间内实现正式编制中文图书机读目录，方便读者在计算机上进行书目检索。同时，我们对汉字音、形、义属性进行研究，解决了汉字计算机有序输出、汉语条目排序等难题，填补了计算机汉字处理功能方面的空白。相关成果先后获得四项国家科技进步奖。

　　国家图书馆是海内外中华典籍的重要收藏地。采用计算机管理图书，要考虑繁体字、异体字、简化字、外文等各种文字。这就要求计算机必须配备以中文为主，同时包含世界上各国文字符号的通用大字符集。当时的计算机系统，只配备了非国际标准的 6000 多个简化字字集和拉丁语系字集。1989 年，国际标准化组织提出制定国际通用编码字符集。经过一年多的科技攻关，我们实现统一编码技术突破，建立 CJK 汉字统一编码字表。经过各国专家多次审校，编码字表定稿上报，于 1993 年由国际标准化组织颁为正式国际标准。

　　2019 年，在国家图书馆建馆 110 周年之际，我和丁瑜、薛殿玺等 8 位国家图书馆老专家给习近平总书记写了一封信，表达了见证国家图书馆随着祖国繁荣发展而不断发展的自豪。习近平总书记很快给我们回信，肯定我们对"传承文明、服务社会"初心的坚守，希望国图为建设社会主义文化强国再立新功。习近平总书记的暖心关怀、深情勉励，坚定了我们推动新时代图书馆事业扬帆再起航的底气和信心。

习近平总书记强调，"希望国图坚持正确政治方向，弘扬优秀传统文化，创新服务方式，推动全民阅读，更好满足人民精神文化需求，为建设社会主义文化强国再立新功"。国图收藏了中国历代典籍精华，充分发挥馆藏资源优势，让更多宝藏为人所知、为人所爱、为人所用，才能最大程度展现其价值。随着字符集、云存储、云计算等条件逐步具备，近年来国图与相关单位合作，先后建成数字方志专题库，以及甲骨世界、碑帖菁华、前尘旧影、年画撷英、宋人文集等数据库。阅读服务的优化，让广大读者使用字句查询即可获得文献信息，也有效解决了古籍保护和利用之间的矛盾，让书写在古籍里的文字活起来，以新的形式延续生命、焕发光彩。

在国图工作期间，我研究最多的就是典藏资源数字化、网络化，以及怎样有效地为公众服务。今后，相信有更多图书馆的业务，会从以书目数据为中心，发展到全文处理的新阶段。与国家发展同步，与时代进步同行，就能在工作中不断成长、收获快乐。

（本文原载于 2023 年 2 月 2 日《人民日报》第五版，收入本书时略有改动）

历 史 篇

回顾国家图书馆中文书目主题规范控制自动维护模式的实现

卜书庆

国家图书馆目录即书目自建馆之日起就开始编制，一代代国图人的努力，使其从书本式目录发展为卡片目录，再到机读目录，同样经历了 115 年的编制史。自建馆时期以分类目录编制为主，发展到题名目录、责任者目录、主题目录等多套读者服务目录体系兼容并蓄，至今均以机读目录及索引形式向读者提供展示，方便上下5000 年历史文献的求索。

其中中文文献主题目录始建于 1984 年，从中文图书统编铅印卡片提供主题款目编制开始，到 1988 年采用 MARC 格式编制机读目录，至今走过 40 年的发展历程。主题目录、主题词检索经历了从无到有，从手工编制主题款目到计算机编制主题目录，从适应手检标引模式到机检标引模式的改变，由计算机抽词建立主题词索引文档。在最近 10 年发展中，即 2014 年始，通过实时连接《中国分类主题词表》的主题词机读数据库建立起文献标引词的规范控制模式，自动关联和同步更新维护标引词索引文档，实现国家图书馆中文书目主题自动关联更新的规范控制模式。它不仅解放劳动力，而且达到了同一主题各资源数据的聚合浏览及一致性检索、相关联主题文献的发现及推荐等目的。在建馆 115 年周年之际，我想回顾分享一下当时负责"叙词表主题规范控制模式调整"项目即中文书目主题规范控制自动关联维护模式建立的艰难历程和成功的喜悦。

"叙词表主题规范控制模式调整"项目"创新奖"荣誉证书

一、2014 年前国家图书馆书目主题规范
控制及主题索引存在的主要问题

国家图书馆的书目主题标引模式是采用手检目录的先组式标引模式，为满足计算机检索的转变，在不同时期不同的标引模式略有调整，但同时也造成同一主题文献数据标引形式不同。2003 年启用 ALEPH 系统可以连接规范记录，文献责任者可区分同名异人、聚集同人异名的文献检索。但对书目主题，由于多词标引的先组标题与受控的单个主题词不匹配，造成书目主题不能实现规范控制以及同步更新《中国分类主题词表》新版等问题。在 2014 年前，为抽取主题词索引，要求编目员将先组主题词串中有检索意义的单个词由人工重复进行著录（＄a），也有手工轮排等标引形式。启用 ALEPH 系统后采取连接第一个子字段（＄a）的主题词进行规范控制，结果不仅没有达到每个主题词同步更新规范控制的目的，而且存在对著录在＄x、＄y、＄z、＄j 字段与＄a 不同位置的相同主题词更新不一致的问题，造成书目主题数据规范控制混乱，为书目主题规范控制带来了更多后患问题。再加上不能对所有子字段主题词规范控制，

受控字段也出现大量非控主题词的现象。所以必须解决国家图书馆长期以来使用主题词规范控制与书目主题标目控制的不匹配控制模式，真正实现对主题数据的规范控制，进而实现书目主题数据和规范库数据的同步自动更新。

二、主题规范控制方案调研与提出解决方案及实施要求

针对我馆规范控制模式和书目主题数据存在的问题，我们对国内外使用叙词表标引文献主题实现规范控制的成功案例进行调研，选定了德国国家图书馆，它联合欧洲多国图书馆共建主题规范文档实现远程联网规范控制。2010 年，通过时任中文采编部主任顾犇获取到德国国家图书馆机读书目数据，我对其标引模式和规范控制方法进行分析，提出我馆关于修改和不改标引模式的两种控制方案，并就改变标引模式的方案在我国图书馆界相关部门调研征求意向。直到 2012 年与中文采编部相关科组讨论确定解决方案：书目主题标引模式不变，由 ALEPH 系统动态抽取词串中每个独立子字段的主题词建立索引，再通过和规范库主题词控制号的匹配，进而实现对每个子字段主题词的同步控制和更新。

方案确定后，开始为 ALEPH 系统提出开发需求，实现两个方面的功能：一是随着书目库主题标引词串的生成或修改，系统实时的、自动的生成词串中每个独立子字段对应的单个主题词索引，并在生成索引各要素过程中，提示人工修正主题标引词串中存在的不匹配错误；二是随着规范库主题词记录的修改，通过和主题词记录号匹配，修改主题词索引，反馈到书目库主题标引词串中特定位置相同的主题词及其"前字段"或"前子字段"的同步更新。自定义 609 字段，用来存放每个主题词索引，609 字段不在书目数据中存储。为正确显示和表达文献主题，定义 609 字段的两位指示符分别为多主题分组和每组主题词组配位置排序的标记。定义子字段＄a 为

规范库主题词，定义子字段＄Ａ为主题词类型（人名、团体、题名、普通、地名等），定义子字段＄2为主题规范库代码，定义子字段＄3为主题规范记录控制号（001字段号）。除了＄z对应的时间主题词以外，所有的主题词都必须包含在主题规范库中。此定义方法变通采纳德国国家图书馆的做法，根据我们不变标引模式的实际情况调整，即由系统"翻译"自动生成人工标引模式的每个字段的含义和主题词类型代码，我们人工规定主题词类型代码及其对应的字段、子字段等对应表，即下图。

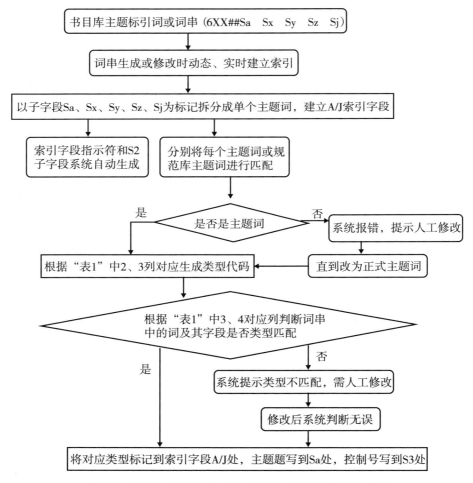

书目库主题标引词串自动生成单个主题词索引流程图

图书馆书目数据如同图书馆文化遗产同等重要，不能有差错和混乱，否则再优秀的文化遗产也不便利用，谨慎起见，我们为系统实现此功能提供具体操作流程图和范例。总的来说，采用此种规范控制模式，真正实现了规范库对书目主题库的规范控制，不仅解决了书目库和规范库的自动、动态、同步更新，而且还能反过来纠正书目库过去标引的错误字段类型，达到了预期效果，是比较理想的规范控制模式。但测试后还存在一点问题，系统根据 609 索引字段的修改而更新主题标引词串，只更新修改过的主题词，不能调整主题标引词串的顺序，主题词字段类型的修改个别可能会引起 $y 列在 $x 前面的情况。严格按主题标引规则是不允许的，建议系统存盘时增加子字段排序（$a $x $y $z $j）检查功能，自动调整 $y 列在 $x 前面的情况。

三、国家图书馆以前和未来书目主题数据一致的处理方案

为达到国家图书馆全部书目主题数据规范控制的目的和动态的正确生成索引词，需对国家图书馆因不同时期的不同著录要求，原书目主题数据存在的多种情况进行一并处理，才能使其满足新模式下的主题规范控制，如重复著录 $a、轮排数据、非法主题词数据等等。因为每天都在产生大量书目数据，所以确定动态处理方案，如我组保证 2010 年 11 月之前的所有标引主题词都是正式主题词，之后的非规范词由各书目组（港台、音像、数据、回溯、缩微、古籍等）在截止时间前自行解决。这样就保证书目库全部主题标引数据使用的都是规范库中的正式主题词，为该方案的实施铺平道路。

四、完善 ALEPH 系统 11 库功能

当时还针对 ALEPH 系统更新、维护 11 库的界面简单，缺乏可

视化、双向参照关系操作方面缺乏联动修改、推理功能等问题提出开发新增相关功能，特别提出新增批导入记录功能及自动生成反向参照关系，以及人工删除主题词时，系统应自动与 609 索引词关联判断，或新增主题词系统应自动判断重复性和自动追加生成 001 字段号码等功能，具体操作逻辑见下图。

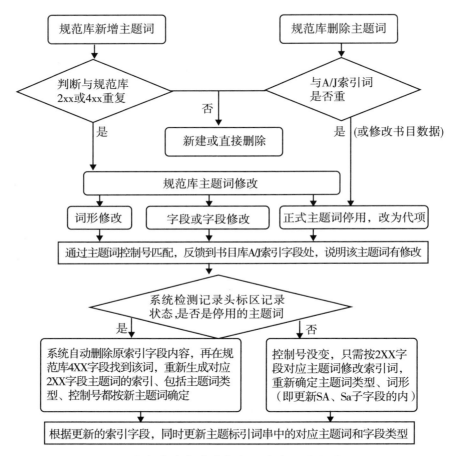

规范库修改自动更新书目库主题流程图

在以上流程处理完毕后，经过多轮测试，在中文采编部、系统网络部及 ALEPH 系统商通力配合下，2014 年初，ALEPH 系统服务停机一天，完成这次主题规范控制自动维护模式功能模块的实施，近百万书目主题数据替换和主题词新索引的生成，以及主题规范数据库的更新重建。从此国家图书馆中文书目主题规范控制自动维护模式建立，至今已正常运行 10 年，解决了我馆近 30 年来存在的主题规范控制问题，不仅保证书目主题数据质量、动态网维护更新，而且为读者文献主题检索服务，即查全率和查准率及相关推荐率得到了很好的改善，受到业界好评，全国联合编目也迁移使用了此规范控制模式，实时更新维护国家书目主题数据。为此，该项目于 2014 年获得国家图书馆创新奖。这个项目也让我深深地体验到作为国图人的历史责任感、使命感和成功后的喜悦感，这是我在国图工作 30 余载经历的其中一件具备科研性但不全具备自主性的工作专项，也深刻领悟到工作项目不一定完全采用科研的最优方案但要最切合实际的方案。

我所参与的国家图书馆白石桥一期工程建设

富 平

时光飞驰，从我 1984 年开始参与国家图书馆（以下简称国图）白石桥一期工程建设，一转眼已经过去了 40 年。但当时在国图一期工程建设期间的每一个工作阶段，每一项工作流程，每一次业务调研，我至今记忆犹新……

国图 1984 年 9 月成立了白石桥一期工程新馆规划办公室，其中参与新馆建设的大部分人员在白石桥建设工地办公。另外一部分工作人员仍在北海馆为新馆建设做前期准备。当时我在业务处工作，负责新馆建设的业务准备工作。其中做过的几项业务调研工作，使我记忆深刻。

第一，新馆阅览室藏书布局设计

从北海馆迁入白石桥一期新馆，全馆的整体业务有了很大的发展，尤其是要增加大面积开架阅览室。新书与新刊的开架阅览室藏书如何布局，藏书数量如何控制，藏书出版年代如何限定，都是我们当时面临的新问题。为了解决这些问题，并为新馆业务建设提出决策依据，新馆规划办公室经过研究讨论，决定进行读者需求调研分析。当时分几个小组，分别对中文书、外文书、中文刊、外文刊进行读者借阅调查，以获得相关数据。在调查中我们对国图近三年的索书条进行整理、统计和分析。当时没有计算机设备，大家从书库里把索书条装入麻袋，搬运到办公室，然后按照文献类型—出版年—分类—题名进行分拣，全部是手工操作。大约花费了半年的时间，终于把索书条的有关数据统计出来，经过分析整理，最终分别由我、王绪芳、刘景平三人写出了调查报告。通过统计分析得出结论，有80％的读者借阅近五年的中文图书和近三年的中文期刊。根据这个统计数据，我们向馆领导和新馆规划办公室提出，在新馆图书开架阅览室内上架近五年的新书，期刊阅览室上架近三年的新书。经过检验，这种藏书布局的安排，达到了预期的效果，满足了读者在阅览室借阅新书的需要，也减少了基藏库和保存本库的借阅量。

第二，阅览室与书库藏书排架

新馆开馆后大面积开架，阅览室的藏书如何更新下架？保存本和基藏本的图书长期保存中，如何解决藏书大面积倒架问题？为了解决图书馆藏书区和书库藏书管理和倒架，我们做了详细的调研和分析，对国图藏书书库的分类以及阅览室藏书的规律进行了研究。结合新馆搬家的工作安排，我们提出了按照图书编目年的时段进行分段排架，以解决阅览室藏书下架、书库藏书大面积倒架的问题。

此方案首先明确编目年是书刊进行编目加工的时间，而不是书刊的出版年。因为有些图书入馆馆藏的时间不是出版年。例如，有作者向图书馆捐赠个人藏书，其中包括从民国到现代出版的图书。因此，图书馆在编制书目时，索书号上标注编目年，可以让读者和工作人员知道书刊的上架时间。其次，阅览室在藏书饱和时，可以根据编目上架时间，进行下架图书，以便新书上架。目前国图的中文图书阅览室即采取图书上架十年左右时间后进行下架。工作人员在下架时根据书架上藏书的索书号标注的编目年，按时间段下架。当然也不是一刀切，对于连续出版的图书以及工具书，可采取灵活处理办法。第三，保存本和基藏库的图书需要长期保存，如果按照传统的排架方法，工作人员要对新书按照分类号和书次号上架，对于每个分类号留出的空架不够，就要多次倒架，不仅需要大量的体力劳动，还会出现排架错误。采用编目年索书号后，保存库和基藏库可采取按照时间段排架和紧架。例如，对中文图书采用刘国钧分类号的藏书进行紧架，不再留有分类上架的空格，把所有刘国钧分类号的藏书限定在一个书库区。对采取中图法分类号分编的藏书，限定每十年一个时间段紧架。这种方法不但可以节省书库空间，又可减少倒架工作量。自从提出按照时间段排架的管理方法后，提高了书库空间的利用率。

第三，彩色书标的应用

国图白石桥一期新馆开馆时，有十二个大面积开架阅览室，最大的阅览室面积在 1000 多平方米，比较小的也在 400 平方米左右。开架阅览室的藏书整理工作量很大，如何解决藏书快速整理上架也是一个新难题。为了更好解决这个问题，我们对国内藏书排架的问题进行了深入的研究，发现彩色书标的应用，对于提高阅览室分类藏书的标识有更为直观、醒目、清晰的作用。通过文献调研，发现1952 年杜定友先生曾撰写《颜色书标制》，提出十进制彩色书标，1958 至 1983 年国内仅有少数图书馆采用彩色书标。通过进一步的调研，我搜集了国内的集中彩色书标样式，并对其进行了改造，提出了按照中图法 22 个大类制作彩色书标，并在阅览室进行了试验，最后研制了《中图法 22 大类彩色书标》，彩色书标用于白石桥一期的开架阅览室，在图书归架工作中起到较好的作用。为此我设计的《中图法 22 大类彩色书标》获得国家专利。1988 年与图书馆界的同行制定了《文献分类颜色区分规则》。后来，因国图藏书量比较大，色标的加工较为复杂，工作量较大，没有延续使用。但对图书馆开架阅览室的分类管理起到很好的作用，目前国内外图书馆也还有使用彩色书标的。

以上是我参与的国图白石桥一期建设的业务工作的经历，想起这些业务工作取得的一点成绩，我还是比较欣慰的，可以说在那个年代我们这一代人尽最大努力，为国图的建设做出了自己的贡献。我认为图书馆任何一项业务工作都不会一成不变，必然会随着时代的发展、技术的发展、需求变化的发展而变化，我们任何一个图书馆员，都要面对新的发展，必须与时俱进，不断学习和研究工作中的新问题、新技术，解决面临的新问题。

当今图书馆进入了智慧图书馆阶段，需要我们图书馆员适应人工智能技术的发展，学会使用新的技术应用，并利用智能设备，提高纸电一体化数字资源的管理平台，实现业务环节的智能管理，提高业务工作效率。更重要的是，要打造沉浸式、虚拟式、互动式的阅读空间，组织读者活动，让读者更加便利的获得信息和知识。

每一代人有每一代人的历史使命和历史责任，我相信我们国图新一代的图书馆人，在智慧图书馆的建设中能够承担起这份历史责任，为国家图书馆的建设和发展做出自己的贡献。

新馆建设背后的故事

谷丰年

我是一名普通电工，1981年1月调入北京图书馆，在电工班负责维修。4月，我调到新馆址的工地负责相关工作。

当时工地西北角有一眼井提供施工用水，现在恐怕找不到了。那时候房屋都拆完，只留了一趟外线，后来也被人拆掉了。供电局的人来到现场看送电情况时提议做架空线，但我建议直接做地下电缆，这样不会影响施工，他们也表示同意。为此我还特意和同事前往供电局和电话局了解工地地下有没有电力、电话的电缆，得到否定的答案后，才放心实施铺设地下电缆的方案。

在设计阅览室的灯光时，我们考虑到光线应该亮一点，这样读者看起书来眼睛不会累，舒服一些。然而我与同事跑了两个灯具厂都不是很满意，他们的产品都比较老，反光罩是用铁皮喷白漆制成，不够亮，后来我在杂志上看到有个国家用铝板做日光灯反光罩，觉得非常适合阅览室，便和同事联系照明器材厂，希望他们按照我们的要求用铝板做反光罩，并根据我们提供的资料压制成样板。本来我们想在照明器材厂订灯具，但厂家说工程太大他们承担不了，建议找其他灯具厂。我找到处长，和他说明了情况，并告诉他常州灯具厂的产品不错，没准儿可以让他们试着做做。领导同意后，我联系了常州灯具厂的厂长，把我们的情况和想法跟他说了一下，他直接表示可以按我们的要求做。我又把施工单位的工作人员叫来商量了一下，他也同意用常州的灯具。在施工期间，我和这位工作人员去常州看了看他们的设备和工艺，觉得很符合我们的要求。那位厂长也不负众望，拿走了我们的反光罩样品，送还了一个完整的灯具。我们一做实验对比，发现用铝板作为反光罩的灯亮度是用铁皮喷白漆作为反光罩的好几倍，十分令人满意。可以说，用在阅览室的日光灯反光罩都是我们自己研制的。

还有很多细节，碍于年岁大了，很多都已记不清楚。依稀记得那个时候，进入施工后，在馆主楼地下室，我与同事们在和施工单位工作人员对照图纸进行检查时，发现少做了一个灯位。我赶快通知了施工单位的工长，他们很快便派人补做好，没有出现什么问题。

那时候很多设备我们并不知道哪家最适合，只能到各地考察比较。在安装电梯等设备时，西北设计院总工程师和我确认电梯机房可否设置在顶棚内，我表示空间高度足够就没问题，还记得当时我们特意去了卢沟桥电梯厂看设备。他们的另一位女工程师建议我和同事们去烟台看看准备采用的电子钟的质量情况，我们也同意了。而日光灯镇流器是新产品，不知道哪家的质量好，所以我和施工单位的工作人员特意去了常州、杭州、上海等地考察。

那段日子回想起来，虽然很辛苦，但大家都是一心想建好新国图，在各自的岗位上努力工作。如今看着位于中关村的国图新馆每天人来人往，我心里还是很有成就感的，希望未来国图也能越来越好。

拍摄敦煌文献珍本的尘封往事

刘　波

　　1931 年，陈垣完成北平图书馆藏敦煌遗书第一部公开出版的目录《敦煌劫余录》，陈寅恪在其序言中说："一时代之学术，必有其新材料与新问题。取用此材料，以研求问题，则为此时代学术之新潮流。治学之士，得预于此潮流者，谓之预流。"要想在学术上"预流"，获取"新材料"无疑是必不可少的。然而，较早进入藏经洞的斯坦因、伯希和，攫取了敦煌遗书的大量精品，在没有互联网、数字化技术的 20 世纪初，中国学者很难获取流散英法的敦煌文献，只能望洋兴叹。

　　幸运的是，从 1929 年起执掌国立北平图书馆的袁同礼，秉持保存旧籍、启迪新知的理念，致力于搜罗学术资料。他本人曾留学美国，眼界开阔，在欧美文化界人脉甚广。袁同礼和欧美几个重要的学术机构达成人员交流的协议，派员出国或学习深造，或调查文献，所获甚丰。王重民、向达 1934 年奉派分别前往法英两国调查敦煌遗书，便是这一系列计划中最为成功的一例。

　　拍摄敦煌文献的照片，是一件技术性很强的工作，需要雇用专业摄影师、使用专业设备，才能获得质量上乘的照片。拍摄费用初步估计为 5000 元，这对当时的北平图书馆来说是一笔巨款。为了筹措经费，北平图书馆于 1935 年初与清华大学协商，共同出资，所拍照片则各得一份。在陈寅恪等教授的支持下，清华大学同意合作。后来北图还向管理中英庚款董事会申请过拍摄经费。

经费有了着落，王重民随即开始了拍摄。他聘的照相师是位失业的犹太人，此人"专作此项工作，上午来馆摄影，下午在家洗晒"，如此"每周可做出一百余张"。王重民本人则"每日约有半小时时间，亲加指挥与监视，以冀更能减少错误"。

　　袁同礼原本计划，尽可能把巴黎所存敦煌卷子全部拍摄回来。不过因卷子数量太多，势必不能全部拍摄，王重民不得不选择"于我国文史关系极巨"且"有影印价值者"拍照。所拍摄的卷子，四部典籍与佛典各约占一半，佛典只选择最重要的拍摄。对于拓本和刻本，不论片纸只字，都拍摄一份，"因石本均系唐拓，刻本则最迟亦在北宋初年，均系稀世之珍故也"。此外，又将伯希和手稿 *Les grottes de Touen-houang* 拍摄一份，以备日后研究之用。

　　与王重民在法国的顺利不同，向达在英国博物馆的工作却困难重重。当时英国博物馆藏敦煌汉文文献并未编目，且不提供按号浏览的服务，只能由管理者翟林奈亲自检出写卷供阅览。可能是出于保守的心态，翟林奈对向达不够友好，因而向达在伦敦阅览的敦煌遗书总共不过五百余卷。他每阅一卷，都用卡片记录其书名、尺寸、行数，并抄录首五行与末五行，富有研究旨趣的文献用方格抄本过录，重要文献则用 photostat 拍摄正片、负片各一份。回鹘文、突厥文部分，向达商请英国博物馆照相部拍摄。"照相部职员只有两人，工作甚忙"，因此汉文部分由博物馆介绍 R. B. Fleming 照相馆承担。

　　到 1939 年，王重民、向达二人共拍摄敦煌遗书照片一万余张。卢沟桥事变之前拍摄部分，陆续寄回北平，由北平图书馆善本部写经组负责保管，安全度过了十几年的战乱时期。令人痛心的是，清华大学的一份，抗战期间转移到南方，不幸在长沙惨遭日军炸毁，造成了无法弥补的损失。

　　全面抗战爆发之后，因交通不便，加之北平图书馆馆务南迁，正处于颠沛流离的状态，安全得不到保障，那时拍摄的照片无法邮寄回国，便都由王重民随身携带。1939 年秋王重民前往美国，就把这批照片带到华盛顿。直至 1947 年初王重民回国，才将这批照片带回北平图书馆，与早年寄回的合在一起。寄回国内的部分，袁同礼进行了整理，编成《国立北平图书馆现藏海外敦煌遗籍照片总目》。这些难得的学术资料，很快引起了学者们的注意，并将之用于学术研究。

王重民、向达拍摄照片时，便计划将所得照片影印出版，以满足国内学术界的研究需要。事实上，他们的拍摄也是按照影印出版的标准进行的。王重民编制了《整理及选印敦煌经卷计划书》，一边在巴黎、伦敦组织拍摄，一边编辑《敦煌古籍丛编》。

《敦煌古籍丛编》拟由商务印书馆出版，两家签订了合同。王重民还特别担心商务印书馆影印时描润文字，在和袁同礼的通信中反复强调："唯原来照片如有模糊不清之处，请商务主事人千万不要用墨笔描绘，因图清晰反而致误，这一点是商务的通病，印别的可以不管他，印此书请他千万不要犯此毛病。"王重民这封信写于1937年8月8日，当时《丛编》已经出版在即。不幸的是，仅仅5天之后，这封信还没有寄到袁同礼手中，日寇发动了"八一三"事变，上海随即沦为战场，商务印书馆的各项业务被迫停顿，《丛编》也不得不"暂行停印"。

这一"停印"，便是半个多世纪。直到2008年，国家图书馆敦煌吐鲁番资料中心将所有照片编成《王重民向达所摄敦煌西域文献照片合集》一书，交由北京图书馆出版社影印出版，皇皇精装三十大册，才最终实现了王重民、袁同礼的计划。

一座新的文化殿堂——国家典籍博物馆

刘康宁

图书馆是公共文化服务体系中的重要组成部分，是丰富人民群众文化生活的主要场所，是传播文化知识的大课堂。国家图书馆是全国图书馆的龙头，发挥着引领和带头作用。作为国家图书馆的老员工，我们对国图怀有深厚的感情，时刻关心着国图的发展建设。

2012年，国家图书馆加挂国家典籍博物馆牌子。国家典籍博物馆是依托国家图书馆宏富馆藏，以展示中国典籍、弘扬中华文化为主旨的国家级博物馆。国家典籍博物馆是图书阅览的一种新形式，是以收藏、保护、宣教、研究为主要职能的新的学术平台和文化交流平台，可以使博物馆与图书馆的功能充分融合，发挥各自的服务优势，"让书写在古籍里的文字活起来"。国家典籍博物馆的成立，为全社会搭建了系统研究与展示中华典籍文化的平台，有利于进一步拓宽优秀传统文化的传播途径，拉近优秀传统文化与社会公众的距离，从而进一步增进社会公众对中华文化的认同感，让中华优秀传统文化得到更广泛的传承。

借助总馆南区的整体装修和改造，国家图书馆在现有的馆区内将总馆南区东楼（C栋）的主要部分，规划为国家典籍博物馆的场所，涉及建筑面积11549平方米，共有10个展厅。装修一新的国家典籍博物馆呈现在我们面前的时候，令人眼前一亮：大厅庄重、古朴、大气；各个展厅各具特色，功能齐全；扩大了电梯，增加了滚动电梯，以满足人多时的交通需要；特别是文献保护措施和安防措施的到位，使我们这些视珍贵馆藏为生命的老员工放心了。

经过紧锣密鼓的筹备，2014年9月10日，国家典籍博物馆正式开馆并面向社会各界开放。首次展览隆重推出了"国家图书馆馆藏精品大展"，由金石拓片、敦煌遗书、善本古籍、舆图、名家手稿、西文善本、样式雷图档、中国少数民族文字古籍和中国古代典籍简史等9个展览组成，展品800余件。我们虽然是国图的老员工，但也是第一次看到这样大规模馆藏文献珍品的展览，真令人大开眼界，流连忘返。

首展充分运用数字化、互动游戏等多种方式展出，增强体验性。为满足青少年观众的观展需求，以喜闻乐见、通俗易懂的形式设计虚拟碑文、甲骨写字、保护善本、舆图拼图等数字化体验活动，从古籍文献中汲取故事和图像元素设计制作三百佛像图、成语故事等互动展示环节，利用动画技术对馆藏精品进行多媒体展现。

典籍博物馆正式开馆引起了社会轰动，国内媒体相继进行了大量的报道，国内的参观者和各个团体络绎不绝。恰逢来自各国的知名汉学家在国图召开研讨会，他们参观首展后，对中华典籍所展现的深厚文化底蕴表示赞叹，为中华民族拥有如此辉煌灿烂的典籍文化感到震撼。

首展之后两年多来，国家典籍博物馆推出了一系列精品展览，其中几个令人难以忘怀。

"红色记忆——纪念中国共产党成立九十五周年馆藏文献展"让我们重温党走过的九十五年历程，进一步总结历史的经验与教训，激励我们为实现中华民族伟大复兴贡献智慧，发挥余热。

"不朽的长城"展览是为了纪念中国人民抗日战争暨世界反法西斯战争胜利七十周年。看着精选的馆藏抗战文献，仿佛看到了抗日战争的烽火硝烟，我们缅怀先烈，盼望实现中华民族的伟大复兴，让被侵略的历史不再重演。

"甲骨文记忆"展览采用了多层次、多种方式展出，既有甲骨实物展示，又有场景还原；既有考古发掘的图片资料，又有学者们研究成果的集锦以及器物的展示。让我们以甲骨的发现为起点，深入浅出地探寻甲骨背后的秘密，揭开甲骨文作为文字和作为占卜之物的神秘面纱。

参观"再遇芥子园——《芥子园画传》与当代绘画名家对话展"，不仅使我们受到了一次高水准的艺术熏陶，还使我们了解到《芥子园画传》在中国画传承中的重要作用。

"太古遗韵——中国古琴文化大展"除了详尽地介绍中国古琴的历史、技艺、制作以及馆藏关于古琴的相关文献外，还设置了体验区。观众不仅可以体验古琴的制作过程，还能够穿着汉服坐于琴桌前以感受古代文人雅士抚琴听琴的乐趣。

"从莎士比亚到福尔摩斯：大英图书馆的珍宝"展览展出了英国知名作家的 9 部手稿、2 部早期印本，涵盖诗歌、戏剧和小说三个领域，是一场前所未见的文学盛宴，对于推动中英文化交流互鉴、增进两国民众间的相互理解和友谊具有重要意义。

除了上述展览，国家典籍博物馆还结合馆藏文献，推出了许多不同系列的展览，例如古籍保护成果展、书画展、摄影展等。这些展览受到了社会的广泛欢迎。我们经常看到中小学生成群结队前来参观，我还带着 3 岁的小孙子参观过呢。看到孩子们从小就能观赏珍贵古籍，受到中国五千年传统文化的熏陶，我们为国家典籍博物馆感到骄傲和自豪。

除此之外，国家典籍博物馆为了推进博物馆与图书馆的业务融合，扩大国家典籍博物馆的社会影响力，策划推出了"走进典籍博物馆大课堂"系列活动。典籍大课堂推出一系列青少年体验式教育课程，通过多种手段揭示文献的历史、文化价值，采用知识点讲授、实地展品讲解、多媒体手段运用、与青少年互动等多种项目结合的方式，让中小学生走进国家典籍博物馆，近距离接触和感受中华典籍穿越历史的恒久魅力。

总之，2014 年建成开放的国家典籍博物馆，是国家图书馆贯彻落实十八大精神，完善公共文化服务体系，不断开拓创新的成果。

采用全新的方式将图书馆和博物馆完美结合，实现了十八大报告提出的"发挥文化引领风尚、教育人民、服务社会、推动发展的作用"的目标。在我们的心目中，国家典籍博物馆就是一座新的文化殿堂。

党的二十大报告提出，要推进文化自信自强，铸就社会主义文化新辉煌。在我们国家日益繁荣强大的今天，在党和国家的支持下，国家典籍博物馆将发挥更加积极重要的作用，让广大人民群众不断享受到文化底蕴深厚、形式丰富多彩的文化大餐。国家典籍博物馆这座新的文化殿堂的明天将更加灿烂辉煌！

国家图书馆科技查新中心成立的那些人和事

卢海燕

国家图书馆的科技查新业务水平在图书馆业界素有口碑。然而2005年国家图书馆科技查新中心的成立和公章的刻制，却是经过了一番不懈的努力才达成的。

1997年11月7日，我从报刊资料部调回参考部任副主任。参考部时任主任是焦树安，副主任为马惠平。记得回参考部初次参加部班子的业务沟通会，两位老主任与我重点谈到的是如何想办法为参考部尽快获得科技部认定的科技查新资质的事情。之所以如此，主要缘于1995年8月以来在国家图书馆全面开展的信息开发与有偿服务。信息开发与有偿服务不仅仅是国家图书馆开展业务活动的一种方式，也是各个部门提高员工收入的重要途径。开展科技查新工作，既符合参考咨询业务性质，也能合理收取咨询服务费用。两位老主任曾经前后两次代表国图向科技部申请科技查新资质，均未如愿。

2000年8月，马小林担任参考部主任，我为副主任，他对此事非常重视，指定我专门负责向科技部申请科技查新资质的工作。科技参考组薛凤珠（时任组长）、刘海滨、朱大南三位科技参考咨询专家具体承担申报材料的全面准备工作。主管参考部工作的张雅芳副书记召开馆内相关部处协调会，全力以赴为科技查新资质的申请做准备。2001年3月7日，我抱着厚厚一摞申请材料莽撞地敲开了科技部奖励办公室的大门（之所以说是莽撞，是因为根本没有任何关系，无人介绍直接上门了）。接待我的是负责查新资质审批的腾跃处

"国家图书馆科技查新中心"成立前，工作人员在会场准备

（左起：赵四友、卢海燕、王磊、张育平、白云峰）

长。腾处长告知："以前北图申报查新资质没有成功，是因为原来科技查新申报单位定位在'科技信息咨询单位'，而今年下发的《关于印发〈科技查新机构管理办法〉和〈科技查新规范的通知〉》中已经有所调整，将申报单位定位在'信息咨询机构'，这样北图就可以理直气壮地申报查新资质了。"此外，腾处长还在科技查新申办流程和派员参加科技部组织的科技查新人员资质培训方面给予了具体指导。这次到科技部的对接让我们非常兴奋！

其后，我们一边派员参加科技部举办的科技查新人员资质培训，一边开展科技查新业务，以积累更为丰富的实践经验。2002年，国家图书馆的科技查新申报资质材料的准备工作已全部完成，在科技部的初步审核中得到充分的肯定，个人查新资质的考核也得到科技部的认可。同期，参考部以科技查新为代表的科技参考咨询业务得到了快速发展。2005年初，我们开始积极策划筹建国家图书馆科技查新中心。然而，中心公章的几次申办都不顺利，大家很着急。事情的转机来自王厚明同志（时任国家图书馆保卫处处长）的帮助。王厚明在担任保卫处处长期间有一个习惯，每天早起必会围绕国家图书馆馆区细查每个角落，非常认真负责。而我则有从小养成的每日晨练、读英语的习惯。一日，我在晨练中遇到正在馆区检查安保工作的王厚明处长，在闲聊中和他说了这件事。之后没多久，有一天王厚明处长突然打电话给我，让我马上到他办公室见一个人，说是和查新中心公章办理有关。我一溜小跑上楼，一进办公室他便热情地向我介绍一位北京市公安局的便衣警察。这位公安局的同志问清楚我有关国家图书馆科技查新中心公章申办的前后过程，旋即联系了北京市公安局的相关部门，当场就告诉我可以马上前往北京市公安局相关部门办理公章刻制。这个消息让王磊（时任参考部副主任）、辜军（时任科技参考组副组长）和我都既高兴又紧张。我遂抱着所有早已准备好的申办资料打车前往。当时公务坐出租车是很奢侈的事情，办理公章的机会来得太快，我的脑子里已经顾不上能否报销便冲出办公室。

记得那天天阴、清雪飘飘，路面有点滑，我坐在出租车里心中暗暗嘟囔：快点开！快点开！真是生怕因为车开慢了而失去这次办理公章的机会。当我捧着已经办好的公章回到办公室的瞬间，一直等着我的王磊第一句话就问：拿到了吗？我激动地拿出"国家图书馆科技查新中心"公章直接按戳到王磊的手上；辜军得知我回来，从组里近乎是"飞"到部办公室，拿着公章在部办的一个日常办公用品领取登记本上认真地盖了一个戳，嘴里连连说：真清楚，真清楚，我们有章了！当时在场的每个人都特别激动，忘记了午饭还没吃。

2005年5月29日，国家图书馆"读者服务周"期间，"国家图书馆科技查新中心"正式成立。时任科技部奖励办主任贾丰与国家图书馆张雅芳副书记共同为中心剪彩、揭牌。"国家图书馆科技查新中心"的成立是国家图书馆履行为中央国家科技决策、重点科研生产单位服务职能的最直接体现，标志着国家图书馆开始正式被纳入国家科技自主创新服务体系当中。

笑谈趣事亦成史

—— 两会服务初创期的故事

卢海燕

在国家图书馆 115 年历史长河中，我有幸经历了其中的 29 年（1988—2017），见证了国家图书馆的发展与辉煌，也留下了很多难忘的记忆，其中两会服务即是其中之一。

凡是 20 世纪 90 年代与国家图书馆一起走过来的国图人，都不会忘记 1998 年在国家图书馆开始的全面改革。这次改革，调动了每一位员工的积极性，全馆上下精神面貌焕然一新。在参考咨询工作领域，诞生了在我国图书馆界产生广泛影响的两会服务项目。

两会服务作为国图 1998 年全面改革的创新性服务项目，是首次推出的旨在为参会人大代表和政协委员议案提案、参政议政提供全方位文献信息保障的参考咨询服务。其后，该项服务得到全国省级公共图书馆的积极响应，并在全国各省两会召开期间，为本省人大代表和委员提供文献信息咨询服务。两会服务作为图书馆服务于国家立法决策的一种重要形式，在获得各级政府和两会代表委员充分肯定的同时，扩大了图书馆社会影响，赢得了良好的社会声誉。

但两会服务推出伊始并非为两会代表和委员所认知。为此，在1999 年两会召开之际^①，参考部提出"服务用语规范化、工作程序

---

①即第九届全国人民代表大会二次会议（1999 年 3 月 5 日至 16 日在北京举行）和中国人民政治协商会议第九届全国委员会二次会议（1999 年 3 月 3 日至 12 日在北京举行）。

制度化、咨询件件有着落、答复咨询不过夜、咨询结果送上门"的服务宣传口号。这个要求随之成为当年国家图书馆两会服务对外宣传的自我立标的服务要求。

鉴于 1998 年和 1999 年的两会服务宣传经验，在 2000 年两会召开之前，通过多种方式加大两会服务宣传力度，成为两会服务准备工作的首要任务。记忆最为深刻的，是我所经历的两会服务宣传中唯一一次通过广播电台开展的宣传工作。2000 年 2 月 28 日，孙蓓欣副馆长带队到中央人民广播电台与听众"面对面"宣讲国家图书馆两会服务。同行的有业务处朱天策副研究馆员、司机班刘力同志和我。

为使更多听众能够听到国家图书馆的两会服务宣传，中央人民广播电台专门将我们的节目安排在中午 12 点档期。孙馆长先带我们到附近的肯德基店解决午餐问题，我们边吃边听孙馆长强调两会服务宣传的重要性，同时再次明确每人在广播节目中的任务：孙馆长介绍国家图书馆综合情况，朱天策负责介绍总体服务情况，我则具体承担有关两会服务项目安排的介绍。因为节目是实时播出，为了保证最好的播出效果，大家来之前都非常认真地做了准备。我平时讲话语速很快，为了让听众听得清楚，不得不努力控制讲话的速度，当对着话筒又看不见听众时，心里既有种神秘感，同时又多少有些紧张。不过在热心听众积极向我们提出具体问题而又得到满意解答时，我们所有人的状态都放松下来。当我们从播音室出来，负责导播的中央人民广播电台的同志特别满意地夸赞：效果非常好！

2001 年对于国家图书馆的两会服务是一个重要的节点。经过全馆上下三年不懈的努力，国家图书馆终于被正式纳入第九届全国人民代表大会四次会议的信息服务单位序列。从这一年开始，我们才有了到人民大会堂正式上会的工作证和车证。对于首次进入人民大会堂现场服务，馆里高度重视。馆长任继愈先生的红旗牌轿车是我们上会的专车，参考部派出富有咨询经验的高级咨询馆员刘峥，车队

国家图书馆出车中央人民广播电台《出车登记表》

（2000 年 2 月 28 日）

2001 年两会，国家图书馆首次进入人民大会堂现场服务，

图为上会服务人员，左起依次为刘力、卢海燕、刘铮

推荐的是刘力同志，我负责带队。我们三人都为此感到莫大的荣幸，不敢有半点懈怠。甚至有两次刘峥夜里发烧，次日依旧坚持上会。每次我们上会，都要将成车的会议材料运到大会堂的"大会信息查询处"。当时的大会文献信息服务远没有现在大数据环境下的信息支撑条件，参会的两会代表和委员常常进入大会堂就直奔"大会信息查询处"领取文献资料，而领取资料到会议开始之间最多 20 分钟。我们所有工作人员在这一时段都高度紧张，既要相互配合，又都想把本单位的文献资料最多地发放到两会代表和委员手中，刘峥和我同时还要在现场接受委托咨询或其他业务。通常在以最快的速度发放完大会资料后，我们的腰都累得直不起来，这种情形被刘峥生动地描述为"割麦子"。

2001 年的两会我们虽然已经进入会议现场服务，但是没有工作午餐，也没有午休的地方。记得有一次为了确保不耽误下午上会服务，我与刘峥从天安门步行到王府井东安市场，一是为了找地方休息，二是解决午餐。当时的东安市场还保留有不少风味小吃，价格也不贵。我们俩买了几个小包子填饱肚子后又赶回人民大会堂。我们每次下会回馆都会带回十几单咨询和办证业务，部里的同事都形成了习惯，见我们回来的第一句话就问：有咨询吗？

我亲历了国图两会服务项目的创建、发展直至走向成熟。初创期的这几则趣事伴随着时光流逝，生动性却没有消减，幻如昨天刚刚发生。为什么呢？细细想来，或许是那时每位同事都有一种为国家图书馆事业发展拼搏奋斗的激情，对执着努力终于获得用户信任有着强烈的珍惜感，还有着上下同心、团结一致对所取得成就时的神圣荣誉感！

国家图书馆即将迎来 115 周年诞辰，我期待着能够读到更多前辈笔谈他们在国图经历的趣事，期待着我们共同记住这些趣事和趣事中的人，这样的国家图书馆馆史将会更生动、更好看。

我与中国图书馆界人物口述史

全根先

2023 年 9 月，中国图书馆年会在郑州隆重召开。在这次年会上，有一个重要成果发布，就是《中国图书馆人物口述史》（全五册）正式出版，并举行了学术研讨会。我虽然当时刚退休、没在现场，却如临其境，颇为感慨！

2014 年 4 月，我从中文采编部学位论文组调到社会教育部，开始从事口述历史相关工作。这年秋天，在汤更生主任、廖永霞副主任支持下，我结合自己的专业特长和近年来图书馆史的学习研究，开始对国内（包括港澳台地区）图书馆界的一些重要人物进行资料摸底和搜集工作，策划并起草了中国图书馆界重要人物口述历史项目专题（当时还没有这个名称）。经过一年多的前期准备、反复论证，在有关领导和同事的大力支持下，于 2015 年 12 月在广州召开的中国图书馆年会上正式启动了这一项目，国家图书馆作为发起单位，联合三十余家图书情报机构发布了《全国图书馆界共同开展记忆资源抢救与建设倡议书》。第二年，我们陆续收到三十家单位申报的口述史项目，中国记忆项目中心于年底举办了工作交流与培训活动，多家共建单位派人参加。我对申报的每个项目都进行了认真细致的材料审核，由中国记忆组韩尉、戴晓晔两位组长负责联系落实。2018 年 6 月，在河北廊坊举行的中国图书馆年会上，经有关领导协调，再次设立中国图书馆界重要人物口述历史项目研讨会分会场。在这两次年会口述史分会场和工作交流与培训活动中，我作为这一项目具体负责人和专家都作了发言。2019 年 12 月，在中国（广州）国际纪录片节上，作为这一项目前期成果之一的《口述国图》纪录片首映，并得到广泛好评。2020 年春天，因疫情居家办公期间，汤更生主任与我联系，经大家一起协商，具体落实整理出版《中国图书馆人物口述史》。经过各位同事的辛勤努力，邓咏秋老师等认真编辑，才有了今天这皇皇五册著作！

《中国图书馆人物口述史》虽然收录的人物只有 29 位，并不是这一项目的全部受访人，更不是百余年来中国图书馆界所有的从业人员，只是其中的一些代表人物。但是，其出版的意义和价值在于通过这些人物，记录中国近代以来图书馆事业不平凡的奋斗历程和不畏艰难的创业精神！

人类区别于地球上所有物种的根本性标志之一，就是拥有概念式、符号化的记忆能力，因而文明赖以世代传承。所谓概念式、符号化记忆，是指人类拥有可以脱离现场的某种情绪，回忆以往经历事情的能力，这是地球上任何其他物种所不具备的。人类因为拥有这种能力，才有了历史，才有文明的传承。人类传承文明的主要手段，除了实物，就是语言和文字。语言是口头传承，一个个体生命消失，通过另一个个体生命传承下去；文字则是更高级的记录与传承手段，是人类文明发展到一定阶段的产物，它可以超越时空而传承。因此，文字发明以后，人类开启了以文字为主要载体记录与传承文明的伟大时代，而口头传承逐渐退居次要地位。然而，这种口头传承，其重要性却从未消失。图书馆是收藏文献的。什么是"文献"？现在的说法是指图书典籍，而古代呢？孔子说："夏礼吾能言之，杞不足征也；殷礼吾能言之，宋不足征也。文献不足故也，足则吾能征之矣。"元代学者马端临在《文献通考·自序》中写道："文，典籍；献，贤者也。"

《中国图书馆人物口述史》收录的就是我们图书馆界"贤人"的口述史。他们的口述史是记录他们的人生的，同时也是记录中国图书馆百余年奋斗历程的。他们为中国图书馆事业呕心沥血、毕生奉献。他们中既有图书馆的老领导，又有著名的专家、学者。他们的感人事迹和崇高精神，是图书馆人的宝贵财富。记录他们的历史，守护他们的精神，是我们不可推卸的历史责任。

在项目进程中，有很多难忘的故事，也有不少的遗憾。有的学者没有等到项目启动，有的没有等到做完就去世了，例如苏州图书馆原馆长许培基先生、南京大学信息管理学院教授倪波先生等。对倪波先生的采访很不容易。工作团队对倪先生第一次采访是在他家中进行，第二次采访则已在江苏省人民医院，以后几次采访都在医院进行，直至倪先生因病去世。我后来读到倪先生的工作笔记，记得非常详细，非常具体，读起来真实感人。倪先生的口述史文稿有一个题目叫"踏梦行"，表示他一生的足迹是追随自己的梦想，他是一个有理想、有追求的人。岂止是倪先生一人的，他的梦想实际上也是中国图书馆人共同的梦想和追求。

我对口述史有一个基本认识，就是要重视细节挖掘。为了充实黄明信先生口述史访谈内容，我通过收集和阅读相关资料，了解其丰富的人生阅历，诸如相关人物卢木斋、卢慎之、黄立猷、黄钰生、冯文潜、雷海宗、何炳棣、钱伟长、韦君宜等，以及他在拉卜楞寺研习藏传佛教、参加西藏和平解放谈判、担任李维汉藏语翻译等经历，草拟了一份比较详细的采访提纲。尽管由于黄老年事已高、记忆衰退，不能完全回忆起来，还是留下了不少珍贵的历史资料。类似这样的情况，不胜枚举。

一个人的历史、一个人的记忆，对于一个民族、一个国家来说，只不过是沧海一粟；然而，民族的记忆、国家的记忆，正是通过无数个人记忆汇聚而成为汪洋大海。事业永恒，精神长存。站在新的历史起点上，我们记录历史，打捞记忆，就是为了明天更加辉煌！

中国数字图书馆网站初建之回忆

苏爱荣

如今国家图书馆网站与数字图书馆网站是一家。时光回到 2000 年时，还曾存在一个独立的中国数字图书馆网站。它隶属中国数字图书馆有限责任公司，是中国数字图书馆工程的重要服务窗口和中文数字图书馆实验平台。

以计算机、网络技术为代表的高新技术，推动了图书馆进入数字图书馆时代，也是图书馆现代化的必由之路。1996 年国家图书馆在跟踪研发数字图书馆技术的同时，积极筹备中国数字图书馆工程的组织机构。1999 年，经国务院批准、由国家图书馆控股的"中国数字图书馆有限责任公司"注册完成。

2000 年 6 月，时任国务院副总理的李岚清在《文化部关于中国数字图书馆工程建设有关情况的报告》上批示："建设数字图书馆工程的主要目的，是有效利用和共享图书馆信息资源，有巨大的社会效益。国家图书馆应为我国数字图书馆的核心，要防止重复建设，对方案要认真论证，精心实施。"明确了国家图书馆在建设数字图书馆的引领地位。自此，经过多次立项申请和大量准备工作后，中国数字图书馆工程进入了有规划、有组织、科学有序的实质性操作阶段。

2000 年对于我个人来说有些不同寻常。1999 年底，我接到馆里干部退休制度改革的通知：对处级和副高职称以上的女干部由原规定 60 周岁退休提前至 55 周岁退休。2000 年 1 月，我作为首批四名 55 岁女处级干部之一，正式办理了退休手续。4月，中国数字图书馆有限责任公司开业，中国数字图书馆网站（www.d-library.com.cn）开通。我接到去公司企划部报到的通知，由此开始了建设中国数字图书馆工作，与国家图书馆再续前缘。

从传统图书馆到数字图书馆，怎样建设没有先例可循。数字图书馆理念先进，科技含量高，从理论到技术实现有相当难度，这是一条需要积极探索且充满挑战的新路。每一代人都有自己的机遇、使命和挑战。我有幸在退休之后，还能参加到建设国家数字图书馆这项跨世纪的事业之中，兴奋、感动之余更多的是紧张，是一种对使命的尊重，这些都激励着我去努力学习，去探索，去实践。

7月，我正式签约受聘，任中国数字图书馆"网站与资源建设部"总编，成为一名数图人。入行之后，我感到知识"恐慌"，以往从事过的图书馆工作经验已远不够用，新理念、新技术必须认真学习。提高思想认识是行动的先导，首先是对中国数字图书馆历史重任的再认识：数字图书馆要依据国家图书馆的宏富馆藏，承担起知识信息的生产、传播、利用和创新，在全面、快捷、方便利用文献资源，传播现代科技知识，利用互联网弘扬中华优秀文化等方面发挥重要作用。这就是"网站与资源建设部"必须秉承的工作原则。网站是数字图书馆重要的服务窗口，努力办好网站，擦亮窗口，宣传数图，展现形象，成为我部门员工和全体数图人的共识。

网站隶属中国数字图书馆有限责任公司，最开始运作是引进社会投资的，所以还要注意以市场需求为导向，创造性开发揭示国图馆藏，建立高质量的信息资源库；引进电子商务手段实现信息服务，实现社会效益的同时实现经济效益。这是另一个遵循原则。

数字图书馆是以搜集、整理和发布他人作品为主，不是自己原创，因此就有一个版权使用问题。一旦版权出现问题，将关系到加工后数据资源能否流通，严重影响网站建设。完全购置版权势必加大初期投资，带来财政困难，因此要分期投入，滚动发展，逐步实现建站建库。网站初期建库采用：委托制作、购买成品（再自行深加工）和完全自行加工三种方式。在一定时间内，缓冲了建库与急需解决版权的矛盾，为长远解决版权问题留了一个时间窗口。

作为"网站与资源建设部"主编，我根据公司发展的总体规划，制定了网站及资源库建设计划并负责组织实施，主持网站日常编务，把握选题、审定栏目内容，做好质量监管，协调内外部关系。公司实行岗位责任制，分工明确，职责明确，将28名员工划分为网上图书馆、网上情报站、资源库制作一组、二组及技术保证五个业务小组，设立部门经理、责任编辑、技术维护、客户服务、档案管理等岗位。这支由社会招聘新近组建的年轻队伍在短时间内迅速融入团队，进入工作状态，按照工作计划团结协作完成任务，还根据工作需要开展了课题研究和业务培训，并同有关人员进行技术交流，提高工作水平。

经过大家努力，网站于4月18日试运行，6月底如期全面开通，并于9月底完成了第一次改版，改版后的主题栏目有"华夏文化""世界遗产""经济纵横""科教之窗""图片银行""资讯服务"，推出了1400万页图书在线阅读的"中文图书馆"，确立了"网上图书馆"的重要地位；11月份领国内之先开通了"外文图书馆"，先期推出1000册文学类经典作品，年底达到1600册；推出了ICO"数图资讯"栏目，搭建"网上情报所"为个性化信息服务的推送平台。年底完成上网的资源库包括：文物库、铸币库、摄影库、海洋库、世界遗产库、战役库、将帅库、名家名曲库、民俗库、宇宙探秘库、旅游文化库共11个和在建资源库5个。同时还在策划和组织数图网新版内容，拟于2001年1月完成新版上线。

为配合12月全民读书月活动，数图公司与数字图书馆工程和国家图书馆联合推出了"网上读书工程"，向全国凡拥有电子阅览室的副省级及以上公共图书馆、数图联盟单位以及西部十省区、百市县基层文化单位，无偿提供数字信息资源服务，赠送中国数字图书馆网上图书资源2001年全年使用权。资源内容达到5300万页全文影像数据，学科涵盖文、史、经、工、农、医、军、法等类。被赠送使用权的这些单位，2001 年 1 月 1 日至 12 月 31 日期间，在该馆电子阅览室通过电脑终端，登录中国数字图书馆的"网上图书馆"，即可免费享受会员权利：网上阅览、借阅和下载。进入阅览室的读者亦可以通过网络，全面享受源自国家图书馆的数字化图书服务，获得广阔、精彩的网上中文阅读空间。

值得一提的是，我们还推出了《中华大藏经》106 卷在线阅读。《中华大藏经》是 1998 年整理出版的一部"佛教全书"，汇集了以任继愈先生为代表的国内众多专家历时十余年的辛勤劳动成果。该书以《赵城金藏》为底本，与另外 8 种大藏经版本逐句校勘而成，是古籍整理的一部精品，是中华民族的宝贵文化遗产。该书出版打破了由日本人编制的《大正大藏经》研究引用一统天下的局面，上传网络也具有非常重要的意义和影响。

年底聘期结束，我参加了数图公司中层管理人员的年终述职考评。回顾八个月的工作情况，非常感谢公司领导和同仁对我的信任、指导和帮助。在总编的岗位上，我始终坚持两个努力：努力学习和努力工作，不断学习业务知识、履职尽责、团结员工，完成公司交办的各项任务。八个月的值守，也使我成为中国数字图书馆初期网站的建设者和见证者，这段经历让我终生难忘。

1998年的破冰之旅

索奎桓

2000年始，中国文献影像技术协会（前中国缩微摄影技术协会）与中国档案学会、中国台北"中华档案暨资讯微缩管理学会"共同组织并隔年在两地轮流举办"海峡两岸档案暨微缩技术学术交流会"。两地三会在共同的领域，每年围绕不同的学术专题组织交流活动，每次学术交流两岸都会分别编辑论文集。20多年来，先后共有数百人次的专家学者参加了学术交流会。正是这一远见卓识的举

代表团在会场合影

（左起：张轶明、张伟云、刘元奎、孙承鉴、索奎桓、裴兆云、李健）

措，使两岸的学者和专业人员有了相互交流有关档案管理利用与缩微技术研究心得的平台。这个平台促进了两岸档案管理与缩微技术的发展，也推动了两岸同业的沟通与合作。这一切的发展和取得的成绩都离不开 1998 年的那一次破冰之旅。

一、学术研讨

1998 年 9 月 23 日至 30 日海峡两岸缩微学术交流会在台北召开。应"中华档案暨资讯微缩管理学会"之邀，以中国缩微摄影技术协会副理事长、北京图书馆副馆长孙承鉴为团长，中国缩微摄影技术协会副理事长、四川联合大学信息管理系教授刘元奎为副团长的中国缩微摄影技术协会（以下简称中国缩协）代表团一行 7 人赴台湾参加了学术交流会。我有幸参与其中，我的身份是中国缩协理事、全国文献影像标准化技术委员会秘书长、国家图书馆技术部主任。同行的还有中国缩协秘书长裴兆云，中国缩协副秘书长、全国文献缩微复制中心主任李健及《缩微与摄影技术》杂志副主编张轶明、贵州省图书馆副馆长张伟云两位女士。24 日，交流会在台北"中央图书馆"会议厅举行。会议主席、筹备委员会会长潘维刚女士首先致辞。她说："这是两岸第一次的缩微学术交流！在时代潮流的需要下未来档案与图书管理走向资讯化乃是无可避免的事。故此，我们也热切地期盼两岸能透过交流活动互切互磋产生互补的效益。"会议主持人、台湾区域发展研究院创办人兼院长、台北"中华档案暨资讯微缩管理学会"名誉理事长梅可望博士在开幕词中说："今年的学术交流会研讨的主题仍在资讯、微缩有关新科技的介绍以及此种先进科技在档案、图书、资讯、文件等方面的应用。在资讯科技日新月异的今天，这次学术交流无疑是很有意义和助益的，谨祝贺此次学术交流会的成功！大家的奉献当永远留存在两岸学术交流的历史中。""中华档案暨资讯微缩管理学会"理事长杜陵博士做了"把两岸微缩科技发展紧密结合起来"的欢迎词。王振鹄博士和林耀兴博士均发表了热情洋溢的讲话。中国缩微摄影技术协会代表团孙承鉴团长致答谢词并向本次大会赠送了写有"缩微事业，汇通古今，利在社会，功垂久远"的纪念牌。当日 10 时开始论文宣读和研讨交流。来自大陆、台湾图书馆、档案方面的专家学者近 60 人参加了这次会议，台湾代表汪雁秋女士介绍了台北"中央图书馆"应用缩微技术的历程，张泽民先生对缩微与生命卡的建立进行了论述，江守田先生就两岸档案科技名词统一的可行性提出自己的见解。曾再杉先生和范碧玉女士分别介绍了教育档案现代化管理和台大医院病历缩微档案管理的情况。大陆代表团张轶明女士宣读了题为《多介质系统是未来信息管理系统的主流》的论文，李健先生宣读了他和裴兆云先生合作的论文《缩微技术在图书馆文献保护中的作用》。刘元奎先生介绍了四川地区缩微事业的发展历史并提出发展战略分析。张伟云女士则对大陆缩微技术应用与研究的情况进行了综述。

大会共发表论文 9 篇，分为四场报告并评论、讨论。两岸专家学者从图书馆缩微技术的应用历程、缩微技术在图书馆文献、档案保护中的作用、地区缩微事业发展战略研究、新技术是未来信息管理技术的主流、两岸缩微科技名词统一的可行性研究等方面做了认真、严谨的学术交流和讨论。这是一次严谨、紧凑的学术研讨会。主持人和评论人认真、严格地对每一位论文宣读者的论文观点进行评论，两岸与会代表则积极就自己所关心的问题提问，共同探讨。参加此次两岸学术交流会的与会人员以专业人员、学者、研究人员为主，会议较学术化，真正达到了学术交流的效果。两岸专家学者共同认识到在信息时代的今天，在高科技应用飞速发展的大陆和台湾开展图书文献档案资料缩微化并非已过时的技术，它仍然是两岸学术界研究、存档的重要技术手段。

26 日上午，由林耀兴博士主持，并与张永山、江守田等诸位先生进行了一次缩微品制作及检验标准的座谈会，这是两岸关于技术标准的首次面对面的交流。孙承鉴团长作为全国缩微摄影技术标准化技术委员会主任首先对全国缩标委的历史、性质、作用、工作内容做了简洁的论述。随后就"大陆制订缩微摄影技术标准的依据及过程""大陆缩微技术标准适用性与功能""台湾制订标准的经过和检讨""两岸标准是否存在差异性以及从标准的相同性到缩微摄影技术专用名词的通用性应采之途径"等 4 个专题进行了交流和讨论。双方代表有 20 多人出席。我作为全国缩微摄影技术标准化技术委员会秘书长详尽地介绍了全国缩标委自成立以来经历的 4 个阶段以及标准起草的主要依据和制订程序。作为国际标准化 ISO 组织的正式成员国，在图书文献、档案的管理及对缩微标准的修订、制定工作是相当积极、认真并卓有成效的这一点得到了同行的一致认可。裴兆云先生就大陆缩微摄影技术标准的适用性和功能做了介绍。台湾标委会主任张永山先生、委员江守田先生也就上述两个问题分别介绍了台湾标委会的工作情况。会上双方代表各抒己见，进行了坦诚而热烈的讨论，表现了两岸学者学术交流的诚意，确定了一个双方可以交流的途径，即通过学会、协会从做名词的统一工作开始。

二、参观

我们都是第一次到访台湾，接待方特意为我们安排了丰富的活动内容，除了学术交流会外，还安排我们拜会了台湾图书馆学会张鼎钟理事长。访问台湾"国家图书馆"、"国家图书馆台湾分馆"和台大医院病历缩微档案管理、"教育部"教育档案管理光盘系统、"内务部"地籍资料缩微光盘管理系统，其中台大医院很有特色，它的定位是："医疗台大、文化台大"。走进该院大厅感觉不是进了医院，而像是走进了文化中心，文化氛围是浓浓的。台大医院已有百年的历史，病历总量已超过 300 余万本。台大的病历缩微管理软件系统完成了病历档案的缩微化和检索、复印，确保了病历的完整性和调阅方便。医生通过电脑就能快速、准确地查到病人的病历档案。该院保存最早的原始病历可追溯到民国二十年的珍贵原稿。会议还特意安排我们专程参观了华经资讯企业股份有限公司、映像有限公司、汉鑫图书缩影出版公司等几家台湾著名缩微公司。我们每到一处都受到热情接待，公司还为我们展示了大量的设备、实物、资料并现场操作演示，虽然时间短促仍然有很大收获。台湾缩微产业的迅速发展、先进的技术水平、高效的社会化服务以及他们严谨的工作作风和规范化的作业给我们留下深刻的印象。

此外我们还参观了台北故宫博物院、台北中山纪念馆，游览了阳明山。所到之处，均受到热情接待，也让我们感受到传承中华文明、保护中华文化遗产是两岸的共同愿望和行动。

三、花絮

代表团一行7人借道香港飞抵宝岛台湾台北桃园机场。本以为办理出关手续会耽搁很长时间，没想到居然有人到飞机舷梯前来迎接我们，而且机场出关享受贵宾待遇，完全免除了过关时的繁琐手续，很快见到在进港大厅迎接我们的"中华档案暨资讯微缩管理学会"杜理事长陵老及王秘书长佩仪女士。后来得知，我们能够如此顺利出关是在杜老的关照下，机场方面特别为我们开通贵宾通道。由此我们对台湾有了第一印象：为两岸交流的顺利进行，接待方竟做了如此细致体贴的安排，真是令人感动。

由于代表团成员都是第一次去台湾，每个人既兴奋，又有些许的紧张。一路上大家还有些拘谨，正是杜陵老先生一句"你们看她多像邓丽君呐，小邓丽君！"大家顺他的手势望去，看到了贵州省图书馆张伟云副馆长，一时大家都笑了，气氛马上轻松活跃起来。在"中华档案暨资讯微缩管理学会"举办的欢迎晚宴上，杜老发表了热情洋溢的讲话，又把我们一一介绍给各位来宾，像是老朋友久别重逢。这使我们刚刚来到宝岛台湾时的一点点陌生、一丝丝拘谨一扫而光，亲切、亲热、亲情油然而生，大家欢聚一堂，有说有笑其乐融融。特别值得一提的是在杜陵老先生的关照下，代表团还拜访了中国国民党党史史料馆和台湾警官大学。

毕竟两岸刚刚开始接触，双方还都小心翼翼。尽管活动地点都在台北市区，但安排我们下榻在相对较为偏僻的市郊"中研院"。每天早出晚归都走在同一条路上，而且有专人随团陪同，每晚归来都要第一时间向有关领导电话报告。当我们有人要见在台亲属时，接待方以会议没有安排为由婉拒。后在一再要求下，不得已安排亲属来酒店接，并叮嘱要在两小时后送回酒店。

在参观台湾"内政部"地籍管理系统后座谈的会议室挂有国民党党旗，孙承鉴团长立即提出换一个会议室。接待者见此，连说疏忽了，疏忽了，赶紧换了另一个会议室。而且在接触中，接待方虽有官方身份，但都刻意回避了。像台北"国家图书馆"馆长庄芳荣，自报身份就是汉学研究中心主任。

1998年缩微学术交流会是海峡两岸的第一次缩微学术交流。双方均做了认真细致的准备，交流获得很大的成功。这次学术交流在两岸缩微技术同业中建立起真挚的友谊，为共同发展与合作架起了桥梁，确立了大陆和台湾地区隔年交互举行学术研讨会的机制，为2000年起，两岸三会共同举办学术交流活动奠定了基础，为促进两岸缩微事业的发展产生深远影响。

抚今追昔，我们更加怀念"中华档案暨资讯微缩管理学会"的创始人、前理事长杜陵老先生，正是他在1992年探访大陆之际，做了大量开创性的工作，促成了1998年的破冰之旅。

1998年的破冰之旅开创了两岸缩微技术及标准的学术交流，值得我们珍惜和坚持。

《口述国图》的前世今生

索奎桓

2019 年 12 月 10 日《口述国图》在中国（广州）国际纪录片节上首映并获得首届"国际口述历史协会传媒奖"。

《口述国图》是国家图书馆在 2019 年为庆祝建馆 110 周年特别制作的一部以国图老馆员视角展现国图发展历史的纪录片，也是国内首部记录和展现我国图书馆事业的口述史纪录片。此次纪录片《口述国图》获得的是传媒奖，是国际学术界对国家图书馆口述史工作的一个肯定。2020 年 1 月 2 日《口述国图》在国图学津堂举行北京首映式。首映式上我接受了北京电视台的采访，采访中记者问我："当初您是怎么想起要进行老馆员的访谈活动呢？"这让我的思绪一下回到了 2003 年。

我时任党群工作部主任（党委办公室主任兼馆工会常务副主席），2003 年末已进入待退休的节奏，在这个岗位上没有什么建树心有不甘。当时党群工作部申报了"国图文化"的调研课题，《口述国图》可以说是课题的衍生产品。在课题组人选的组成上我当时提出是以老同志为主，以座谈的方式进行。副主任马红健兼团委书记则提出尽量让团委委员参与其中，说有利于国图精神的传承，并提出可以采访一些老同志。我当时灵光一现，采访老馆员这不就是一个最好的传承项目吗！说干就干，我马上动手草拟了一个方案。当时时髦的项目名称都叫什么工程，比如再造善本工程、文献抢救工程等等，我们这个名称就叫"国家图书馆记忆历史抢救工程"。很快

2004 年采访老馆长任继愈先生后合影（左起：采访人国家图书馆学刊常务
副主编蒋弘、索奎桓、任继愈先生、摄像师田艳军）

白云峰同志就把相关材料整理成文——关于启动"国家图书馆记忆
历史抢救工程"的请示报告。报告附有项目提出的依据，拟采访老
馆员初步名单，所需经费及首位采访对象张秀民的采访提纲。同时
为了提高这项工作的成功率，我又找了馆办主任张彦和离退休干部
处长王佩瑶协助参与这项工作，大家都觉得这是个好项目。于是经
过协调和细化，该项目变成了由党委办公室、离退休干部处、馆长
办公室三个部门参与其中，并报经馆办公会通过。2004 年 2 月 27 日
经詹福瑞馆长签批，该项目正式成为了纪念建馆 95 周年馆庆的活动
之一。

　　我们在请求启动"国家图书馆记忆历史抢救工程"的请示中这
样写道：我馆有近百年的历史，除档案外，真正以文字、照片等实
物流传下来的馆史资料并不多，音像资料近年才开始，个人回忆几
乎是空白。面对历经沧桑的老同志一个个辞世而去，多少鲜为人知
的国图历史、珍闻轶事也随之灰飞烟灭，留下老馆员的历史记忆已

是一件万分紧迫的工作。

立项的目的是通过走访国图已退休老同志（在世的各个历史阶段代表性人物），抢救性地保存国家图书馆馆史相关珍贵历史资料，深度挖掘各个历史时期鲜活的国图文化。尊重前人，尊重历史，传承建设新时期具有历史深厚底蕴的国图文化。

该项目由党群工作部、馆长办公室、离退休干部处牵头主抓；由人事处、离退休干部处及李致忠先生提出被采访人名单；国图文化课题组则负责拟定采访提纲；离退休干部处协调，团委组织采访小组分头采访、现场摄像及录音；走访过程中兼带搜集各种实物资料，筹备建馆 95 周年馆史展。

项目的最终目的是将采访摄像资料编辑，制作"老人们记忆中的国图"专题片，不仅可作为馆庆 95 周年的一项重要成果，而且可以作为今后开展爱馆敬业素质教育和新员工入馆培训的优秀教材。

初步拟定的采访名单记得有张秀民、李兴辉、杨宝华、鲍振西、周犁、吴莹、李镇铭、朱光暄、冯宝琳、王佩瑜、任继愈、李致忠、戚志芬、张爱香、胡昕、赵林等十几位老人，随着时间的推移，后来又不断做了调整。

此项工作一经批准便立即进入状态。以团委委员为主的若干个采访小组迅速成立并开始编排采访计划。同时团委副书记、馆办副主任白雪华，党办白云峰也踏上了南下的列车，开始了采访 96 岁老馆员张秀民的旅程。

张秀民先生是我馆当时硕果仅存的一位大师级人物，1931 年厦门大学国学系毕业即入馆，是我馆 30 年代辉煌时期的参与者、见证者，对于馆史而言可以说是我馆"活化石"。先生在大学期间，就发表了《评四库总目史部目录类及子部杂家类》和《目录学家凡例初稿》两篇论文，后又写了一篇《宋椠本与摇床本》，比较了宋版书与 15 世纪欧洲摇篮本的异同，在天津《国闻周刊》上发表。1931 年凭借毕业论文《宋活字版考》，获文学学士学位。先生对版本及目录学研究能力之深厚，深得当时国立北平图书馆副馆长袁同礼先生赏识，在袁先生的力邀下来到北京图书馆工作。

先生在图书馆主要从事编目工作，工作之余一生致力于研究中国印刷史；在北京图书馆工作达四十年之久，经眼的善本之多，掌握资料之丰富，为其写作这样一部全面性印刷通史创造了优越条件。1971 年退休返乡后即开始动笔，历经十三年，1984 年《中国印刷史》书稿完成，1989 年由上海人民出版社出版。五十多年精深耕耘之成果，终于得以面世。钱存训博士称其为"迄今所见到的一部最完备而又系统的综合之作"；台湾李兴才教授认为其"成就空前，在分量上超越了卡特的《中国印刷术之发明及其西传》……是一部划时代的巨构"；该书被评为华东优秀读物一等奖、中国印协首届毕昇奖及日本森泽信夫奖，在业内受到了极高赞誉。

采访中先生不断提及其在北图工作的经历，同时也不断询问现在北图的近况，四十年的日日夜夜，老人对北图充满难以割舍之情。他深情地说："一生中背负时间最长、最引以为豪的身份还是图书馆馆员，能有机会在这个环境优美的琅环福地，连续工作四十年，可说是幸运的。"问及他对青年馆员的期望，他说首先要青年人保持身体健康，其次就要力所能及地为国家做点事！简朴的两句话恐怕也是先生一生的追求吧。2006 年 98 岁的张秀民不幸离世，此时距我们采访不过两年多。

同年 8 月记忆工程采访小组采访了著名哲学家、佛学家、时任国家图书馆馆长任继愈先生。任先生 1916 年生，山东平原人。1938 年毕业于昆明西南联合大学哲学系。后入北京大学文科研究所，师从汤用彤、熊十力、贺麟等著名学者研习中国哲学和佛学，1956 年任北京大学教授，1964 年受命组建世界宗教研究所并担任该所所长达 20 余年，1987 年 5 月起担任中国国家图书馆馆长。主要著作有：《汉唐佛教思想论集》《中国哲学史论》《任继愈学术论著自选集》等，主编有《中国哲学史》《中国哲学发展史》《中国佛教史》《中华大藏经》《道藏提要》《宗教大辞典》《佛教大辞典》《中华大典》等。

访谈中任先生说他自中学起就开始利用图书馆，他觉得图书馆是人终身受教育的地方，现在知识更新很快，所以图书馆特别重要，可以随时随地补充大学的不足，光靠大学不够，必须要有图书馆。图书馆从皇家到面向社会、从传统图书馆到今天的数字图书馆，这是很大的进步。

他说，作为一项文化事业的图书馆，与其他文化事业一样，终极目标应该是提高国民素质。这是一个最根本的、更深层次的任务。他还说我们馆拥有的敦煌遗书是世界上最多的，我们拥有全国最全的历史地图，我们拥有最多的甲骨片，我们拥有历代最多的金石拓片，我们拥有"镇馆之宝"——文津阁《四库全书》和世界仅存的《赵城金藏》等等。这些领域，我们都有优势，但我们研究不够，应当加强这方面的研究，并把研究成果奉献给社会、奉献给世界。要提高国民文化素养，自然科学、文学、艺术、诗歌都要学。生活是多方面的，因人而异，我们提倡健康的文化享受，这对一个人、对一个民族来说都是很重要的。

任先生对青年馆员给予无限希望：未来永远属于青年，国家图书馆的明天要靠青年人打造。青年人记忆力好、思想敏锐、不保守，要利用青年的优势，尽量地吸收新东西；要面向未来不断地学习。不应该把追求职称放在第一位，特别是刚毕业的年轻人，没什么家庭负担，是个人打基础、吸收新东西最好的时候，职称是身外之物，没有这个不行，但为职称而活着就把自己看渺小了，把自己看低了。

青年人要爱国，这是学习的动力。真正持久的动力就是要爱民族、爱国家。这个动力是长远的，也是根本的动力。

就这样，到 2004 年 10 月我退休。大半年的时间里先后采访了张秀民、李兴辉、任继愈、戚志芬、李镇铭、杨宝华、鲍振西等几位老前辈、老馆员。虽然没有完成，但开了一个好头。据后来统计，自我们于 2003 年启动老馆员口述史访谈工作以来，共有 47 位老馆员及其亲属接受口述访问，累积 200 余小时 105 万字的口述资料。

2019 年由社教部在此基础上编辑了纪录片《口述国图》，可以说在一定意义上实现了我们当初立项的初衷。我感谢他们！更感谢当初为此项目精心规划，组织落实的马红健、白云峰以及团委的那些认真采访的年轻人！

一份珍贵的捐赠

索奎桓

1994 年 8 月 2 日在国家图书馆（时为北京图书馆）白石桥新馆红厅，一场隆重的捐赠仪式正在举行。我时任学术活动部主任，有幸参与并见证了这一捐赠全过程。

捐赠方是来自日本的世界著名古典音乐评论家志鸟荣八郎先生，代表国家图书馆接受捐赠的是党委书记、常务副馆长谭斌。双方先后致辞，常务副馆长谭斌对志鸟先生的义举表示衷心的感谢和敬意。

志鸟先生介绍了捐赠给国图两万张激光唱片的原因。他说中国和日本是隔水相望的两个友好国家，并感慨中国的悠久文化及对日本文化的影响。他去过中国许多地方，中国的风光美食，给他留下了美好印象。尤其是改革开放促进了中国与世界各国的交流。中国人民对音乐的热情让他尤其感动。他考察过上海、西安、北京多个地方，觉得中国国家图书馆历史悠久、馆藏丰富，新馆舍宏伟优雅，又拥有广大的读者群。而恰恰国图音乐唱片尤其是古典音乐的收藏并不多，因此他认为中国国家图书馆是收藏唱片的理想之地。

志鸟先生表示，他多年收藏的数万张激光唱片是他的宝贝。现在能给这些宝贝找到一个好归宿，也算了其一个心愿。他希望将这些藏品奉献给中国的古典音乐爱好者，开辟一个欣赏古典音乐的圣地，大家共同分享神圣的精神资源。

志鸟先生 1926 年生于日本东京，他毕生从事古典音乐的推广及普及工作，在国内外享有盛誉。他多次来华讲学，极受听众欢迎。

志鸟先生曾经担任日本国际音乐家协会会员、日本古典音乐兴隆会理事长、日本音乐家协会会员、国际唱片学院奖评委、蒙特利尔国际唱片大奖赛评委、日本《朝日新闻》《每日周刊》等报刊的音乐评论撰稿人。他的著作《音乐春夏秋冬》《西洋音乐名作故事》《大作曲家身边的女人们》《大作曲家及其名曲 CD 唱片》《冬之旅》《实践性唱片收藏》《莫扎特大全》等均是畅销书。基于他的名望，日本的许多唱片公司争相聘请他为本公司出版的唱片新品做评论和推荐。经他介绍、推荐的唱片一般都热销于市场。久而久之，志鸟先生在日本成为古典音乐唱片炙手可热的权威评论人，也因此让他有了数万张激光唱片的家藏。他称自己是世界个人收藏激光唱片最多的人，如果申请吉尼斯世界纪录一定可以入选。

然而美好愿望的实现过程也不是一帆风顺的，这批唱片涉及日本多家唱片公司，多是送给志鸟先生进行点评和推介的样品，如果要赠送给中国，就要依法获得诸多唱片公司的授权，达成相关的谅解及版权使用协议。两万张唱片分属众多公司，有些年代已久或有变更。个中工作量之大可想而知。

1968 年志鸟先生因药物中毒，几乎双目失明，双腿麻痹步履艰难，但他却以常人难以想象的毅力，四处奔波，为提高人们对高雅艺术的欣赏品位，积极致力于古典音乐推广活动。多年来志鸟先生几乎足迹遍及古典音乐的原生地，感受大师们的创作灵感。志鸟先生拖着残疾之身，奔走于各个唱片公司及海关等相关部门之间，执着之心让人钦佩。好在当时中日之间友好氛围浓厚，各公司也都在积极筹划开辟中国市场。在中日双方共同努力下，终于得到了各唱片公司的理解和支持，实现了志鸟先生的夙愿。

志鸟先生自称为"音乐传教士"，在许多国家和地区教学及举办讲座，终身致力于古典音乐的传播和普及，并为此作出了极大的贡献。8 月 3 日志鸟先生再次来到国家图书馆，在音像资料第一视听室举办了"柴可夫斯基的一生作品暨激光音乐欣赏会"，听众踊跃，最多可容纳 130 人的视听室座无虚席，连过道都站满了人，听众无不陶醉于志鸟先生精彩而生动的讲解及优美的音乐旋律。其实在这之前志鸟先生已经多次来华讲学，受到中国听众的欢迎。他走访过中央音乐学院、中国艺术研究院音乐研究所、中央乐团社会音乐学院等国内多家音乐团体，还曾担任中央乐团社会音乐学院名誉院长、北京市交响乐爱好者协会名誉理事等职务，与中国同行深入探讨古典音乐的普及与推广，为中国的音乐发展出谋献策。令人难以置信的是这些都来自一位年过七旬且疾病缠身的老人。

如今查阅音像资料的目录，一条醒目的"志鸟专藏"就会跳入眼帘。打开"志鸟专藏"就如同打开了古典音乐的宝库。一座古典音乐的圣殿随即展现在眼前，里面林林总总，可谓琳琅满目。不仅有早期的西方古典音乐大师肖邦、贝多芬、柴可夫斯基、门德尔松、海顿、巴赫、莫扎特、比才等人的经典作品，还有现代的日本音乐家的民族音乐作品。内容丰富，题材广泛，更有纽约爱乐乐团、费城交响乐团、伦敦交响乐团、圣彼得堡交响乐团、柏林爱乐乐团等世界著名乐团和演奏家演奏的作品。而托斯卡尼尼、卡拉扬、小泽征尔、祖宾·梅塔等蜚声乐坛的指挥家的作品也尽在其中。可以说"志鸟专藏"囊括了18、19世纪以来所有古典音乐的经典作品，从气势恢宏的交响曲、协奏曲，到优美抒情的室内乐、器乐曲，既有古代宗教音乐圣歌、圣咏，也有浪漫派时期的艺术歌曲及歌剧作品。其中很多已经是绝版之作。还有相当一部分是著名音乐家的早期的珍贵录音，堪称音乐史上最重要的录音绝唱，具有文物级的收藏价值，真是无比珍贵！

1995年9月志鸟先生再次来到中国。这次他受到了文化部刘德有副部长的亲切接见。接见在文化部部长小院子民堂，刘德有副部长感谢了他的慷慨捐赠，称赞了他为中日友好作出的贡献。

国家图书馆是百年老馆，收藏文献浩如烟海。在这海量的浩繁卷帙中有的经正常缴送、政府调拨而来到国图，但个人捐赠也是不可或缺的重要来源。而且私人捐赠往往更具特色，更为珍贵。在国图个人捐赠的历史上，既有爱国人士如郑振铎、周叔弢这样的收藏

刘德有副部长接见志鸟荣八郎先生后合影（左起：索奎桓、周和平副馆长、刘德有副部长、志鸟荣八郎先生、志鸟荣八郎先生陪同人员、日本驻华大使馆工作人员）

大家，也有平民百姓；亦有海外华人如作家周仲铮女士，还有像志鸟先生这样的国际友好人士。一册一页，一件一盘，积土成山，集腋成裘。人类文明历史的传承正是得益于此。

　　图书馆成系统有计划收藏并开放读者视听服务自1987年白石桥新馆开始，在学术活动部设立了音像资料组，实行音像资料的采编阅藏一条龙管理模式。初始有五个各具功能的视听资料室，后调整为三个。志鸟先生捐赠前我馆激光唱片收藏不过2000余张，可以说这两万张激光唱片的入藏极大地丰富了馆藏，也极大地提高了馆藏的质量和品位。这真是一份珍贵的捐赠！

中华古籍保护LOGO诞生始末

王 杨

中华民族数千年来创造了悠久而绵延不绝的历史文化，积累了大量文献典籍。这些珍贵典籍，不仅是五千年中华文明的历史见证，也是维系中华民族的文化根脉。保护、抢救古籍，让世人更多了解中华文化的灿烂辉煌，更多享受历代先贤创造的文明成果，让历史、文化在传世珍品中延续是中华儿女的神圣责任和光荣使命。

2006年9月13日，国务院颁布《国家"十一五"时期文化发展规划纲要》，将古籍保护工作列为重大项目。2007年1月19日，国务院办公厅发布《关于进一步加强古籍保护工作的意见》（国办发〔2007〕6号），提出在"十一五"期间大力实施"中华古籍保护计划"。2007年2月28日至3月1日，全国古籍保护工作会议在北京召开，中华古籍保护计划正式启动。

2008年3月初，根据文化部设计古籍保护LOGO的指示精神，国家古籍保护中心办公室开展了古籍保护LOGO设计工作，陈红彦主任将具体落实的任务交给了我。这段经历给我留下深刻记忆。

我想中华古籍保护LOGO应该是简单明了、易于识别、庄重美观，具有强烈冲击的视觉效果，使人过目不忘。而且，古籍保护的主题必须鲜明、突出。我的这种想法贯穿于完成任务的全过程。

起初，因古籍馆的金靖擅长这方面的设计，有很多成功案例，所以经张志清副馆长（时任古籍馆主任）批准，请金靖进行设计，同时也向古籍保护中心办公室同仁征集设计思路，同事们给予极大热情，向辉、廖甜添、李婧、庄秀芬纷纷提交了多个设计方案。对于这些方案，文化部图书馆处的回复是重新设计。

于是陈主任让我找专业设计单位设计。经过咨询、遴选、领导同意后，确定由清华大学工艺美术学院所属北京清尚环艺建筑设计院有限公司承担此重任。

我即与公司代表马丹接洽，说明中华古籍保护LOGO用途、设计要求，并撰写中华古籍保护计划背景材料供公司参考。接着起草《"中华古籍保护计划"标志委托设计合同》、征求刘岸律师的意见并根据具体情况予以调整、与公司洽谈合同。

3月20日，收到该公司设计的第一稿，至4月28日，公司共提交八个修改稿，每个稿中包含若干方案。其中至关重要的是第二稿和第四稿。第二稿将文字"中华古籍保护计划"改为"中华古籍保护"，被确定为LOGO的最终文字；将上图下文的分散图形改为图文合一的套圆，奠定了此后数次易稿的基本版式，亦为定稿版式。第四

篆书［书］字（小篆）

变化后的［书］字，象征中华古籍

［左手、右手］（金文）的形态

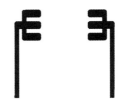

变化后的左右手，意味保护

稿将内圆中的金文"册"字更换为"书"字与"手"字的重叠组合体。在其后的修改稿中，只是将外圆下半部分依次改为长城、盾牌、变形鱼、绳和卷云纹样，将颜色变换，"书手组合体"一直居中不变，坚持到定稿。

在这过程中，我向领导们上传公司的修改稿，向公司代表转达陈主任特别是当时分管古籍保护工作的陈力副馆长等馆领导以及文化部领导（对接人是贾璐副巡视员和陈胜利处长）的每一次修改意见，与公司代表探讨某些修改细节，并且请史睿先生辑出多幅汉画像砖图案供公司选用。4月30日，公司提交第九稿，5月4日接陈胜利处长通知，此稿被文化部确定为中华古籍保护LOGO定稿。

中华古籍保护LOGO主题鲜明，简单明了，标志性强。

内圆是"书"与"手"的重叠组合体，以小篆"书"字的变体象征中华古籍，以金文"左手、右手"的变体象征保护，彰显了形美悦目、意美感心的艺术魅力。

外圆上半部分为简化字"中华古籍保护"，凸显主题，下半部分以汉代画像砖中的卷云纹环绕，我理解这寓意是中国文化的厚重和源远流长。

中华古籍保护LOGO定稿

汉代画像砖卷云纹

色彩为蓝色。通常人们以蓝色代表科技、未来和时空感，代表着我们对中华古籍保护事业科学、创新和发展的期待和祝愿。

中华古籍保护 LOGO 定稿后，被广泛应用于中国古籍保护网、证书、标牌、文具、信封、信纸、提袋、挎包等，每当看到它我都会感到很欣慰、很亲切，心中充满喜爱之情，也很有成就感。

漫谈文津街馆区的石狮子

谢冬荣

　　石狮子是我国古代建筑中常用的装饰物，往往摆放在门前，左右雌雄一对，既能起到辟邪镇宅的作用，也能凸显主人的尊贵地位。在国家图书馆文津街馆区摆放着两对石狮子，一对位于临街正门前，另一对位于文津楼门前。两对石狮子威风凛凛，数十年来忠心耿耿地守护着文津楼内典藏的珍贵文献。

　　国家图书馆的前身是1909年筹备设立的京师图书馆。由于清政府身处风雨飘摇之中，图书馆筹备工作迁延日久。直至1912年方开馆服务。嗣后政局动荡，经费捉襟见肘，1925年，中华教育文化基金董事会与教育部协商订约，决定合办"国立京师图书馆"，拟选北海以西之御马圈另建馆舍，各自承担部分开办经费。由于教育部迟迟不能遵守契约，于是中华教育文化基金会另创设了北京图书馆（后改名为北海图书馆）。1929年，北海图书馆与国立北平图书馆（京师图书馆改称）合并，组建成新的国立北平图书馆。1929年5月11日，国立北平图书馆新馆舍奠基开建。新馆舍的建筑外观采用华丽的中国传统宫殿式结构，外墙颜色借鉴了故宫文渊阁的绿色，古色古香，十分精美。按照中国传统建筑的要求，其门前应摆放一对石狮子。经与北平市政府联系，北平图书馆获赠一对原位于圆明园长春园东门的石狮子，并将它们摆放在临近文津街的大门两旁。

　　而关于文津楼前那对石狮的来源，众说纷纭，有购自七爷府（醇亲王府）、九爷府（孚王府）、圆明园等诸种说法，莫衷一是。北京市档案馆藏有一份 1931 年 4 月 20 日国立北平图书馆给北平市工务局的公函，为我们解决了这一困扰许久的问题。

北平图书馆就起运石狮事商请工务局转令沿途路警予以照料，公函内容如下："迳启者，鄙馆购定五爷府石狮一对，现在启运来馆，相应开列路线清单，函请贵局查照，转令沿途路警随时特予照料。至切公谊。此致北平市工务局。附路线清单。国立北平图书馆启。四月二十日。"路线单为："由五爷府启运，走朝阳门大街、猪市大街、弓弦胡同、汉花园、马神庙、景山东大街、后门、厂桥、养蜂夹道。"

原来这对石狮子购自五爷府。根据冯其利先生《寻访京城清王府》一书的记载，此"五爷府"当指惇勤亲王府。惇勤亲王奕誴为道光第五子，道光二十六年奉旨过继惇恪亲王为嗣，承袭惇郡王，咸丰十年晋封亲王，光绪十五年病逝。

惇勤亲王府在朝阳门内大街的烧酒胡同，其前身是康熙第五子允祺恒亲王府邸。惇勤亲王府门前有一对石狮，售归北平图书馆。其西侧门西南方向有一段斜街直通朝阳门大街。北平图书馆搬运石狮的时候可能即是从此门而出。

回望天竺周转库文献搬迁的岁月

严桂才

整理家务时，偶然翻出一份"国家图书馆天竺周转库管理中心2012年元月值班总表"。表格在手，我脑海中依然对十多年前国图南区维修改造时，文献迁移的情景记忆犹新。

天竺顺义机场之畔，广袤的土地上矗立着盛世通空港物流中心，这里成为文献外迁的周转库。2011年9月起，约700万册（件）馆藏文献按计划迁入，国图天竺周转库管理中心在保护这批珍贵文献的征途上肩负起了重大责任。9月，尽管天气依然炎热，我因工作踏足此地。眼前所见，盛世通空港物流中心占地开阔，四周杨树挺拔，柳树繁茂，它们深深扎根于泥土，不畏艰难，坚韧生长。野花和小草绿意盎然，点缀着庭院的角落。南面篮球场和健身器械，似乎还留有之前国博驻守武警战士的训练痕迹。相邻的一片梨树果实累累，丰收在望。

主体库外观近似矩形，建筑面积庞大，宛如一座坚固的城堡，散发着闽南土楼的独特风情。随着盛世通从国博转至国图手中，文献外迁工作正式启动。国图天竺周转库管理中心，包括综合管理组、安全保卫组、保安组、监控室等，均设在主体库房的顶层。从主任办公室向外望去，库区的各个主要路段尽收眼底。其中，来自馆内各部门，临时抽调组成的综合管理组人员有：张建、朱大跃、刘建国、王敬东；安全保卫组的人员有：杜卫东、白玉、郑铁亮、韩金彪、姜智民、景文河、蒯海南、于向阳、牛铁梁、严桂才。

搬运工作照

搬运装车时的照片

负责装车押运志愿者合影（左起：王伟铭、杨志、葛良、张金城）

库房照片

武警正在交接

物流中心的标语

"盛世通自成立以来，便与文化紧密相连"。盛世通佟经理告诉我，随着我们的到来，这里已成为"两馆一关"的交汇点。他口中的"两馆"即我馆与之前驻留在此的国家博物馆，而"一关"则指中国海关。主体库的后面，一排称作"别墅"的平房曾是海关用房，门上残留"中国海关"字样，房内格局依稀可见当年风貌。

文献外迁工作启动后，每日有数千箱文献运抵，主体库内日益充实。日晒风吹，国图的工作人员紧张而有序地工作着。对此，佟经理关切提醒："你们皮肤晒黑了，吃不好，睡不踏实，一定要注意身体呀。"其实，对于文献搬迁，我们并不陌生，20世纪80年代白石桥新馆落成后，就参与过那场浩大的搬迁工作。然而，与当年相比，如今参与搬迁工作的人员多已步入中年。

国图天竺周转库管理中心团队肩负起天竺周转库建设的重任。王六长主任在这里总负责。初期，饭菜质量较差。为解决这一问题，王主任与朱主管从改善工作和生活条件入手，得到馆领导支持，成功筹建食堂。此外，与盛世通紧密合作，共同打造库区环境，配备了休闲设施及办公设备。天竺库区安全保卫至关重要，他们通过协调修整库房门锁、恢复电子布控、建立健全安全责任制、实行库内监察等一系列措施，确保馆藏外迁文献的安全无虞。同时，注重在岗人员的培训和学习，通过民主生活会等方式加强民主管理，激发大家工作积极性。

岁月流转，我在天竺库区的日子已有一段时光，面对每日的文献运输和库区环境不利因素，也会感到彷徨和紧张。然而，与库区领导、同仁及保安兄弟接触过程中，我深刻感受到他们平凡中的伟大，从而受到鼓舞。无论外部安保还是库房内部防火、防水、防虫等一系列管理，他们深知自己肩负的责任重大；无论面对何种困难，他们始终坚守岗位，尽心尽力地完成自己的工作。一次，值班员接到馆里打来电话，根据我馆服务范围及原则，为用户调阅一本经济方面的日文书籍。接到指令，天竺管理中心在岗人员迅速行动，翻查文献外迁库台账，确定该书籍所藏位置，然后搬箱倒柜找出，有序地满足了用户需求。

入冬后，每当夜晚巡查库区时，我总能感受到星空的美妙和寒风的凛冽。然而，我的心却是温暖的。因为我知道，这片库区里，有一群保安兄弟像披着铠甲的战士坚守在自己的岗位上，默默地守护着。他们一双双穿透暗夜的眼睛，时刻警惕着任何可疑迹象，确保库区的安全无忧。

卸货时的照片

国图南区维修改造工程是一项重要的文化工程，体现了党和国家对文化大发展的高度重视和积极推进。同时，这批馆藏外迁文献虽客居他乡，却有众多天竺"守护神"的庇佑。2013年9月，国图南区维修改造工程书库部分库房完工，至2014年，凝结了人类文明精髓和国图人辛勤付出与期望的天竺周转库700万册外迁文献，历经风雨后，陆续回迁，完好无损地回到国图怀抱。

回望天竺，岁月远行。而今，我已退休，手上这份名单中，大部分人员也都退休，有的因故也离开原来的岗位，但作为国图人对国图的认知与情感难以忘怀。那些为国图传承与发展奋斗过及正奋斗着的人们所留下的足迹，于文化强国的大战略中，具有毋庸置疑的时代感，在今天看来，依然闪烁着其特有的光芒。

《永乐大典》残卷入藏北京图书馆亲历记

姚永炬

1982年底，北京图书馆善本组收到一封来自山东掖县图书馆馆长孙洪基的信，信中叙述其见到一本名为《永乐大典》的古书，并且信里对古书相貌特征的描述和我们知道的真迹《永乐大典》十分相似。全组的专家老师们对此将信将疑，《永乐大典》怎么到山东掖县去了呢？

大家熟知的《永乐大典》是明永乐时期编纂的一部大类书，其在当时乃至现在都是世界最大的类书，共22000多卷11000多册，一直保存在皇宫内。明嘉靖年间，宫中发生大火，所幸抢救及时，才使得《永乐大典》得以保全。后来嘉靖帝为防不测，拨巨款备大量纸墨，召集国内书写工整规范之匠人，决定重录《永乐大典》，书成之后永乐年间的原本大典就杳无音信了。至此，世间所见、所传、所阅的《永乐大典》皆为明嘉靖年的誊抄本。1900年，八国联军进犯北京，抢掠践踏我们的土地，导致《永乐大典》连遭厄运。

当时有同事推测，信中说的这本《永乐大典》，可能就是在这一时期被在北京的山东商人不知用何方法得到并带回去了。馆里的领导、专家，以及善本组对来信的内容仔细研究后认为，派专人去探寻、鉴别一下是非常有必要的。于是，馆里便派我和王玉良出差前往山东掖县。

路上我们一刻也不敢怠慢，坐火车直奔山东。当时北京没有直达掖县的火车，我们只好先到潍坊，又换乘长途汽车颠簸了三小时

1983年国家图书馆善本组赴山东掖县鉴定《永乐大典》出差报告

左右才到达目的地。到了掖县稍作打听，我们便直接徒步去了掖县图书馆。这个图书馆当时很小，就那么几间平房，万把册书，算上馆长，也就 2 名馆员。

见到孙洪基馆长后我们直奔主题，说是为了《永乐大典》而来。孙洪基馆长听完我们的来意后很是兴奋，认为国家重视了他的去信，并欣然把残本《永乐大典》拿来给我们看。我们乍一看包裹，感觉不太对，这开本大小缩小了很多，和真迹宝书《永乐大典》可不大像呢。但打开包裹后里面的东西却令我和王玉良眼前一亮，看到那纸张墨色、版式版色，绝对是《永乐大典》明嘉靖抄录本无疑。书写舒展，规矩大方，是任何现代人也模仿不来的。纸张厚实挺拔，古色古香，完全符合真本大典的特点和概况。开本小是因为大典天头部分被裁去了几乎两寸长，地脚也被截去了一寸多长，更甚者卷前撕去了数十页，卷后也撕去了十来页，实在惨不忍睹，我与王玉良看后面面相觑，扼腕叹息。这么贵重的典籍宝书之所以残损严重，据说是因为被用作剪鞋样、夹鞋样了，剪鞋样的纸很难寻找，大典纸张厚实挺拔，做鞋样材料再好不过了。只是我们的典籍无意中遭此厄运，实在可惜之至。

我们惋惜之余，便是惊喜，惊喜之余又不敢喜形于色。《大典》

在手，我和王玉良爱不释手，遂与孙洪基馆长商谈说，我们认为这本书是真迹，但还需要带回北京图书馆让专家进一步确认、鉴定。孙洪基馆长也欣然同意了，这时我俩悬着的心才算落下了一半。经过当地文化局及主管县领导的同意后，我们不敢再耽搁，立刻买了直达青岛的长途汽车票，颠簸半天到达青岛，随后又按我馆为了保护古籍所作的规定购买直达北京的软卧单间火车票。深夜我俩也不敢深睡，轮流值守到北京，生怕出现一点儿意外。

到北京站后，我俩背着装有《大典》的书包，片刻不敢耽误，直奔北京图书馆善本办公室的中央大办公桌。将《大典》陈放在桌上后，部门和科组的领导专家一起围观、鉴赏、审视，大家脸上均露出了喜悦、肯定、欣慰的表情。至此，将《永乐大典》残卷圆满带到北京图书馆的任务胜利完成，我与王玉良另外那半颗悬着的心才落了地。只可惜那时不像现在人手一部手机，可以随时拍下照片。后续还有很多故事，以后若有机会，再以文字来讲述吧。

从萌芽到繁荣的文化旅程

——忆国图首次推广全民阅读活动

尹岚宁

2024 年的"4·23世界读书日"即将来临。每年的这一天，我都抑制不住激动的心情，回忆起 2004 年我在中国图书馆学会工作时，参与策划、组织和实施首次推广"全民阅读"活动的经历。不觉之间，这项旨在推动全社会形成阅读风气的文化举措，已经走过了二十个春天。正值今年国家图书馆纪念建馆 115 周年征文之时，我不禁又掀起心中的波澜，忆起那段激情燃烧的岁月。

2004 年世界读书日宣传活动

2003 年，中国图书馆学会受文化部委托，负责实施全国"知识工程"的"全民读书月"活动。文化部要求中图学会要充分利用报刊、广播电视等各种新闻媒体开展富有成效的活动，倡导读书，增强全社会的图书馆意识，调动社会各方面积极因素，动员社会各界广泛参与，开展更为丰富的活动，大力推动全民读书的热情，提高国民的科学素质和文化修养，在精神文明建设的大路上迈出坚实的步伐。

中国图书馆学会秘书处将这一新任务交给了我，由我担任这一工作的项目负责人。对我来说这是一个全新的工作领域，深感责任重大，同时也认为是锻炼自己的好机会。为进一步推动"全民阅读"活动广泛而深入地开展，我只有加强学习，开拓思路，尽力做好，以不辜负这一时代赋予的使命。

于是，没有任何这方面工作经验的我，力图从网上查找国内外开展阅读宣传活动的相关资料。经过一番搜索，惊喜地获得一个令人鼓舞的信息：1995 年，联合国教科文组织将 4 月 23 日设为"世界读书日"。据当时的资料表明，自"世界读书日"宣布以来，已有超过 100 个国家和地区参与此项活动，在每年的 4 月 23 日，各国把读书的宣传活动都变成一场热热闹闹的欢乐节庆。但是，"4·23 世界读书日"这个日子，对我们是如此的陌生，在中国几乎没见媒体宣传过，国人可知否？当时我就想，连一个受众面极小的艾滋病日（12 月 1 日）都被媒体大力宣传，而"4·23"这个受众面极广的国际性日子却不为国人所知，实属遗憾和震惊！我像发现了新大陆一般激动和兴奋，当即在学会秘书处提出建议，以"4·23 世界读书日"作为中国图书馆学会推广"全民阅读"的契机和突破口，依托国家图书馆的影响力和号召力，大力宣传"4·23 世界读书日"，利用这个日子推动全民阅读活动的深入开展。

当时学会的秘书长汤更生非常赞同，立刻带领我们走访了北京大学、北京出版集团、光明日报社、中国文化报社等单位，寻求社会资源的支持。经过与有关专家学者和社会各界人士的多次交流，大家集思广益，精心策划，终于制定出 2004 年 4 月 23 日在国家图书馆开展首次宣传"世界读书日"及推广"全民阅读"大型活动的方案。我们的活动方案上报文化部，获得部领导的支持和鼓励。

从策划到活动实施当天，短短三四个月的时间里，要准备诸多文件，撰写并打印宣传材料，征集、设计和制作广告会标及全民阅读的徽标，联系并邀请社会各界人士参与，布置推广活动会场，联系多家媒体等等。我们学会秘书处的同志们除了要完成各自不同的工作任务，为"4·23"的宣传活动更是拧成一股绳，大家激情四射，任劳任怨。汤更生秘书长把控全局，缜密筹划。我负责活动相关文件的起草工作，卓连营为宣传活动的主持词及朗诵会内容贡献了自己的才智，王汉平虽体弱多病仍坚持工作，戴靖竭尽全力多方联系媒体。学会担负其他工作的同志也无私地伸出援手。我已不记得有多少次加班加点，修改方案。直到临近"4·23"最后几天，我们通宵达旦地忙活，顾不得回家，只为了活动能圆满举行。那段时间忙碌工作的点点滴滴，虽已过去 20 年了，至今仍历历在目，感动不已。

我永远忘不了那个激动人心，又颇有成就感的日子。

2004 年"4·23"当日，肃穆庄重的国家图书馆文津广场，汇集了近千名来自社会各界、各阶层的人士，彩旗飘扬，鲜花夺目，音乐缭绕，人声鼎沸。

国家图书馆副馆长陈力宣读开幕词，讲述了推广全民阅读活动的意义，在于要"形成全民学习、终身学习的学习型社会，促进人的全面发展"。

联合国教科文组织的代表高桥晓女士，发表了热情洋溢的讲话，"感谢中国图书馆学会和中国国家图书馆为促进全民阅读所作的努力"，并预期"中国有潜力成为现代世界最强的和最大的知识经济国家之一"。

中国图书馆学会常务副理事长，国家图书馆党委书记、副馆长詹福瑞宣读了《倡议书》，号召社会各界在 4 月 23 日走进图书馆，亲朋好友互赠图书，共享阅读快乐。

全国政协副主席王选、文化部原副部长吕志先共同为"全民阅读"徽标揭牌。活动中还举行了图书和万方数据资源系统检索阅读会员卡赠送仪式。

随后，在欢快的音乐声中，由著名朗诵艺术家曹灿和著名电视节目主持人鞠萍主持"经典美文百人接力朗读会"。

身着陆海空三军军装的解放军艺术学院学员、身着绚丽多彩的56个民族服装的中央民族大学学员，与来自北京大学、北京邮电大学的同学们组成的不同方队，共同朗读了苏联著名作家高尔基《论青年》一书中关于读书的一段脍炙人口的名言。

国家图书馆、首都图书馆、中国人民大学图书馆以及北京科教图书馆组成的图书馆馆员方队，饱含深情，为大家朗读了印度近代文学大师泰戈尔用诗化的语言对"图书馆"的赞美。

著名儿童文学作家高洪波、著名朗诵艺术家张家声和著名播音艺术家方明、文化部青联副主席丁嘉莉分别朗诵了中外名著关于读书的片段，声情并茂，耐人寻味。

来自《父母必读》杂志社、行知学校的亲子团，以及北京复外二小的同学们的朗读和歌声真挚感人，催人泪下。

最后，国务院幼儿园的小朋友们伴随着欢快的音乐，载歌载舞，表演了由他们自己创作的《拍手读书歌》，将朗读会的气氛推向高潮。

整个活动历时一个小时，内容丰富，节奏明快，高潮迭起。

给人印象最深，同时也最令人感佩的，这是一次真正意义上的全民参与——既有年近九旬的老部长，也有咿呀学语的稚嫩孩童；有文化界的大腕名角，也有参与首都建设的工人；有著名学府的教授，也来自大、中、小学的莘莘学子；有奥运场馆建筑的著名设计师，也有默默无闻、无私奉献的图书馆员；还有闻讯而至、热情参与的外国友人和市民，大家为了一个共同的目的——推动全民阅读，热情洋溢地走到了一起。在这一天，我们与他们在共享知识的欢乐时光，表达了广大民众发自内心对知识的渴求与期盼；同时也是一种延展——证明了中华民族又一次融入了世界的潮流，伴同世界文化脉搏亦起亦伏，与世同庆。

在国图举办首次宣传推广活动之后，中央电视台及数十家新闻媒体都做了新闻报道。而令我们最有成就感的是，让中国全社会知晓了有一个国际性的日子——"4·23世界读书日"。

中国图书馆学会与国家图书馆首次宣传"世界读书日"活动的成功举办，受到了文化部领导的高度赞扬，称其为全国图书馆界和文化界推动"全民阅读"树立了一个令人鼓舞的典范。

随后，我们又连续策划和实施了2005、2006、2007年的"4·23世界读书日"宣传活动，并且每年活动的内容与形式都不断创新，社会参与度也更加广泛，星火燎原之势迅速蔓延。此后每年"4·23"这一天，全国各地图书馆、文化界、出版界、新闻界都热情地参与其中。我们最初的开创与努力如今已是硕果累累，繁花似锦。这一天，真的成为读书人的喜庆节日。

腹有诗书气自华，最是书香能致远。2006年，我国11个部门发出《关于开展全民阅读活动的倡议书》。此后，"全民阅读"四个字频频出现在国家级文件当中。中央电视台也多次与国家图书馆合作宣传"4·23世界读书日"。从2014年起，"全民阅读"连续10年被写入政府工作报告，完成了从活动倡议到国家战略的转变。

忆往昔，我们热血沸腾；看今朝，前程繁花似锦。今年的"4·23"，正好是我们首次宣传活动的20周年。20年间，全民阅读活动如春风吹过大地，唤醒了亿万读者的读书热情，不断提高国民的阅读水平和社会文化的繁荣和发展。

2007年，我退休了。可喜的是，20年来，中国图书馆学会后继有人，坚持不懈地推广全民阅读活动，并且做得更有深度，更加多姿多彩。

我作为中国图书馆学会和国家图书馆的一员，在今年的"4·23世界读书日"即将来临之时，为我们当初付出的努力感到由衷的欣慰和荣光。

谨以此文纪念国家图书馆建馆115周年。

雪堂无雪映松坡，宝寺藏宝照柏林

——国家图书馆分馆记事

张克清

在国家图书馆 115 年的历史长河中，有两个分馆在我的图书馆生涯中留下了深刻的印象。一个是位于北海公园快雪堂的松坡图书馆，一个是位于雍和宫附近的柏林寺分馆。

松坡图书馆是梁启超先生为纪念护国名将蔡锷于 1923 年建立的。

北海快雪堂是一座坐北朝南的皇家院落，从南往北分别为澄观堂、浴兰轩和快雪堂。

1918 年梁启超与蔡锷生前同僚人等，在上海成立了松社，1920 年梁启超访美国后，又以"北京旅美同学会"之名，组织了图书俱乐部，搜集了 6000 册西文书和 2000 册日文书，加上北洋政府调拨的宜都杨守敬旧藏中文图书 24000 册，为松坡图书馆的建立奠定了馆藏基础。

1923 年 11 月松坡图书馆正式成立。松坡图书馆成立之时，将快雪堂的三进院落分别改为了阅览室、书库和纪念蔡锷将军的祠堂。

北平和平解放以后，松坡图书馆干事叶景莘将该馆运营的实际情况报告给朱德总司令，经华北高等教育委员会研究，将松坡图书馆划归国立北平图书馆管理。1950 年国立北平图书馆更名为北京图书馆，松坡图书馆成为北京图书馆的一个分馆。

1987 年，北京图书馆在西郊紫竹院公园北侧建立了新馆，有了规模更大、条件更好的藏书地，因此决定将松坡图书馆的几万册藏书迁到新馆收藏，这使我有了参与此事和近距离观察、探寻快雪堂松坡图书馆的机会。

1987年8月的一天，早上8点钟，我和几位同事一起去松坡图书馆。从北海公园北门进入，绕过九龙壁，来到快雪堂的南门口，我打开了紧闭多年的大门。此刻的松坡图书馆已经失去了故有的模样，澄观堂改作他用，没有了用于阅览的桌椅，只有一些零星的旧家具。浴兰轩书架上的书籍尽是尘土，快雪堂两侧放石刻的夹壁墙里也放满了日文书。

快雪堂前巨大的石山岿然不动地静卧在那里，打开快雪堂的两扇楠木大门，正面望去，蔡锷将军彩色画像映入眼帘，下面的供案上有简单的陈设，但已经没有祭奠的痕迹。两边各放一个一米多高的青花瓷瓶。由于光线暗淡，看上去有一种令人肃然起敬的感觉。

当年梁启超馆长及松社同人曾在快雪堂纪念蔡锷将军，梁思成、林徽因也曾在澄观堂阅览图书和谈恋爱。现在，这一切都已经成为文人们餐桌上的谈资。

我们的搬迁工作是从整理藏书开始的，先是把浴兰轩的藏书从旧式的书架上取下来，然后用吸尘器把上面的尘土吸干净，再码成30厘米高的书捆，然后用塑料绳子捆紧。这项工作我们用了半个月的时间才完成。

在整理过程中，虽然每册图书的纸张都已经发脆、变黄，但在扉页上面，依然可以清晰地看到松坡图书馆的藏书章。由此可见，当年松坡图书馆的管理还是相当严格的。

书籍整理完毕后，又调用部队的军用大卡车，将其运到白石桥新馆的大书库。这批图书中的日文图书被分藏在书库的第10层，我在这里守护着这批图书有五年之久。

2007年，国家图书馆准备庆祝建馆100周年，因此需要广泛收集历史上各分馆的照片，我作为摄影人跟随馆庆办的同志再次探访了松坡图书馆。

快雪堂

2008 年也是 8 月的一天，我们一行人是从快雪堂东门进入的，本想到里面看看，不巧，北海公园正在进行内部整理，不方便观看，我们只能在院子里看看。太湖石的假山依旧，乾隆手书的"云起"两字清晰可见，但未见云起，只有八月的骄阳从天空中散落到长着青苔和绿草的地面上。我在大门外面从不同角度拍了几张快雪堂的外景照片，圆满地完成了工作任务。

2022 年夏天，我又来到快雪堂，这里依然是重檐垂花门、景窗、回廊与各殿相连，各种树木茂密，回廊中展示的古代众多书法名家的书法石刻，成为这个庭院的主要特色。此时这里已经成为北海公园的石刻博物馆。不尽如人意的是快雪堂的楠木大门依然紧锁，不能参观。

如果快雪堂除展览石刻外，再将松坡图书馆恢复开放，定能受到广大游客的热烈欢迎，因为松坡图书馆在我国图书馆发展史上和纪念辛亥革命的历史中都占有一定的地位，值得人们去瞻仰和纪念。

北京城区东北角的柏林寺分馆，是有着 600 多年历史的著名寺院。根据明正统十二年（1447）重修柏林寺的碑文记载，它创建于

柏林寺

元至正七年（1347）。清代又曾在康熙五十一年（1712）和乾隆二十二年（1757）进行了两次重修。乾隆年间重修时，乾隆皇帝亲自撰写了碑文。

柏林寺最珍贵的文物是曾经保存我国唯一一部"龙藏"经版。这部经版原藏于故宫武英殿，乾隆年间移至柏林寺保存。北京图书馆之所以能将"万古柏林寺"作为分馆，也是因"龙藏"而起。

1955年，故宫博物院拟将所辖的"龙藏"经版和柏林寺移交北京图书馆保管，根据文化部文物局的建议，请故宫博物院与北京图书馆协商，达成一致意见后，再行报批。结果故宫、北图一拍即合。文物局自然是满心欢喜地进行了批复。1955年10月15日，故宫博物院、北京图书馆和柏林寺住持福振，一起办理了颇具仪式感的经版交接。

当时柏林寺的部分房间为北京被服厂及家属宿舍所占用，1958年北京市所属的红旗学校又迁入该寺。直到1962年柏林寺的最终归属权才在北京市领导的支持下确定下来。

1962 年，北京图书馆为了将柏林寺分馆向社会开放，对柏林寺的部分用房进行了维修改造，使用面积增加到 2260 平方米，共藏中外文图书一百余万册，并开放了阅览室供读者使用，到 20 世纪 80 年代已经藏书六百余万册，约占全馆藏书的百分之五十。

我对柏林寺分馆的认知，起于 20 世纪 80 年代。那时临近毕业，忙着写论文，先是到文津街馆查找资料未果，热心的工作人员就推荐到柏林寺分馆再行查找。

那时的柏林寺分馆比较残破，设备设施也很简陋。一进门，左边是传达室，右边是目录室，再往里走才是阅览室所在的院落。挑开厚重的棉门帘，除阅览桌椅外，还有一个一米多高的煤球炉，格外引人注目。零星的读者看书就是靠煤球炉取暖。炉子上的开水壶冒着热气，给冰冷的阅览室增添了些许温暖。先是查人民大学所编的全国报刊索引，那时候，北京图书馆所有的中文期刊都在柏林寺分馆收藏。

一双冰冷的手，快速地翻阅着报刊索引。

当身上带着寒气的工作人员，将查到的文献资料交给我的时候，已经近中午，我来不及细看，就请图书管理员帮助复印。她们不仅没有因为要吃午饭就拒绝复印，而且还帮我纠正写错了的起止页码，使我这个穷学生足足节省了两角五分钱。

拿到复印资料，已经是十二点半，不知从哪里散发出一股饭菜的香气。抬眼望去，只见刚才帮我复印资料的女员工，戴着厚厚的棉手套，翻动着在炉子上加热的饭菜。

第二次去柏林寺的时候，我已经是北京图书馆的一名员工了。1987 年 10 月，北图新馆刚落成，我和典藏阅览部的同事被派往柏林寺分馆协助搬迁。由于柏林寺库房门窗的密封条件不好，书架上的期刊已有尘土的痕迹，用手一抹，一层灰土粘在手指上，两手一拍，烟尘四起，我不由得皱起了眉头。

看到我如此表情，一位坐在矮凳上整理期刊的员工，站起身来笑着说："嫌脏啦？我们天天跟它打交道，去库房取书刊都是打着手电筒查找，出来后，人就跟土猴一样。"见他如此说，一丝羞愧的感觉涌上心头。

11月，柏林寺分馆的搬迁工作全部完成。同年年底，根据文化部指示，将柏林寺的院落、殿宇、房屋全部移交给了中央文化干部管理学院（今中央文化和旅游管理干部学院）。

柏林寺现为文旅部某单位使用。有着三十多年历史的国家图书馆柏林寺分馆早已不复存在，但艰苦奋斗的历史和热心读者服务工作的一张张鲜活、生动的笑脸，却依然留在我的记忆里，不能磨灭。

感悟篇

退休生活二三事

蔡锡明

1965 年我分配到北京图书馆工作，1999 年退休。寒来暑往，冬去春来，漫漫人生路"弹指一挥间"，几十年的图书馆生涯，俯仰之间，感触良多。今日我就退休以来的经历与感受谈及一二。

自 2008 年至 2023 年，我担任国图离退休党支部金沟河党小组长十余年，期间还兼任了几年金沟河家委会主任。我一直牢记党的宗旨"全心全意为人民服务"，把群众的需要看作努力的目标，办了些实事。作为一名党员，我在帮助别人的同时，也享受了奉献带来的快乐，更锻炼了自己，增强了党性。

国图金沟河宿舍位于西四环五棵松附近，距图书馆相对较远。有一些老同志年龄较大，身体欠佳，还有的子女不在身边，我和另外一位党小组长魏振兴同志在去馆里办事的时候，就顺便帮这些老人报销医药费。在社区服务中，我和魏振兴同志还把图书馆发给我们的"补差工资"，取二人姓名谐音设立了"为民基金"，为大家订阅《老年文摘》，给街坊四邻的红白事送些小礼品，购买节日联欢会的小食品和礼品等等。国庆节的时候，家委会还用这笔基金为金沟河居住的国图员工及遗属，赠送了家庭维修工具、电饼铛、滤水器等礼品，鼓励大家健康生活。

为了丰富老人们的退休生活，我们组织了多场不同形式的"茶话会""时事漫谈会""迎春联欢会"等活动，和大家分享图书馆动态、养生方法、国际时政以及祖国大地的新气象。有时我们还邀请

刘惠平书记参加2016年金沟河社区新春联欢会

领导参加。2016年，国家图书馆副馆长、党委副书记兼纪委书记刘惠平亲临小区"迎春联欢会"，受到大家热烈欢迎，增进了领导和群众的情谊！

我们知道，无论是送份报纸、买棵葱还是护理老人、医药费报销，件件小事都是老百姓日常生活里不可少的，也是他们最关心、最直接、最充实的利益问题。在我们宿舍区，不管是党员还是群众，职工还是家属，只要我们得知他们生病的信息，一定前往家中或医院探望，带去领导的关怀和慰问，带去同志们的惦念和祝愿！前几年去世的老支委李瑞霖曾在病床上拉住我的手说："感谢图书馆领导的关心！你们为大家做了不少好事，同志们很辛苦，我是回不去了……谢谢你们！"这简单的话语令我心中无限的沉重，也促使我更加努力地工作！

2020年10月，党小组成员、97岁高龄的老党员宋克夫同志及其老伴先后去世。在此之前，我曾多次探望这对多年患病的恩爱夫妻，劝慰宋克夫同志好好休息，早日康复。每次老人家都非常激动，说个没完。孙瑞华是国图原采编部东编组老专家孙仲明和朱秀清的大女儿，是我同座楼不同单元的老街坊。她作为孤身一人的老病号，原单位已解散，只有同样多病的妹妹偶尔来家照看，家委会多年来把她看作国图的遗属加以照顾。在她家楼房装修时，卫生间等多处出现漏水，我们与居委会等部门联系，让她及时得到有关部门的救济帮助，解了燃眉之急。

新冠肺炎疫情在武汉暴发后，很快蔓延全国各地，来势汹汹，各级党组织和广大党员干部，在以习近平同志为核心的党中央领导下闻风而动，迅速出击。成百上千架满载各种救援物资的飞机飞赴武汉，成千上万名来不及吃年夜饭的白衣战士从祖国各地汇聚武汉……可歌可泣的英雄模范事迹迅速传遍千家万户。一件件、一桩桩的事迹也深深感动了守候在电视机旁观看新闻的国图老人。我和党小组的各位成员虽不能亲赴抗疫前线，也都积极捐款捐物支援武汉灾区，这里面充满了国图老人在灾难面前勇于担当的赤诚之心和家国情怀！

疫情防控期间为了减少外出，我结合当时开展的党史学习教育，系统观看了多部电视剧，如《寻路》《南昌起义》《井冈山会师》《湘江战役》《遵义会议》《四渡赤水》《飞夺泸定桥》等等。这些电视剧丰富的内容、感人的事迹、活生生的人物形象再现了我党我军奋斗几十年取得的光辉伟绩。

在学习党史过程中，我还走进了多处红色景点，重温红色记忆，缅怀革命先烈。早在 2014 年，离退休干部处就组织党小组长来到昌黎五峰山下，重走了革命家李大钊的革命路，重温了《我的马克思主义观》。2017 年 8 月又来到昌黎烈士陵园，纪念碑庄严地诉说着当年革命的历史，再现那段峥嵘岁月。我们举手宣誓，重温入党誓词。培训中大家还重读了当年的入党申请书，令我心情极为激动，它提示我："我是一位共产党员，永远跟党走！"在北京我曾多次走进卢沟桥抗日战争纪念馆、香山革命纪念馆、陶然亭、北大红楼、长辛店二七厂等等红色景点。一座座历史遗迹、一幅幅历史照片、一件件珍贵实物，让我的思想和灵魂得到了净化与洗礼！提醒我牢记先辈们奋斗的初心和理想，不负使命，不负时代，在全面建设社会主义文化强国和实现中华民族伟大复兴的历程中发挥余热！

退休后，在起居、学习、工作的 12 平方米的"寄乐斋"中，我学习了党史，研读了习近平总书记的讲话与著作；

在这里，我书写了工作回忆；

在这里，我实现了作为志愿者的诺言；

在这里，我寄出了对革命同志的慰问与祝愿；

在这里，我为朋友送出了探望与关怀；

在这里，也为我的家人寄出了孝心与爱心；

在这里，也思虑了人生的遗憾与希望。

我，今天虽然已到了耄耋之年，但看到如此美好的今天，无比强大的祖国，我愿再活几十年，启航新征程！喜逢盛世频增寿，乐战晚年再立功！

回荡在平北红色第一村上空的歌声

段洁滨

人们常说"人，总该爱着点什么"。合唱，就是我们六名退休人员的共同爱好。是合唱把我们聚拢在了一起，是合唱把我们凝聚在了一起。退休之前，我们六人都是馆合唱团的成员，如今我们六人的平均年龄已经七十有余，但唱歌使我们受益良多：锻炼了身体，愉悦了心情，舒缓了压力，交流了感情。我们选唱的歌曲，既有近年创作的新作，也有久唱不衰的老歌，但我们的歌曲都紧跟时代，围绕生活，贴近大众，释放着时代的正能量。我们努力把每一首歌的主题展现出来，让人们听后能唤起对美好生活的憧憬和热爱。

尽管退休后我们每个人都很繁忙：需要料理家务，需要含饴弄孙，需要送娃上学，需要照顾年迈的父母……但我们都能克服困难，每周坚持练习两次。是呀，当一个人沉浸在自己的爱好里时，就会全身心投入，浑身散发出活力，这活力也会感染周围的人。古人讲"由艺进道"，有益的兴趣爱好可以滋养灵魂，使我们的精神更加富足。

当一群人为同一情感唱歌时，它所带来的震撼力远远超过一个人的独唱，它更能给听众展现出一个丰富多彩的声音画面，我们小合唱的六个人，每个人都有自己的角色和分工，四个声部通过不断的磨合练习，高音部的声音清澈洪亮，悦耳动听；中音部的声音如压仓的基石，持久稳定；低音部的声音粗犷厚重，深沉有力。整个和声效果层次分明，曲曲不同，每个声部都尽量做到与其他声部的无缝衔接，力争做到音准、节奏、节拍的一致，以达到统一和谐的音乐效果。

在每一次的演唱中，我们的小合唱总能让人难忘。合唱队组建以来，我们本着"增长音乐知识，提高演唱技巧，丰富业余生活，为时代放歌"的理念，通过一次次的练习，提高了音乐修养，拓宽了审美情趣，展示出了国家图书馆退休人员积极向上的精神风貌。近年来，我们先后参加了紫竹社区组织的一系列活动，获得了街道和社区的一致好评。

2023年5月23日，我们在紫竹社区组织的主题为"以邻为善，与邻为伴，共建美好幸福家园"的邻里节上演唱了《复兴的力量》：

滚滚长江流淌我们美好的向往，
巍巍泰山挺立我们不屈的脊梁，
中国道路无比宽广，万众一心奔向前方，
创造奇迹初心不忘，这就是复兴的力量。

我们努力通过演唱将歌曲的时代背景传达给听众，激发起听众对民族振兴的回顾与展望。

2023年9月26日，我们参加了紫竹社区组织的"红心向祖国，永远跟党走"的文艺汇演，演唱了《不忘初心》：

万水千山不忘来时路，
鲜血浇灌出花开的国度，
生死相依只为了那一份承诺，
报答你是我唯一的倾诉。
树高千尺根深在沃土，
你是大地给我万般呵护，
生生不息只为了那一份托付，
无惧风雨迎来新日出。

我们唱响的是时代主旋律，我们是在用歌声为大家讲故事。我们知道我们每一次的演出，都代表着国家图书馆，我们唱的是歌，搭建起的是与社区沟通交流的桥梁。

2024 年 2 月 2 日，在国家图书馆团拜会上，我们演唱了《天山牧民把歌唱》：

你看那绿色的草原上，

我们的牛羊肥又壮，

你看那金色的草原上，

丰收的粮食堆满仓……

我们用歌声讲述着遥远边疆的故事，讲述着牛羊遍地的大美天山。

每次公益活动，紫竹社区都给予我们很高的评价。这一次次的公益活动，为国家图书馆和紫竹社区搭建了一个互动合作的平台。通过这一次次的演唱，社区知道了国家图书馆有一个由六名退休人员组成的合唱队。这一次次的演唱，既丰富了我们的文化生活，也为我们国家图书馆争得了荣誉。

而我们不仅参与公益活动，还常常外出参观学习。

2023 年 10 月 26 日，正值北京秋高气爽的时节。这天，国家图书馆退休人员小合唱队的孟祥成、郝守真、曹宝惠、王渡、段洁滨、王来祥和手风琴伴奏员金恒肇一行 7 人，在紫竹院街道紫竹社区的组织邀请下，随团来到延庆区大庄科镇平北红色第一村沙塘沟村参观学习。

沙塘沟村地处崇山峻岭的燕山山脉深处，它是由明朝边疆军户后代组建的一个古老村落。这里山清水秀，世代男耕女织，晴耕雨读。驱车来到村口，极目所见皆为绿树掩映，漫山遍野四处花果飘香。村子坐落在一个"入"字形的山坳里，村民大都居住在北山，民居都是"后山靠，前山照，'入'字山脉村口抱"。家家旧宅土炕，门楼老样，小村 80 多户 200 多人。

都说秋天是北京最美的季节，春去秋又来，山花遍地开。秋天，在王勃的笔下是"落霞与孤鹜齐飞，秋水共长天一色"，在李煜的笔下是"山远天高烟水寒，相思枫叶丹"。秋天的故事写在落叶里，红色的故事写在沙塘沟的村史里。

1937 年 8 月，日本侵略者占领了昌平和延庆，大庄科乡（当时的行政机构是乡）也陷入日本侵略者的魔掌中。

1938 年 5 月，大庄科乡沙塘沟村成立了北平以北地区的第一个农村党支部。此后，抗战烈焰漫燃乡间，进军号角响彻田野，平北人民以血肉之躯铸长城，这里成为平北地区第一个农村抗日战斗堡垒村。池塘沟村也被誉为"平北红色第一村"。

战争年代，老区人民同日本侵略者进行了艰苦卓绝的斗争，游击队后方支援前线，妇救会为战士们送军粮、做军鞋、缝补军装，儿童团站岗放哨，村民团结一致抗击日寇，为抗战胜利做出了自己的贡献。

"忠骨埋北山，缅怀一年年"，为了牢记抗日先烈，让后代永远铭记历史，这里建起了一座红色教育纪念馆。

2023 年是抗战胜利的第 78 个年头，硝烟虽已逝去，但每当回忆起那个战火纷飞的年代，依然让今天到此参观的我们热血沸腾。

听完讲解员的讲解，看过一幅幅拔碉堡，埋地雷，杀敌人的图片，我们心潮澎湃，回味无穷，走出展厅，来到纪念馆前面的广场，在手风琴的伴奏下，我们为前来参观的人们唱起了《游击队之歌》：

> 我们都是神枪手，
> 每一颗子弹消灭一个敌人，
> 我们都是飞行军，
> 哪怕那山高水又深……

唱着这首抗日歌曲，我们不禁想起烽火连天的岁月和奋勇杀敌的游击队员们。我们知道，只有将情感与歌曲融合在一起，才能打动听众的心，抒发自己的情。这首老歌就像是历史的见证者，让听众感受到了那个年代不屈的民族精神。

接着又演唱了电影《少林寺》插曲和其他几首歌曲：

少林，少林，

有多少英雄豪杰都来把你敬仰，

有多少神奇故事到处把你传扬……

一首首经典老歌、一曲曲动人旋律回荡在山谷之中。纪念馆前的小广场三面环山，不是很开阔，但是很笼音。今天来沙塘沟村参观的人很多，除本市各街区组织的人员和本村的村民外，还有从河北几所高校来的大学生。我们的歌声在空中飘扬回荡，深深感染着前来参观的人们。或许是歌声触及了参观者的心灵，或许是歌声引起了参观者的共鸣，大家听到歌声后，都不约而同地聚拢在我们周围。他们有的跟着歌声一起轻声哼唱，有的打着拍子随声应和，有的端着相机环绕拍照，有的现场制作着小视频随时发给亲朋好友，人群中不时响起一阵阵掌声。听完我们的演唱，有位听众轻声说："你们四个声部和声鲜明，既有交流，又有共鸣。你们唱的是激情，我们听的是享受。"另一位听众竖起大拇指说："专业团体的演出咱没机会看，但你们今天的演唱确实很棒，为你们点赞。"听了陌生人的夸奖和赞叹，我们觉得付出是值得的。大家的认可对我们是鼓励，是鞭策，也是我们继续前进的动力。

那天，山谷里久久回荡着我们缅怀英雄的歌声，沙塘沟，永远留在了我们的记忆中。

"树树皆秋色，山山映余晖"，返程的时间到了，看着这远山近水和散落在山坡上的石板瓦房，大家久久不愿离去。汽车徐徐启动，我们沿着崎岖的山路缓缓离开了沙塘沟。我们虽然走了，但我们的歌声永远留在了沙塘沟的山坳里，留在了平北红色第一村的上空。

为庆祝建馆 115 周年，近期，我们又投入到了新一轮的紧张排练中，尽管忙碌，但心中很快乐。

我们虽然都已退休，但我们有追求的新目标，有对生活的新感受。合唱，让我们的精神变得更愉悦，生活更充实。

我们合唱队 50 后占多数，50 后年龄最大的已经 74 岁，最小的也 65 岁了。我们之中年龄最大的已经 80 出头了，可以说我们都已经不再年轻，但"总有人间一缕风，圆我十万八千梦"。圆我们十万八千梦的这缕清风，就是歌唱。愿美好的歌声与我们相伴，使我们年轻，使我们蓬勃向上。

心心不忘的歌声，念念不忘的回忆

——我的合唱团生活回忆

段洁滨

　　1982 年，文化部和中国合唱协会共同举办了首届"北京合唱节"，这是改革开放之后北京群众合唱事业的肇始和发端。1986 年的第二届"北京合唱节"，成为北京标志性的群众合唱活动，也是合唱艺术的一次盛会。此后，文化部制定了"以大力发展群众业余合唱事业为主"的方针。在这样一个时代大背景下，1989 年，我馆合唱团成立，最初的名字叫"北京图书馆青年合唱团"，1998 年后随着北京图书馆更名为国家图书馆，合唱团也随之更名为"国家图书馆合唱团"。2019 年恰逢我馆合唱团成立 30 周年，这 30 年来，合唱团唱过很多歌，这些歌就如同一条线，串起了我的青春芳华，也串起了我的满头白发。

　　歌曲承载记忆，歌声记录历史。在合唱团唱过的许多歌，让我们在不经意间想起那些人，那些事，那些时光……一首首歌如同一个个故事飘荡在我们的生活中，那些我们曾经唱过的歌，都从一个侧面记录了我们的生活。每当我轻声唱起那些曾经唱过的歌，不但会想起每一首歌悠扬的旋律，更重温了岁月的过往。是呀，合唱团成立 30 年以来，我已经记不清到底唱过多少歌了，既有歌唱祖国的时代最强音《共和国之恋》《中国进行曲》，也有抒情歌曲《时间都去哪儿了》；既有俄罗斯民歌《太阳落山》《在森林那一边》，也有美国乡间民谣《雪绒花》《故乡的亲人》；既有乌孜别克族民歌《掀起你的盖头来》，也有《半个月亮爬上来》。这些不同风格的歌曲都给我留下了深刻的印象。或许，每个人的心中都有属于自己的歌，但最让我念念不忘的，还是下面这几首歌。在这些歌中，有记录中关村巨变的，成了改革开放的注脚；有记录抗战岁月的，成了爱国主义教育的材料；有讴歌祖国伟大复兴的，成了激励民族奋进的号角；还有美如夏花的唐诗宋词，成了延绵中华古典文化的纽带……所有这些歌，无疑都成了我生活中的独特记忆。

一、科技之光，情洒中关村

在合唱团成立的早期，我们曾经唱过一首《情洒中关村》，虽说这不是什么大歌，流传也不是很广，但却给我留下了深刻的印象：

成长在这里/理想在这里/耕耘在这里/收获在这里/情感在这里/爱心在这里/吃苦在这里/受累在这里/我们把一生的希望都寄托在这里/中关村的村民啊/日夜奋斗在这里/为了幸福的未来/创造着人间奇迹……

歌声飘过岁月，岁月在歌声中流淌，悠扬的歌声铭刻着时代的印记，也展现着生活的斑斓图景。虽说改革开放初期，中关村的许多往事我早已遗忘，但每当我重新唱起这首《情洒中关村》，就会想起中关村大街两旁的大杨树，就会想起沿街一排排低矮的平房。40年前的中关村还是一片郊野，散落的农户与河道田野为邻。经过40年的发展，中关村成立了第一个国家级高新技术产业开发区，中关村的发展模式为海内外所瞩目。这里聚集着思想最为活跃、视野最为开阔的科技队伍。

我们图书馆人既是中关村巨变的亲历者，也是建设者。我们目睹了从白颐路到中关村南大街的变迁，我们曾不分昼夜地为中关村的科技人员服务，为他们查找所需要的文献。正是中关村的快速发展，使其成为中国改革开放的前沿，成为中国高科技的一面旗帜。为此，作为国家图书馆的员工，今天我们仍然感到无比的欣慰。

如同耸立在中关村大街上的"生命，献给新技术开拓者"的雕塑一样，中关村精神必将辐射全国、影响世界。

二、太行山上，铁壁铸铜墙

红日照遍了东方/自由之神在纵情歌唱/看吧 千山万壑 铜壁铁墙/抗日的烽火燃烧在太行山上/气焰千万丈/听吧 母亲叫儿打东洋/妻子送郎上战场/我们在太行山上/山高林又密/兵强马又壮/敌人从哪里进攻/我们就要它在哪里灭亡……

每年的抗战胜利纪念日，我都会想起这首我们合唱团唱过的歌曲，就会重温那段艰苦卓绝的艰难岁月。中国人民抗日战争的伟大胜利，开辟了中华民族伟大复兴的光明前景，开启了古老中国凤凰涅槃、浴火重生的新征程。歌曲《在太行山上》，犹如火山喷发，给战火中奋起的军民以力量和希望。歌曲铿锵有力，生动刻画出了在高山密林中抗日战士的形象，是抗战时期合唱创作中的经典作品，可以百年传唱，经久不衰。

抗战胜利是近代中国抗击外来敌人侵略的第一次完全胜利，彰显了我们党中流砥柱的作用，促进了全民族的觉醒，中华民族从此开始走向复兴。我们不能忘记那一段饱含艰辛的抗战史，不能忘记那些激励无数中国军民抗战的歌曲。越是和平年代，我们越要牢记当年为祖国解放流血牺牲的英雄，对他们致以崇高的敬意，越应该以更加饱满的热情来建设我们的祖国，使任何敌人不敢再生觊觎之心，这便是对先烈的最好纪念，所以我们有必要重新唱响抗战歌曲，以此来激励我们更好的前行。抗战是扭转民族命运、再造民族灵魂的内在力量。今天，我们要重新认识抗战精神对中华民族的意义，振作精神，教育后代，不忘过去，牢记历史，把我们国家建设得无比强大。

三、花满井冈，杜鹃花盛开

2001 年合唱团演唱了歌曲《花满井冈》：

井冈山峰高入云/井冈泉水流不尽/山含笑/水含情/井冈花开唱亲人/杜鹃花开满山崖/毛委员深入群众搞调查/同坐一条枫石凳/同饮一壶井冈茶/人民心中播春雨/催开万朵革命花……

井冈山革命根据地的建立，使我们党走上了农村包围城市，武装夺取政权的正确道路。每当唱起这首歌，我就会重温那段历史：1927 年，毛泽东率领经"三湾改编"后的秋收起义部队登上井冈山，实行工农武装割据，创立了第一个农村革命根据地。之后，朱德、陈毅率领南昌起义部队和湘南起义农民军到达井冈山，与毛泽东领导的工农革命军会师，合编为工农革命军第四军。1928 年以后，工农革命军改称为中国工农红军。当敌军调动重兵围攻井冈山时，军民只能以野菜充饥，稻草御寒，在这样艰苦的条件下，人民军队却以星星之火成了燎原之势。每当我想起今天安宁的生活，就会轻轻唱起这首旋律优美的歌曲《花满井冈》。

1965 年 5 月，毛主席重上井冈山，写下了"久有凌云志，重上井冈山，千里来寻故地，旧貌变新颜"的诗篇，毛主席视察了巍峨险要的黄洋界，随后目光凝视远方，亮出内心的忧虑："千百万革命先烈用鲜血换来的人民江山，会不会因为我们队伍里滋长特权思想而改变颜色呢？"这是继 1945 年论说跳出"兴勃亡忽"历史周期率、1949 年提出"进京赶考"后的延续，"赶考"成为具有特殊意义和深远历史影响的话题。

那么，如何交出一份让革命先烈满意的答卷就成了摆在执政党面前的一个严峻课题，值得我们思考。

四、惊涛拍岸，卷起千堆雪

中华传统文化是我们民族文化的精髓，唐诗宋词闪耀着瑰丽的光芒，历经千年而不朽，给世人以丰富的精神滋养。2018 年，在国家图书馆艺术节上，我们合唱团演唱了苏轼的《念奴娇·赤壁怀古》：

> 大江东去，浪淘尽，千古风流人物。故垒西边，人道是，三国周郎赤壁。乱石穿空，惊涛拍岸，卷起千堆雪。
>
> 江山如画，一时多少豪杰。遥想公瑾当年，小乔初嫁了，雄姿英发。羽扇纶巾，谈笑间，樯橹灰飞烟灭。故国神游，多情应笑我，早生华发。人生如梦，一樽还酹江月。

每当我唱起这首字字珠玑的《念奴娇·赤壁怀古》，就有一种旧梦重温的感觉："大江东去，浪淘尽，千古风流人物。"我仿佛看到了汹涌奔腾的长江，看到了远逝的千古风流人物，看到了作者触景生情的感怀。我的心仿佛一下子从惊涛拍岸的壮景中回首到了千古兴亡的历史长河中：陡峭的悬崖，惊人的巨浪，拍岸的浪花，似一堆堆白雪，展现出一幅惊心动魄的画面。

唱到"羽扇纶巾，谈笑间，樯橹灰飞烟灭……"一句时，我又仿佛和苏轼一起游历了一次赤壁古战场，体验了一场烽火连天的厮杀，看到了周瑜指挥三军，手摇羽扇，头戴青丝巾，谈笑之间，敌军的船队顷刻间灰飞烟灭的场景。

苏轼一生坎坷，壮志未酬，功业未就，多次遭受贬谪，但在挫折中却始终保持着不变的信仰，将家国情怀作为心中的图腾。我们不禁为古人命运的多舛而感慨，从而也更激发起了我们的家国情怀。

在人们的观念中，"诗庄词媚"之说延续久远，词多以青春爱慕、离愁别恨为主题，以含蓄婉约、轻柔曼妙为正宗，而豪放派的开拓者苏轼第一个拆除了"诗庄词媚"的藩篱，丰富了词的意境。他的这首《念奴娇·赤壁怀古》不愧是豪放派的千古绝唱，此词一出，便以"一洗万古凡马空"的气象，在盛行缠绵悱恻之风的北宋词坛引起轰动，词中赞美了祖国江山的壮美，也赞美了千古英雄人物。

通过对《念奴娇·赤壁怀古》的一次次的演唱，我似乎感觉到了苏轼笔锋上的渴望，感觉到了他的豪放只有弹着铜琵琶、敲着铁绰板的关西大汉才能完美地演绎出来。

苏轼的家国情怀，我们永远铭记。

五、万水千山，最美中国路

> 万水千山不忘来时路/鲜血浇灌出花开的国度/生死相依只为了那一句承诺/报答你是我唯一的倾诉/树高千尺根深在沃土/你是大地给我万般呵护/生生不息只为了那一份托付/无惧风雨迎来新日出/你是我的一切我的全部/向往你的向往/幸福你的幸福/不忘初心 继续前进/万水千山 最美中国道路。

2018年是中国改革开放40周年，届时，我们唱起了这首《不忘初心》，习近平在庆祝改革开放40周年大会上的讲话中指出："改革开放使中华民族迎来了从站起来、富起来到强起来的伟大飞跃，中国特色社会主义迎来了从创立、发展到完善的伟大飞跃，中国人民迎来了从温饱不足到小康富裕的伟大飞跃。"是呀，实现中华民族伟大复兴是一场接力赛，每一代人都要力争为下一代人跑出一个好成绩。每当我唱起《不忘初心》这首歌，就会有"诵之如行云流水，听之如金声玉振"的感觉。歌曲旋律悠扬，歌词暖心，令人有一种与时代共鸣的感觉，"树高千尺根深在沃土，你是大地给我万般呵护"，大气恢宏的旋律，凝聚着中华儿女对祖国的热爱和祝愿，是新时代中国人民努力奋进的新篇章，今日的中国已经扬眉吐气地屹立于世界民族之林。

　　每一首歌都如同是时代的映像，它的思想内涵和艺术魅力都来自特定的时代精神。正如古人所说"饥者歌其食，劳者歌其事"。近几年，合唱已经成为退休员工最具参与性的大众文化活动。你若把唱歌当休闲，它就欢颜了你；你若把唱歌当锻炼，它就强健了你；你若把唱歌当表演，它就绽放了你。是呀，每一个不放声歌唱的日子，都是对生命的辜负，所以不论我们有多忙，都要抽出时间来合唱团放声歌唱。

故地重游有感

韦聪英

1963 年我到北京图书馆工作，1987 年到白石桥新馆工作。二十余年，我对坐落于文津街的这栋建筑感情极深。

2017 年早春，我提出想回图书馆游览一次，那是我生命中最重要的工作的地方，也是我人生成长的地方，这一次也可能是我最后一次旧地重游了，我怀念她！

韦聪英在文津楼前

那年 4 月，在老伴和三个女儿陪同下，我游览了曾在国图工作过的地方，看着文津楼这一充满古典气质的建筑，看到绿琉璃瓦的重檐庑殿顶，看到汉白玉的栏杆和高大华表，我十分兴奋。一进门，我便看到了衣帽柜，经过那么多年依旧发挥着它的作用，我高兴地和家人说："这柜台还是原来的，是从菲律宾进口的。"正当我兴奋地和家人说笑的时候，突然注意到门口的布置和我印象里不太一样，似乎缺了点什么。

这时我看到一位中年男士刚好走过来，便问他："门口一对小象哪里去了？五十多年前，我们每天都在白玉石雕的小象背上坐着休息呀。"他说那对小象现在是镇馆之宝，已被收放在仓库里，我只好叹息，不能再骑着它休息，忙里偷闲，享受一下午后阳光了。

我们先去参观原来的善本阅览室，如今改成办公室了，1968年"文革"期间，我们40多位女同志，为了不耽误工作，也为了保护各类馆藏，在这水泥地上睡了两个月，外借组长怕自己夜里起来会吵到大家，主动要求睡在门口。

我又到大阅览室参观，台灯没有变，大立柱没有变，柜台没有变，但座椅变小了，桌子也和以前不一样了，或许是时过境迁，旧桌椅已不能使用，只能仿造成原来的模样吧。我感觉阅览室原来很大，但现在变小了，也许是因为我们看过的大城市、大景观多了，所以感觉它变小了，实际上，它还是按照原样修缮的。作为北平图书馆旧址的文津楼2006年被认定为国家重点文物保护单位，由国家文物局保护，孩子们都说我能在此工作是一生的幸福。

到大书库门前，我又发觉有什么东西好像变得不一样了，便问在场的一位年轻人："书库的铁圈门哪里去了？"他说换新的了。也是，那么多年也该重修了，当然该换国产的新门。当年我工作时，曾是书库的负责人，如今退休后，按规定我已不能再进入。我略带怀念地告诉这位年轻人，当时后楼地下二层放古籍，值夜班时有的小姑娘胆子小，害怕地下室过于安静冷清的气氛，不敢去，都是我替她们去的。

在图书馆里转了一个半小时，我们才意犹未尽地离开。以前我们站在书库后面楼上，从窗户望去，就能看到北海公园的景致，看到解放军总政治部的办公大楼。它们现在依然矗立在那里，但站在楼上的人早就换了好几拨，不知道后来的年轻馆员还会不会和我们一样远望这些风景？

我们来到北海公园福寿堂，这是清朝乾隆为其母庆生日所建造的大堂，金碧辉煌。我和女儿们说，以前这个大厅也是我们书库用来放书的，有时我还来查看，当时派大书库工作人员段连魁在此居住并看护图书呢。

在春暖花开的好日子，旧地重游，令我非常感动，感谢老伴和孩子们，也感谢好时代，让我能够安享晚年，过上四世同堂的好生活，也能看到国图越来越好。

八旬之年忆往昔

姜炳炘

在以习近平同志为核心的党中央坚强领导下，我们正在全面建设社会主义文化强国，中华民族伟大复兴正处于千载难逢的关键时期，国家图书馆也迎来了 115 周年华诞，迈入了事业发展的快车道。抚今思昔，作为一个年逾八旬的老同志，我真是激情澎湃，百感交集。

我小时候由于家中兄弟姐妹众多，加之外来亲戚陆续到我家寄

姜炳炘工作照（1993 年 9 月 3 日）

居，家庭经济状况日益陷于困境，有时竟连一日三餐也难以为继。我的母亲于 1952 年癌症复发，重病在身，难以救治，我只得日间跟随一位老伯，沿街兜售家里自制的食品调料，晚间抽空上夜校。我自幼酷爱读书，但出于无奈也只好为家计做些力所能及的事。当然，这也在另一方面锻炼了我吃苦耐劳的品格。在党组织的关怀下，我才从困境中见到了光明。当时新中国成立不久，国民经济尚未完全走上正轨，国家总的财政状况还未完全恢复正常，但党和人民政府为了使家境困难的青少年得以接受学校教育，仍千方百计地从窘迫的财政收入中挤出经费，帮助像我这类学子正常入学，接受教育。

当时大中小学均设有甲、乙、丙三等人民助学金制度。根据困难学生的家庭情况，分别发给数额不等的人民助学金。经过组织上深入调查，批准我享受甲等人民助学金，不仅免去全部学杂费，还可保证我一日两餐在校就餐。从 1951 年下半年起，我得以从市北中学夜校转入日校学习。从此之后，我从初中二年级直至大学毕业（五年制），一直接受甲等人民助学金的资助，前后整整十年。我的求学生涯正是在党的关怀下得以完成的。如果没有党的人民助学金制度，我哪能上完中学，更遑论进入高等学府，接受正规的专业教育了。作为一名党员，不仅要有党性，也应该拥有良心，党的关怀和培养理所当然地使我永生铭记不忘。

1960 年，在我们还剩一年即将毕业走上工作岗位之际，学校组织从我们这班学生中选拔了部分学生提前毕业留校担任外语教员，并发给适当工资。1961 年接到高教部通知，凡提前毕业的学生一律返校学习，修业期满后参加全国统一分配。我于 1961 年 9 月分配到了文化部。不久即由部里分配到北京图书馆工作。我先后在"联合国资料组""科技文献编目组""北图专科学校""外文采编组""国际交换组"和"外文书刊采选委员会"等十余个部门工作，从而对国图的采、编业务获得较系统的知识，加深了我对图书馆事业在社会主义文化建设中的作用的体会和认识。正如我馆老馆长任继愈先生所言："图书馆既是人民学习知识的海洋，也是培养社会主义精神情怀的殿堂。"

1979 年"文革"结束后，我馆对外交流日趋增多，馆里委派我陪同副馆长丁志刚远赴澳大利亚参加亚太地区国家图书馆馆长会议，由我担任馆长秘书兼英语口译。这是我平生第一次走出国门和担任口语译员，虽说任务艰巨，但我深感这是组织对我的信任和重托。1982 年 1 月至 1983 年 1 月，北图党委又选派我作为交换馆员，与另一位同志赴澳大利亚国立大学图书馆系统学习国外图书馆工作经验，亲身参与该馆中文图书的采编工作，适时参加该校某些英语课程。这一年的工作和学习，使我在业务上扩大了视野，也加深了我对中外文化交流必要性的认识。

回国后次年，组织上委任我为外文图书采编部副主任，主管外文图书的采选工作，我从此由一个图书馆工作人员转为业务管理人员。当年 9 月，部处党支部大会集体讨论通过了我的入党申请，次年转正，终于圆了我多年争取入党的夙愿。这也促使我要以一名党员的标准严格要求自己，努力工作。

1984 年，组织将我调出外文采编部，改任报刊部主任，肩上的担子加重了，唯有恪尽职守，把工作做好才不致辜负党的鞭策、信任和培养。1988 年，又让我兼任 ISDS 中国国家中心主任，与前任主任同赴巴黎参加该国际组织第 19 次全体大会，会间经选举，就任中心第七、第八次理事会理事。1989 年 1 月，经文化部批准，我被评为国家图书馆研究馆员。1992 年，文化部颁发给我政府特殊津贴证书。在国图工作期间，我曾因公出国十余次，访问考察欧洲、北美和东南亚等 12 个国家图书馆的业务工作，单位又多次让我担任我国国家领导人在人民大会堂接见外国图书馆代表团团长的口译工作。这不仅是我个人的荣誉，也充分反映了组织对我的高度信任和深切关怀。

1996 年，第 62 届国际图联大会（IFLA）在北京召开。我经单位推荐担任中国组委会秘书长助理，并具体负责国际同声传译队伍的招聘和数以百计的大会志愿人员培训。任务虽很繁重，但我的心情始终是愉快的，自认为对所负职责是兢兢业业的。直到大会圆满落下帷幕，我才推迟一年从工作岗位上退下来，过起了晚年幸福的退休生活。

2024年是国家图书馆建馆115周年，距离习近平总书记给国图老专家回信已经5周年了。我个人的重要成长是在图书馆完成的，也经历了图书馆事业快速发展的时期。回想起在图书馆的工作，教学员英语、陪同领导外事访问、外文图书采编，这些工作都发挥了我的外语专长；图书馆业内培训、参加国际会议、作为交换馆员到国外图书馆工作，又增加了我图书馆学的专业知识；更重要的是，我在图书馆成为一名党员，多年的心愿得以实现。可以说是共产党和图书馆成就了我，我万分感激！如今离我退休也要28年，每年都会有同事和领导过来看我，我深表感谢，也为图书馆发展成就感到由衷的高兴和自豪，也衷心祝愿国家图书馆在新的百年取得更大的辉煌！

文津街 7 号的往事回忆

金颖逮

  在 20 世纪 60 年代，坐落于文津街 7 号的北京图书馆，即现在的国家图书馆古籍馆，可以说是北京的一座地标性建筑，一座蕴藏着文化、历史底蕴的地标建筑。1901 年清政府被迫签下丧权辱国的《辛丑条约》，向列强赔款白银 4.5 亿两，史称"庚子赔款"。庚子赔款本就是帝国主义列强对中国的空前巨额勒索，有很多虚报成分。从 1905 年起，中国即与美国有关方面交涉退还赔款。1924 年 5 月，

北京图书馆旧照

美国国会通过议案，将赔款的多余部分退还给中国，用于中国教育文化事业。基于这些"退款"，时称"国立北平图书馆"的绿琉璃瓦殿顶、绿色柱身的仿古建筑在1931年落成，从圆明园迁移来的华表，使它体现出了历史的沧桑感，这座建筑的落成更极大地促进了中国近代图书馆事业的发展。

在信息技术不发达的年代，书籍报纸是获得信息的主要载体，文、理科的知识都要从书籍中得到。而这里有着宏富的馆藏，有古籍善本、金石拓片、殷墟甲骨、名人手稿、中外报刊、缩微平片等等，所以，当时的北京图书馆就是真真切切的"知识宝库"。1979年，中央新闻纪录电影制片厂通过纪录片《知识宝库》，向社会介绍了北京图书馆的部分馆藏以及业务。在这部片子里，我还看到了很多馆里的老师傅。

北图一隅

我第一次作为读者来北京图书馆是1966年11月，正值"文革"开始，北京图书馆打开大门接待读者，在喧闹中还大家一片安静学习的氛围，实属难得。记得那个时候我最喜欢看鲁迅的著作，如

《呐喊》《彷徨》，还爱看范文澜著的《中国通史简编》，到今天为止我依然以这部书为"蓝本"看中国历史。当时，北京图书馆第一阅览室的书架都是由楠木做的，木香和书香飘满阅览室，更加重了学习氛围，与当时的社会环境形成强烈反差。在那个时代，能领到一个座位号是很不容易的，很多读者为了多看会儿书，中午都不回家休息，一整天都泡在阅览室里，也是一件很享受的事。现在我仍旧保留着一张当年北京图书馆的索书单，这张薄薄的纸上承载的是我厚重而美好的回忆。

北京图书馆馆内阅览索书单　第一联
196 一九六七月十月卅日　时　　分

姓名	阅览证类号		座位号
书号	著者		
	书名（多卷书写明卷册数，期刊写明年月卷期）		
册数			

未取出原因：	借出	有人看	装订	原缺	未找到	错号	单本	经手人

北京图书馆馆内阅览索书单

1985 年，我怀着对北京图书馆这一知识殿堂的崇敬之心，拿着"调令"从原单位的教育科前来报到。那个时候人事调动流程复杂、手续繁多，所以我能调到北京图书馆是件很幸运的事，这里也是我梦寐以求的地方。

曾有人说"我如鱼，书如水，国图如海"，我来到图书馆上班的第一天也有同感。我一开始被分到报刊部工作，主要工作内容是对日文期刊粗分、记到、上架，记得当时老员工们平均每天的工作量约为250 册，但我一天能完成 1000 多册。后来我被分到了阅览室做读者服务工作，最后也从典藏阅览部退休，结束了作为图书馆员的职业生涯。

初到报刊部，有一天，我正在忙着记到，组长让我去西边办公

金颖逯旧照

楼一趟。我到了一看，有两位老主任坐在那里，一位是报刊部主任严城，另一位是副主任李镇铭。这两位老人身板挺直，透出军人风度。严城主任据说是1949年后一直当报刊部主任，在解放战争中是一位解放军的团长，另一位李镇铭主任曾经是军队搞火炮技术的专家。被叫来的还有和我一块调来的朱大南等几位同志，李主任给大家介绍了一下北京图书馆的整体布局和报刊部的馆藏，大家都兴致勃勃地听着李主任的"岗前培训"，这场培训气氛轻松，但我们每个人都专心致志。

李主任顺手拿出一张巴掌大的"平片"，只见上面密密麻麻地排列着一个一个小白框，他告诉我们，这是书籍报刊的缩微平片，在收藏老报刊时起着节省空间的作用，大家好奇地看着这从未见过的胶片，更觉得北京图书馆馆藏浩瀚。

还有一次培训让我记忆颇深，那就是古籍专家李致忠先生给大家讲述古籍版本知识。我第一次听说浩繁的线装书古籍有这么多的版本、贵贱之分。我还知道了在这座知识宝库当中收藏着价值连城的宋元刻本书，大名鼎鼎的《永乐大典》《四库全书》，大量的殷墟甲骨，还有《赵城金藏》、敦煌遗书等镇馆之宝。尽管我还没有眼福看到这些宝贝，但内心已经产生了自豪感。李先生的古籍版本知识讲座内容相当丰富，使我们这些刚到馆的新人眼界大开。记得那次讲座是在院内一个板房教室里进行的，那天天气很热，教室的风扇一边转，我们一边用本子在身边扇风，但大家听课的兴致一点都没有减少。这次培训使我对古籍善本有了钻研的兴趣，也对北京图书馆有了更深的了解。

来到馆里工作以后，我阅读书籍更方便了，馆里给我们办了一张"北京图书馆个人借书证"，那时北京图书馆的借书证还很难办到，拥有这个待遇是非常令人羡慕的。书如海，我如鱼，爱学习的人在书海的环境里简直就是如鱼得水，而我也在这个如鱼得水的环境里增长了学识和智慧。

个人借书证

我一直觉得，图书馆的同事之间充满了互助、友爱的气氛，这种和谐气氛是我对北京图书馆的第一印象，一个和谐的工作氛围是多么令人向往。回忆是一件甜美的事情，现在我还珍藏着一张当年的借书单，虽然已经离开岗位许多年，但每当我看到它的时候，那些往事的记忆就会浮现出来。

北京图书馆工作人员借书单			85年 11月 28日			
借书人姓名	金颖逯			借书证号码	1467	
书号 W A256 1		书名 水肿				
期刊写明		年	月	卷	期	
未找到原因	装订	原缺	未找到	有人看	借出	错号	单本

金颖逯借书单

我和国家图书馆的缘分

李恩奉

　　大凡世间万事万物都有些缘分，因缘而聚。有一句老话说：有缘千里来相会，我和国家图书馆就有缘分。

　　我是 1957 年从老家山东跟随父亲迁到北京的，刚到北京时就读于北京市西城区大翔凤小学。1960 年我小学毕业考入北京十三中，

李恩奉旧照

当时学校在北海后门的李广桥大街。我首任班主任是刘心武先生，他教我们语文课。刘先生每每在语文课堂上侃侃而谈，从开讲到下课都不停息，而且循循善诱，词汇用语十分到位，从上课到下课班上同学没有一个说话的，都在仔细地聆听刘老师讲课。当时我就想："刘心武先生怎么这么有学问啊。"

北京十三中在北海后门，而国家图书馆（当时叫北京图书馆）在北海的前门，两地只隔了一个北海的距离，相距不是很远。

记得1960年某一天，刘心武先生带领我们班学生到北京图书馆参观。尽管北图与北京十三中近在咫尺，但作为刚考入中学的我来说，还是第一次参观。刚一到北图，那气势恢宏的仿古建筑一下子就把我给镇住了，我惊叫道："这和宫殿一样气派啊。"特别是北图那古色古香的琉璃瓦重檐屋顶，以及门前那一对高大威武的石狮子，让我这个刚从乡下来城里的农家小子真是大开眼界。

刘心武先生请来了一位个头不高、身材微胖的老者给我们讲了北图的历史。老先生不紧不慢地娓娓道来，他说：北京图书馆成立于清朝时期的1909年9月9日，当时叫京师图书馆。清末由于外敌不断侵略，整个国家都陷于动荡混乱的局面，到了北洋政府统治时期，由于社会不断变革，馆址也不断变动，藏书损失惨重，馆舍从什刹海的广化寺迁到方家胡同的国子监南学，后迁到中南海的居仁堂。1928年京师图书馆改名为国立北平图书馆，1937年7月7日卢沟桥事变，日本帝国主义全面侵华，国立北平图书馆沦落日伪之手，国难之痛至此尤重。1945年日本投降后又经历了三年内战，直到1949年1月北平和平解放，北平图书馆才真正回到人民手中，结束了40多年苦难岁月。新中国成立后，国立北平图书馆更名为北京图书馆。最后，老先生感慨道："北京图书馆的荣辱兴衰与国家的命运息息相关啊！"他鼓励我们这些中学生一定要好好学习，努力掌握好科学知识，为伟大祖国做贡献，当好接班人。

老先生的讲话迎来了同学们经久不息的掌声。最后在老先生带领下，我们紧跟刘心武先生参观了北图藏书库，那一排排整齐码放的图书让人不禁感叹道：这里真是书的海洋啊！书是什么？书是知识，是历史，是宝藏啊！只有充分掌握好图书资源，利用好各种科学知识，国家才能强盛，人民才能幸福。

此时我脑海里突然闪出了一个念头："等我长大了，如果能在图书馆工作，那该多好哇。"这个念头一直萦绕我心头，是我的梦想。

1963年我初中毕业后考入了北京地质学校。那是地质部创办的一所中专学校。1967年我从地质学校毕业后，分配到祖国大西北从事野外地质普查和勘探工作。尽管风餐露宿，生活极艰苦，可我从不后悔，因为我也为伟大祖国做出了我的贡献。我和我的同事们在大西北找出一个大型石墨矿、一个大型云母矿、一个大型煤矿、一个中型水晶石矿、一个中型金矿，我们为能向国家找出那么多矿产资源而感到自豪。

我为祖国的矿产勘探事业奋斗着，但北京图书馆那高大华丽的建筑，以及图书馆中那浩如烟海的图书却时时令我魂牵梦萦，我和图书馆的缘分没有消失，那份美丽一直镌刻在我的心头。俗话说：念念不忘，必有回响。我盼望已久的好事终于来了。

那是1988年春天，我老伴当时在航天部一院工作，根据航天部新制定的解决夫妻长期两地分居政策，我顺利把户口迁回了北京。老伴高中时的同学当时在北京图书馆上班，于是老伴托她把我的简历材料转交北图。几天后，馆里通知我到人事处面试。我赶紧去了馆里，人事处的同志问了我的个人、工作及家庭情况等，同时他们也问起了我在地质队的经历。不出一个星期，人事处通知我到北图报到，听到这美好的消息我大为高兴，理想终于成真了！当天晚饭我喝了半瓶北京二锅头酒，话也多了，又唱起了《美丽的草原》这首蒙古族歌曲，说话的声音也大了，吵吵闹闹，我老伴也高兴地说："我们家的大老李高兴得快要疯了。"

到了北图，领导安排我到善本部少数民族组，我想大概是我长期在大西北搞地质，和少数民族同胞接触得比较多，了解民族风情吧。到了民族组后受到了组里同志的热情欢迎，老同志有黄明信、李克聪、王梅堂、谢淑婧、申晓亭等诸位老师，望着他们文质彬彬的样子，我对他们充满了敬仰，他们都是我的老师。

北图少数民族组有蒙古、藏、哈萨克、朝、回、彝等民族的同志，尽管他们当中有的还很年轻，可要论图书馆业务水平他们都比我强好多，我都应向他们虚心学习，要知道我原来从事的地质专业和图书馆专业完全是两码事。组里安排我从事民族文字期刊和报纸的分类管理及阅览工作。刚开始见了那一百来种民族文字的期刊报纸我一头雾水，根本不知从哪儿下手。在组长彭学云和组里同志的大力帮助下，又请了报刊部中文期刊组的同志，对这些期刊进行了分类，但我还是一知半解。正当我发愁时，机会又来了，1990 年我馆和首都职工联大联合创办了一所图书馆专业的大专班，组里老同志谢淑婧竭力鼓励我报名参加。我报名通过考试又当起了职工联大的学生，经过近两年学习，我通过了共计 13 门课程，收获了大专毕业证。

通过两年的专业系统学习，我的业务水平也有了很大提高，大多图书分类我基本上都能掌握，再也不会为图书和期刊分类而发愁了。

人生如梦，日月如梭，转眼到了 2005 年我退休的日子。没办法，年岁到了，不想离开国图也不行啊，到岁数人都得退休啊。刚退休那几天，我心情十分沉重，也时常烦躁，在家中有时和老伴发脾气，为什么呢？就是因为我离开了国图，就像一个离开爹娘的小孩子，又像一只离了群的孤雁。当时那种失落感和没着没落的心情无法用语言表达，很长时间才能恢复过来。因为我太爱国图了，我完全把国图当成我的家，当成我的再生父母了。这就是我和国家图书馆的缘分。

我与国图的三次结缘

李思涵

春节前的一个周一早上，我同往常一样，绕过那块写着"周一闭馆"的立牌，进入国家图书馆的大门，准备开始新一周的工作。但和往常不同的是，刚进门，我就被一位外国人拦住。

"今天这里不开门？"他用带着生涩口音的普通话问我。

"今天周一，闭馆。"我回答他。

他瞪大眼睛看着我，眼神里充满了迷茫与不解，指着"周一闭馆"四个大字说道："那你为什么会来？往里走？"

我觉得有些莫名其妙，便回答道："我在这里上班啊。"

那个外国人听到我的回答，道了声谢，有些失望地离开了。坐到办公桌前，想起自己刚刚的回答，才惊讶地发现，原来今年已经是我在国家图书馆工作的第七年了，不禁又回想起自己第一次见到国图的时候。

现在想想，我应该与国家图书馆缔结过三次缘分，也许正是这三次结缘，让我来到了馆里工作。

我第一次亲眼见到国家图书馆，是六年级暑假，那天，妈妈带我到紫竹院公园散步，逛到一半，我突然远远看到竹林深处有几个大学生聚在一起玩 Cosplay，我想过去凑个热闹，但等我走近，他们已经收拾好各种装备散场了。虽然我有些失望，但很快被竹子后边的建筑吸引了注意力，毕竟青色的高楼并不是那么常见，那时候我也没有智能手机可以随时上网查，于是问妈妈那栋颜色奇怪的楼是哪里，她想了想，告诉我那栋建筑就是国家图书馆，我看着它，脑中冒出一个念头：如果在那里面工作，是不是每天能看好多书？但六年级的我终究不是爱看书的小孩，很快就把这个想法忘抛到一边。那一次，是我第一次亲眼见到国家图书馆，也是我与国家图书馆的第一次结缘。

往后的日子里，我在大大小小的考试中奋笔疾书，在名为"中考"与"高考"的人生路上奋斗着，"国家图书馆"这个名字，被我遗忘在了记忆的最深处。而我第二次听到、见到"国家图书馆"这几个字，已经是六年之后。

2013年9月，我拖着行李走进中央民族大学，正式开始了我的大学生涯。开学第一天，班主任语重心长地说："同学们，相信你们来时的路上都已经看到了，我们学校的旁边就是国家图书馆，大家一定要利用好这个优势，利用好国图的资源，去学习、去实践。"由此，在我的很多新同学心里，除了去天安门广场看升旗外，大一要做的事又增加了一件：去国家图书馆办一张读者卡。

作为热爱熬夜的大学生，我也一样讨厌早上八点上课，也就是所谓的"早八"，尤其是周一的"早八"。因为周末通常在家里住，每逢周一早晨，我都要起早坐地铁回学校。春夏时节的地铁里空气浑浊，让本就因睡眠不足而头痛的我加倍难受，出了地铁更是阵阵发晕。那时，国图门口还没有凉亭和座椅，所以北区门口的那一排石球便成了我的休息处，几乎每个周一早上，我都会坐在其中一个石球上休息一下，吹吹风，同时回头看看身后的建筑，想着等空闲的时候去里面看看。

但我终究没有听取班主任的叮嘱，也没有办一张卡、借一本书。大禹治水三过家门而不入，我民大求学三过国图而不入。说来有些好笑，在民大四年，我竟没进过一次国家图书馆。记得大四那年的初秋，我从学校出来的时候遇到了班长，他笑着说要去国图查资料为考研做准备，我才又发觉，自己一直念叨着要去国图逛一逛，念叨了四年也没能付诸行动，但那时的我已坚定地认为，未来的自己不会再来到魏公村、来到白石桥，至于读者卡，那更已没有必要再去办。

也许是大学生活过得浑浑噩噩，当别人都已定下目标，朝着心仪的学校和单位努力时，我依然十分迷茫，一会儿在考研路上磕磕绊绊，一会儿又在求职路上苦苦挣扎。正当我像无头苍蝇一样四处乱撞时，一条国家图书馆校招的消息映入眼帘，让我和国图第三次结缘。

我抱着试试的心理在系统上报了名，但就像投入水中的石子，在激起一阵涟漪后便恢复平静。当我以为自己与国图的缘分已尽时，2016 年 12 月，一个寒风凛冽的早晨，我收到了国图笔试的消息，我盯着那条短信看了很多遍，惊诧之余愣是想不起自己是何时报的名了。那个时候的我已考研失败，求学路是走不通了，求职路也十分坎坷，这条短信就像上天给溺水之人递上的那根稻草，我只得拼命抓住。

笔试之后又是漫长的等待。初春时节，我又收到了国图面试的通知。记得面试那天有些冷，但院子里的柳树发了点点新芽。在有些闷热的会议室里，面试官问一位和我同组的女生，为什么会选择来国图工作，那个女生回答说，自己来时看到国图院子里的柳树已经冒了新芽，在别的地方可能不会经常看到这样的景色，所以选择国图，和书香草木相伴。

后来，天气渐渐暖和起来，那个前途缥缈的我也总算不再那么迷茫。2017 年的 7 月，那天我和四年前一样从国家图书馆地铁站出来，只不过目的地已不再是中央民族大学，而是变成了国家图书馆，我也终于拥有了一张读者卡。面试官没有问我为什么选择来国图工作，但这个问题却一直萦绕在我的脑海，是因为熟悉周围的环境？是因为交通便利？还是因为"国家图书馆"这个名字？我想不出答案，但我知道，在国图度过的每一个春天，看着窗外的绿柳，我总会想起那个女生的话。

写下这篇文章的时候，国图院子里的柳树又冒了新芽，如七年前我面试那天一样。这是我在国图见到的第七个春天，也是我在国图工作的第七年。今年也是国家图书馆建馆 115 周年，如今的我自豪于成为一名"国图人"。我想，未来的我，一定也会在国图的院子里度过许多个春天，与国图结下许多个缘分吧。

我的国图情缘

刘喜申

1964 年，我填写高考志愿的时候，发现北京大学、武汉大学有图书馆学系，很是喜欢。我爱读书，所在的偏僻小县城当时还没有图书馆，只有文化馆的图书室有一些连环画可以看，数量有限。此外，我就读的中学有个图书室，我曾兼任了几天管理员，过了把阅读瘾。我想，如果从图书馆系毕业，就有可能去个大图书馆，这样就有机会读许许多多的书，那就报这个专业吧。

报考后，我被北京大学图书馆学系录取。上"中国书史"课时，郑如斯老师带领我们参观北京图书馆，也就是现在的国家图书馆古籍馆。走进大门，首先映入眼帘的是一片绿植和一对华表。绿植苍翠中透着无限生机，华表则端庄秀丽，气势宏伟，据说是来自圆明园的遗物，彰显着传统文化的神韵，让整个北京图书馆显得古朴又大气，蔚为壮观，给我留下了深刻印象。

后来老师还带领我们参观了《赵城金藏》的修复。粘结成坨的经卷，经煤油浸泡后揭开，经过若干步骤，内衬白纸装订，老师讲解说这就是古籍修复装帧中的"金镶玉"，令我们大开眼界，也对修复师的精湛手艺顿生敬仰和佩服。这也是我与北京图书馆最早的结缘。

大学毕业后，很遗憾我未能进入图书馆工作，而是在北京远郊干了十多年农村工作。1981 年春，突然接到团中央一位同志的电话，问我愿不愿意重拾图书馆专业，我当然是愿意的，于是我被调到沙滩红楼，工作和图书馆相关。1989 年春夏之交，老馆长鲍振西同志提议调我到北图来，我与钟灵毓秀的北京图书馆终于再续前缘啦！

来到这里后我在《中国图书馆学报》工作，一直到退休。学报最开始是季刊，后来改为双月刊，面向全国图书馆界征稿。作为我馆和中国图书馆学会主办的刊物，学报代表着国家图书馆的形象和学术水准，因此一直坚持严格遴选稿件，发表的文章质量普遍较高，许多文章反映了中国图书馆学研究的最高水平，一些还是国家或部级研究课题的论文成果。对学报的工作人员来说，尤其需要认真严谨、一丝不苟的专业精神，才能肩负起读者的信任和重托。

我主要负责学报的校样和发行工作，联系印刷厂进行印制装订，还协助处理一些编辑校对业务。当时还在用胶片印刷，大概书本大小的胶片，如今随着时代进步和发展已经不再使用了。干好每项工作都不容易，做编辑需要有宽广的学术视野、相对扎实的图书馆学理论功底，能敏锐发现文稿的价值和现实意义；校对需要文字功力，防止错字、别字、漏字、病句发生，特别是对关键性的字词句要高度重视，反复核对，要沉下心来坐得住、校得准。多年来的学报工作让我受益匪浅。

在国图工作多年，我也有遗憾。坐拥书城，平时又住在馆宿舍区，有得天独厚的优势，守着宝山却不知探宝，没有下大功夫读书。悟已往之不谏，知来者之可追。退休以后尤其是近些年，我在馆里查阅了不少书刊资料，主要是民国时期文献，还包括一些工具书、旧报刊和缩微品等。

我曾查阅过民国初年的一册北大讲义，得到了古籍馆阅览室同事的热情服务，帮助我辨认作者眉批。我还查阅过商务印书馆的一册线装书，是民国初印本，最后几页已丢失，文字残缺，经馆里重新整理装订后，品相尚好，阅读起来方便多了。这些文献资料对我目前参与的清末民初文献修订注释工作帮助甚大。

人生天地间，忽如远行客。转瞬间我已经在国图待了三十余年了。有了国图的陪伴，我的人生变得充实，我的精神有了安顿之所。谨以此小文向国图致谢，表达我的感激和敬意。

由一次生日祝寿说起

刘卓英

　　生日，是每个人在某年某月某日降临到这美好世间的喜庆日子。我出生于 1940 年 12 月 5 日，寒来暑往，弹指一挥间，已在生养我的这片土地上度过了八十年的日日夜夜，进入韩愈所说"视茫茫，发苍苍，齿牙摇动"的状态，深感人生规律的不可抗拒。由于生性旷达，"生日"二字在我脑海中始终是淡泊、无足轻重的，更不曾有

刘卓英生日照

意识地办有关庆祝生日的事。就连远在美国洛杉矶生活了二十余年的儿子和渐渐长大懂事的孙女孙子，也都是每年通过电话祝我生日快乐。

不承想2020年12月4日上午，离退休干部处处长孙乐和几位工作人员冒着料峭寒风来到我的家中，专门为我庆贺八十岁生日。他们带来了所有馆领导签名的生日贺卡，上面印有大号字体的"寿"字和手拄龙头拐杖的老寿星，庄重古雅，蕴涵着浓浓的民族特色。"祝刘卓英同志生日快乐"几个大字和"愿你每一刻时光都洋溢着欢乐和喜悦"的祝福语清晰地映入眼帘，我手捧生日贺卡，欣喜万分。他们还将一盆艳丽夺目的盆景放在我的桌子上面，只见十余片青翠欲滴的大叶托衬着数朵红瓣黄蕊的大花，鲜美诱人。我虽叫不出花名，但看到它，也仿佛年轻朝气了很多。

我与大家欢聚一堂，促膝长谈，说着馆内的变化发展，聊着馆内的人和事，不知不觉已近正午，这才依依不舍地相互挥手告别。返回屋内，我才想起，大家只顾欢愉尽兴，既没吃饭，也没喝水，心中过意不去，特别想到他们工作的辛苦，更是内疚不已。我馆离退休人员多达一千余人，为老人祝贺生日之外，还要组织离退休人员春秋游、体检、新年团拜等活动。平日里，他们还要按时给大家发放《健康指南》杂志、学习资料等读物，馆内重要事情都及时通知到每个老人，真是事无巨细。他们把繁杂琐碎而又异常重要的离退休干部工作做得周到细致，连我八十岁的生日都不曾忘记，真的十分辛苦，我真诚地感谢他们，感谢馆里对老同志的挂念。

静静想想，我的确是一个很幸福的人。饮水思源，我感恩伟大的中国共产党和可爱的祖国。沐浴着新中国的阳光雨露，我由一个无知的孩童成长为一名学有专长的大学生，在祖国的建设事业中竭尽添砖加瓦之力，全心全意做着有益于人民幸福生活的事情。

我感恩国家图书馆的培养、教导和信任。1965年夏，从北京大学中文系毕业的我，如愿以偿被分配到北京图书馆（即国家图书馆）工作。8月，我携带着全部行李，搭乘交通工具由西郊北京大学学生宿舍，直接入住到国家图书馆在西四一个平房院落的集体宿舍。即刻起，我便成了一名国家图书馆的正式员工，直至六十岁退休。至今，我还保留着那天托运行李的报销单据——"北京大学一九六五年高等学校毕业生调遣结算表"。

冬去春来，日出日落，月缺又月圆。在漫长的工作生涯中，我长期在基层业务部门实践着、锻炼着，还担任了国家图书馆出版社文史编辑室主任等职务。各级党组织的关怀和个人的努力进取，使我在方方面面都得到了提高，最终成长为一名中国共产党党员。突出的工作成绩和无私的付出，也让我得到了领导和同事们的认可、赞许，1996 年我被推举作为国家图书馆的党代表参加了"中国共产党文化部直属机关第六次党代表大会"。

在工作中，我获得了一个小红本，是由文化部制发的正高职称"编审"证书；2000 年我又拿到了一个小红本，是记有我在国图工作的"中华人民共和国干部退休证"。我衷心呼唤着：国家图书馆，我永远热爱您！在 35 年的平凡本职工作中，我未能做到出类拔萃，干成什么大事业，却做到了不求名利、无私奉献、尽职尽责、有担当，为此我感到骄傲自豪，无怨无悔。

退休后，我告别了骑自行车外出办事和上下班的辛苦，开始了充满诗情画意、丰富多彩的夕阳生活，心旷神怡，心生向往美好之情。生活在这风清气正、国泰民安、繁荣昌盛，充满蓝天、碧水与净土的祖国里，幸福感、收获感、安全感都使我知足常乐，别无所求。

我深深地爱着、依恋着国图，离退休干部处就是我老有所依的港湾和寄托。有什么困难和问题，处里的同志都会想方设法帮助解决，就连我八十岁的生日都不曾忘记，不是亲人胜似亲人。

在国家图书馆 115 周年馆庆即将到来之际，我谨祝愿国家图书馆的同志们身体健康。更愿人长久，今后常欢聚。

岁月留痕：我与北海快雪堂

路国林

　　前些天，有朋友发了一组游览北海公园的照片，"快雪堂"三个字和那修缮一新的大门，触动了我尘封许久的记忆，往事一幕幕在脑海浮现。

　　说起我与北海快雪堂的缘分，已有三十余年。20世纪80年代，我还在北海公园旁边的文津街馆舍工作，期间有一项工作任务就包括将存放在北海快雪堂（松坡图书馆）的数百万册图书，搬移到院落里的空旷处，进行整理和打包，以备日后迁入国家图书馆的白石桥新馆。

北海快雪堂

快雪堂位于北海公园内五龙亭东北处的小山坡上，依南低北高的地势而建，占地近 3000 平方米，原为慈禧太后冬天赏雪的地方。后为纪念蔡锷将军，由当时的梁启超等社会名流、学者在上海成立松社；梁启超由欧洲回国，带了不少西文书归来，又在北平成立了一个读书俱乐部。这两个团体合并而成的松坡图书馆，经民国政府批拨，选址在北海快雪堂。1929 年梁启超病逝后，该馆并入国立北平图书馆，即国家图书馆的前身。

当时的文献整理工作并不复杂，但需要高度的责任心，马虎不得。因为存放在松坡图书馆的图书很多都是古旧的日文书，其中有些因纸张老化的缘故，极易折损，整理打包时需要格外小心谨慎，否则容易造成损坏。再者，打包时，还需要将图书按顺序认真排好，不能错放，不然藏书迁入新馆上架时顺序错乱，麻烦就大了。当然，这项工作是在确保日常读者服务不受影响的前提下进行的。为了做好松坡图书馆图书整理、打包工作，大家只能轮班去。每天在文津街馆区值完班的同事们走出馆门，左拐进入一墙之隔的北海西门，沿岸边小路步行近 20 分钟到达快雪堂。一天下来，工作着实不轻松。好在那时年轻，体力好，睡完一觉身体也就恢复过来了，第二天又精神饱满地投入工作中。因为工作任务紧，那时没有太多时间仔细品味和领略那里的景致，只是工作之余或下班时，才能走马观花地匆匆瞥上几眼。尽管如此，快雪堂的一草一木，尤其是镶嵌在墙壁上的快雪堂石刻，还包括清新的空气，都给我留下了美好印象。

快雪堂院落风格古朴，平时大门紧锁，与院外相比，显得格外冷清寂静，真是一处难得的读书静养的好地方，文化气息浓郁。对我这样喜好安静的人来说，尤为难忘。每次临走时，我心里总是充满了留恋之情，依依不舍。

寒来暑往，屈指算来，这都是三十多年前的事了，时间过得真快啊！记得在十多年前，我曾路过北海公园的后门。特意停下脚步，想顺便去故地走走看看，重温当年的感受和心境。当得知快雪堂另作他用后，很是惋惜，只得快快离去。

　　如今，快雪堂已重新修缮整治完毕并对公众开放。据说是遵循修旧如旧的修缮原则，保持其原貌。我真是喜出望外，消息虽说迟了些，但却是值得庆幸的大好事，幸甚，幸甚！有机会的话，我一定会再去那里转转，圆那期盼已久的故地重游梦，再次领略中华传统文化的厚重底蕴，了却一桩心愿。

舞动美丽　夕阳更红

潘　汶

在人生的黄昏时节，我意外地踏入了一片充满生机与活力的绿洲。那是 2011 年的新春，一次偶然的机会，我参加了国家图书馆新春团拜会的歌伴舞演出。那天的氛围如此欢快，让我感受到了久违的青春激情。春节的喜庆与舞蹈的灵动相结合，仿佛为我们这些退休人员描绘了一幅全新的生活画卷。春节过后，我和几位志同道合的朋友商量着，为何不将这份快乐延续下去，成立一个属于我们自己的老年舞蹈队呢？将那些同样热爱舞蹈的退休员工组织起来，共同度过美好的时光。

在离退休干部处的大力支持下，我们的老年舞蹈队应运而生。大家一致推举我担任舞蹈队队长，这是对我的信任，也是对我的期待。我深知，这份责任重大，我必须带领团队走向更好的未来。

舞蹈队的成立，不仅仅是为了跳舞，更是为了那份对生活的热爱和对美好的追求。为了让舞蹈队的活动更加丰富多彩，我们组成了队委会，共同制定活动宗旨、舞蹈队章程和活动计划。我们坚信，只有明确的目标和规章制度，才能让我们的舞蹈队走得更远。

随着时间的推移，离退休干部处的领导换了几任，但每位领导都对我们舞蹈队的活动给予了极大的支持。他们帮助我们解决了许多实际问题，如安排活动场地、提供活动资金，为我们请来专业的舞蹈老师，为我们定制精美的服装。这些关心与支持，让我们感受到了家的温暖。

在舞蹈队的大家庭里，我们有一位特别的政委——退休的原副馆长孙蓓欣同志。她积极参与舞蹈队的活动，以丰富的经验和智慧，为舞蹈队的思想工作提供了宝贵的指导，帮助我们更好地面对困难和挑战。时任党委副书记、副馆长常丕军同志也时常加入我们的排练和演出，用实际行动为我们树立了榜样。她们的参与让我们备感鼓舞，也让我们更加坚定了将舞蹈队发扬光大的决心。

尽管一些老同志家住得比较远，或者需要照顾孙辈，身体也可能出现不适，如腰腿疼痛等，但她们总是克服困难，按时参加活动。每一次的排练，都是一次对身体的挑战和对意志的磨砺。这种坚韧不拔的精神，是我们舞蹈队最宝贵的精神食粮。

在舞蹈队的大家庭里，我们相互学习、相互帮助、相互鼓励。每次排练都是一次心灵的洗礼，每次演出都是一次生命的绽放。我们在舞蹈中找到了快乐，在快乐中找到了生活的意义。在这个过程中，我们不仅仅是在跳舞，更是在相互学习和成长。队友们的支持和鼓励，让我更加坚定了自己的信念和追求。我们一起面对困难，一起克服挑战，一起分享成功的喜悦。这种团结和互助的精神，成为我们舞蹈队最宝贵的财富。

我们多次参加了馆里的团拜会演出、艺术节演出，各类舞蹈比赛、社区演出……每一次的演出，都是一次与观众的交流，也是一次与自我的对话。当舞台灯光璀璨，音乐响起时，所有的辛苦和付出都化为了最美的舞姿和最动人的笑容。在舞台上，我们不仅展示了舞蹈的美丽，更传递了生活的热情和积极向上的精神。同时我们也获得了许多荣誉和赞誉。这些成绩的背后，是我们团队共同的努力和流下的汗水，也是我们对舞蹈的热爱和执着。

记得在2015年春节团拜会上，馆领导和离退休干部处领导与我们一起舞蹈，全场欢声笑语，热情洋溢。我们舞蹈队全体队员和邀请的其他老同志共同跳起当时很流行的《小苹果》，舞步轻盈，身姿摇曳，热情奔放。随着舞台上载歌载舞，全场响起了热烈的掌声，让人倍感温暖。在这个美好的时刻，我们用舞蹈演绎了节日的欢庆气氛，

2011 年 6 月 24 日国家图书馆第九届艺术节舞蹈《我和我的祖国》

2015 年 2 月 4 日新春团拜会共跳《小苹果》

2016年6月15日鼎富人生舞蹈大赛《荷花赋》

2023年5月10日华夏国仪演出舞蹈《茉莉芬芳》

2024 年 2 月 3 日图书馆新春团拜会舞蹈《花儿为什么这样红》

用舞蹈表达了对美好生活的热爱和向往，让整个团队充满了欢笑和温馨。这段美好的回忆，将成为我们永恒的珍藏。

虽然岁月在我们的身上留下了痕迹，身体也开始出现各种问题，但舞蹈却给了我们无尽的力量和快乐。每一次的舞动，都让我们忘记了年龄，忘记了疼痛，使我们的心愈发年轻，仿佛回到了那个充满朝气和活力的年纪。那份对舞蹈的热爱和对生活的向往，让我们找回了失去的青春，也让我们重新认识了生活的美好。每一次的排练和演出，都是一次与青春的再次邂逅。我们用优美的舞姿诠释着对生活的热爱，我们用舞蹈的语言讲述着属于我们的故事，展现着属于我们的风采。

时光荏苒，转眼间，我与国图书香舞蹈队共度的岁月已逾十载。回首过去的日子，我深感欣慰和自豪。我为能够成为这个团队的一员而感到骄傲，也为能够为我们的舞蹈队贡献一份力量而感到满足。我深感自己与国图书香舞蹈队的这段经历是如此宝贵和难忘。那些排练厅里的汗水与欢笑，那些昔日舞台上的璀璨时刻，都成为我心中最珍贵的记忆。

最后，我要感谢所有支持和帮助过我们的人。感谢领导们给予我们的关心和支持，感谢舞蹈老师们的悉心指导和耐心教诲，感谢队友们的陪伴和鼓励，感谢观众们的掌声和喝彩。正是因为有了你们的支持和帮助，我们才能够在舞蹈的道路上走得更远、更稳、更坚定。

在未来的岁月里，我们将继续携手前行，用舞蹈传递快乐，用舞蹈表达情感，用舞蹈诠释生命的美好。愿我们的生活永远充满阳光与希望。让我们携手共进，在舞蹈的世界里舞动美丽。

国图，魂牵梦萦的地方

祁改平

　　每当踏进国家图书馆馆区，望着蓝顶双塔形的巍峨建筑，望着熟悉的一草一木，一股融融的暖流就在心中油然升腾。啊！国图，你是我工作生活过的地方。是你，让我在工作中学习成长作出成绩；是你，让我在文艺舞台上施展才艺；是你，在我退休后依然关心支

1991年祁改平在中文书目数据组工作照

持着我继续发挥余热。虽然退休离开了你，国图，你可知道，你依然在我的心里，在我的梦里。

我徘徊在业务大楼二层的一间办公室门前，茶色的玻璃门敞开着，我驻足流连地张望，那是我曾经工作的中文图书编目组的办公室。紧邻门口那三张拼对成"品"字状的办公桌依然在，那是宋光第、石酉先两位总校对老师的位置，我则有幸坐在他俩对面。那时我刚开始负责图书内容提要撰写工作，业务生疏。凝眸望着对面低头书写的人，忽然，宋光第老师抬起头和蔼地对我说："小祁，你这本书的提要内容涵盖不够全，且字数过多，要尽量控制在50个字之内……"我知道，图书内容提要撰写，要求文字凝练，言简意赅，高度概括，使读者浏览提要便可略知全书主旨。做到这一点，须下真功夫。我扎进书海，翻阅各种书籍，学习前人的撰写经验，不停地揣摩，不停地练习，一番刻苦努力，业务水平显著提高。之后因图书编目流程改革，我又增加了图书分类标引工作。图书分类标引，这又是一项从头学起的工作，我除了积极参加馆内的业务培训，更直接地得到了两位老师不厌其烦的热情

宋光第老师指导祁改平改稿

指导。见我整日放弃工间休息学习业务，石酉先老师还把家里的折叠帆布躺椅拿来，关切地嘱咐我要注意休息，劳逸结合。

我怔怔地站在门口凝望着，眼前的两位老师不见了，定睛望去，那办公桌前分明坐着的是两个陌生面孔的年轻人。一个年轻人抬起头用询问的目光望着我：您要找谁？

我漫步在绿草茵茵的馆区，寻找着昔日的足迹，回忆着当年无数次与刘小玲、彭爱平散步畅谈的情景。那时，刘小玲、彭爱平是中文图书编目组的正副组长，这一对搭档，工作和谐默契，组内工作安排得井然有序，组员们工作认真，热情高涨，每天都在为生产出优质书目数据，树立国家图书馆在全国业界的龙头形象努力工作着。对于这两位组长，我了解她们，我理解她们。1999 年 7 月，为迎接将在 2000 年召开的中国图书馆学会学术年会，国图组织了论文征集，我根据自己的工作感受与思考，结合当时图书馆的发展，撰

2000 年 7 月参加图书馆学会 2000 年学术年会（左一为祁改平）

写的论文《国家图书馆图书编目组科学管理探究》，获得了国图论文优秀奖与奖金，并在 2000 年 7 月荣幸地参加了在内蒙古海拉尔市举行的"中国图书馆学会 2000 年学术年会"。此次学术年会的总主题是"21 世纪图书馆：发展与变革"。出席学术年会的包括各地区、各系统、各行业、各部门图书馆界的代表近 800 人，韩国图书馆协会、美国华人图书馆员协会也派出代表参加了年会。开幕式上，图书馆学会常务副理事长、国家图书馆副馆长周和平代表第五届理事会向大会作了题为《转变观念，开拓进取，努力创建充满生机与活力的中国图书馆学会》的工作报告。短短四天的学习交流，对我开阔视野，进一步提高业务水平起到了很大促进作用。

国图嘉言堂的大门，众多观众正在陆续入场，他们是看一场电影，还是听一场音乐会？嘉言堂那容纳 1000 余人的剧场，那宽阔的舞台，明亮的舞台灯光，是 1999 年 9 月 9 日国家图书馆建馆 90 周年第四届艺术节的演出现场。那天，嘉言堂的舞台上，全馆各部处

1999 年 9 月 9 日中文采编部全体演员在国图第四届艺术节上

（第 3 排右 3 为祁改平）

国图人，登台展示才艺：舞蹈、秧歌、小品、合唱、独唱、二重唱、乐器演奏，异彩纷呈，掌声阵阵。我与采选编目部主任景鸿达、同事路新杰在艺术节演唱了京剧《沙家浜·智斗》一段，博得了观众热烈的喝彩。艺术节最后的压轴节目是我们采编部的歌舞，全场国图人激动地伴随着歌舞放声高歌，周和平馆长率馆领导一行缓步登上舞台，此时歌声、笑声、掌声、欢呼声直达穹顶，演员们身着绚丽的服装，手捧鲜花，簇拥在馆领导周围，第四届国图艺术节永远定格在了这欢乐的时刻。

几十年过去，每逢走到嘉言堂，国图第四届艺术节的盛况，仍如蒙太奇般一帧帧闪现眼前，如临其境。

一定是那段为了写好图书内容提要扎进书海饱览群书的经历，激发了我少年时代因酷爱写作萌生的夙愿：将来写小说，当作家。

退休赋闲，正是时机！

从国图退休后，我便重新背起书包，走进了鲁迅文学院的课堂。白天，认真听作家们讲课，课下，如饥似渴地阅读文学名著，钻研创作理论。夜阑，伴着家人的鼾声，我在电脑前写着小说。一次次寄出"希望"，一次次收到"失望"，我的心曾坠入冰河。唉！那毕竟是少年时代的梦想，如今该服老了吧！可是，当我观赏国图许多退休老同志的绘画、书法、摄影作品展出时，我不禁感慨：要坚持，不能放弃！

几年后，我的散文、中短篇小说陆续发表。2011年我根据京剧题材创作的长篇小说《戏单》获得了北京市优秀长篇小说创作出版资金资助，由北京十月文艺出版社出版发行，同年小说《戏单》在北京人民广播电台《长书天地》小说联播播出，由中央戏剧学院台词教研室主任徐平老师，北京京剧院著名青衣演员张笠媛老师演播，京剧表演艺术家梅葆玖先生亲自为小说的播出做宣传，让我倍感荣幸。2014年我的短篇小说《朱强大》获得了中国小说学会"文华杯"全国短篇小说大赛二等奖。

国图，虽然我已退休，离开了你，但是你没有忘记我，你一如既往地关怀着我。2011年在我加入中国作家协会的申请表上，国图

长篇小说《戏单》在王府井书店出售（2012 年 1 月 27 日）

离退休干部处欣然盖章给予支持，使我成为一名中国作家协会会员，实现了几十年前的梦想。

回眸人生征程，是国图历练培养了我，是国图鼓励支持了我，是国图为我搭建了展示才艺的舞台。这一切我铭记在心，永不忘怀。为了报答国图给予我的一切，我先后将选有我作品并出版发行的《散文今选》《小说今选》和长篇小说《戏单》赠送给国图，为丰富国图的藏书，尽我一点绵薄之力。

长篇小说《戏单》国图颁发捐赠证书（2011 年 2 月）

国图，你用你 115 年的深厚底蕴，吸引着莘莘学子；你用你丰富浩瀚的馆藏，培养着一批批祖国精英。

　　国图，愿你为祖国的物质文明、精神文明协调发展发挥更积极的作用。国图，愿你伴随祖国现代化的步伐，走向无限辉煌！

老年大学的"青春使者"

祁改平

1 3 5 i 5 3 ｜ 1 3 5 i 5 3 ｜ 1 —— ｜ ……

mi …… ma……

每周二下午，老年大学礼堂里，便会响起这轻柔悦耳的声音，那是声乐基础班在做发声练习。坐在钢琴前的，是一位身材高挑、皮肤白皙、面目清秀的年轻女教师，她叫余洁，声乐班的老年学员们都亲切地称呼她"小余老师"。

起初，当我刚刚进入余洁老师教授的声乐基础班的时候，不免心有余悸。知道她毕业于解放军艺术学院声乐系，是行家，而我对美声却是初学乍练，一窍不通。于是初始上课，我总躲在教室的旮旯处，不敢张口唱歌，生怕被专业老师"凶"。孰料，几次课后，我就变得轻松胆壮起来。每逢上课，我都会早早来到教室，坐在前排听课，为的是能够听得更清楚。余洁老师很和蔼，从不摆专家的身段。面对教室里满头银发的耄耋学员，她总是微笑着用尊敬的口吻鼓励大家，首先要在心理上消除对声乐高不可攀的神秘感，然后认真坚持练习，逐步掌握基本发声要领。

刚刚练习发声的时候，那声音不堪入耳，苍老、嘶哑，调子参差不齐，哪有美感可言？已是做了祖辈的学员们，课间休息时相互安慰着，都六七十的人了，就图个乐儿吧，还能唱出什么水平呀！余洁老师却鼓励大家，声带是人体衰老最慢的器官，科学的歌唱方法能够美化嗓音，让你的歌声永葆青春。真的？学员中，有人受到鼓舞，有人将信将疑，有人认了真，在网上搜索，寻找着歌声不会衰老的佐证。还真的找到了，赶紧发到了微信群里。那是一段演出视频，只见舞台上，白发苍苍、已经九十二岁高龄的意大利男高音歌唱家安杰洛·洛福雷塞在引吭高歌《今夜无人入睡》。谁都知道，这首咏叹调是歌剧《图兰朵》的一段著名唱段，歌曲中的高音 C，难度很大，非一般男高音能够胜任。而九十二岁的安杰洛·洛福雷塞却用坚实明亮、辉煌华美的高音，完美地演唱了这首著名的咏叹调。老歌唱家饱满的气息，明亮圆润的声音，美妙绝伦，真是令人赞叹，若不是亲眼观看视频，任什么人说，打死也不会相信这是一个九十二岁的老人在歌唱。

震惊！

奇迹！

啊，原来六七十岁，还不老，正值人生金色的秋天！

自此，我与大家都有了学好美声的信心。

以后上课，再无人打盹，窃窃私语，接打手机。上课之前，大家自觉手机静音，神情专注地听余洁老师讲课，认真地跟着钢琴按照老师教授的发声要领练声、歌唱。

随着声乐学习的深入，渐渐地，我和大家一样，养成了每天练习发声的习惯，我一边练习，一边回忆老师教授的发声要领，从对美声歌唱一无所知，到略有所知。

为了提高大家识谱学习新歌曲的能力，以后的课程里，余洁老师便利用最后的十五分钟给大家讲授乐理知识，并仔细地把乐谱写在黑板上。初学乐理，面对黑板上的"切分音""升降符号""各种曲调"，大家感到懵懵懂懂，记不清楚。余洁老师便放慢速度，一遍一遍讲解。我们的班长于凤莲是个热情负责的好班长，她总是及时地将老师的板书用手机拍成照片，发到微信群里，让那些请假没来上课的学员及时补上乐理知识课。乐理知识的学习，对我们学习歌曲很有帮助。一段时间过后，许多学员拿到一首新歌，已经能够基本识谱学唱了。

一次旅游假期归来再去上课，刚刚推开老年大学的校门，熟悉的声音充满我的耳鼓：

1 3 5 i 5 3 ｜ 1 3 5 i 5 3 ｜ 1——｜……

mi…… ma……

只是那声音已不再是从前苍老，顿涩的声音，那声音开始变得柔和，圆润，年轻了许多。走进教室，我忽然发现许多原来满头银发的歌友，不知何时，已悄然将头发漂染得乌黑，有的还略施粉黛，穿起轻盈飘逸的时尚服装，显得格外年轻漂亮，充满活力。歌友之间的谈笑也变了话题，除去唱歌，不再谈论家常，他们在讨论网购，网银，自助旅游。

大家的歌唱水平在提高，余洁老师适时增加了学唱歌曲的难度。我们除了学习《葡萄园夜曲》《马兰谣》《天边》等不同风格的中国歌曲，又开始学习《黄昏》《美丽的村庄》等外国民歌……歌曲从易到难。暑假前夕，余洁老师开始教我们攻克意大利原文歌曲《让我痛哭吧》。初次接触外文歌曲，不仅要学会用意大利语朗读歌词，还要原文演唱，这对于六七十岁的老人，是一种挑战。但学员们知难而进，刻苦学习。余洁老师不顾上课疲劳，课间还放弃了短暂的休息，不厌其烦地辅导大家，看出一些学员不忍占用老师的休息时间，余洁老师对大家说，我年轻，有精力，大家有问题无论什么时间都可以找我。

经过持续的声乐基础学习，大家的精神面貌焕然一新，学习热情格外高涨。许多六七十岁的学员求知欲被激发起来了。再后来，声乐班许多人又报了书法班、摄影班、古筝班……退休赋闲的单调生活，从此变得丰富多彩，其乐融融。

老年大学是我们的"精神家园"，声乐班是我们的"青春加油站"。而小余老师，则是我们的青春使者，让我们这群老人充满活力！

秋意绽新花

祁改平

退休前尚在国图采编部，素来豁达乐观的我，心绪变得感伤起来，竟无端悄悄落了几回泪。不为别的，知道离退休不远了。诚然，我知道，人之将老，如春去秋来，是挡不住的，却依然无法控制内心的感伤。

我爱国图。我眷恋工作过的地方。

落过泪，细细想来，退休的一天终归是要来的，于是便决定未雨绸缪，筹划退休后的生活。

如今的老人，耄耋之年，像是在和年龄较劲，披红挂绿，精神矍铄，神清气爽，鹤发童颜，如临第二春。街头巷尾，公园草坪，到处可见他们的身影。老人们或唱或跳或旅游，变着法儿活出第二春的精彩来。我不好书法，不善绘画，却酷爱文学。还是少年时代，我就喜欢写作文。课堂上，老师朗读的范文，常常出自我的手。上中学的时候，我便立下志向，将来考北大，当作家。孰料，后来北大没去成，却去了北大荒。待到回城，已近而立之年。以后几十年，虽偶有散文发表，终因工作家务繁忙，无暇静心于写作，于是文学便在心中凝成了化不开的结。就要退休赋闲了，不由然，心中熄灭的火把，又热烈地燃起来。然而，搞文学的打算是定了，信心却是鼓不起来。毕竟是"落花流水，春去也"。然而，我天性好强，做事要做得像样。退休又怎样，我不老！

冥冥之中，谁是我的主宰？

刚刚办下退休手续，便有友人约去泰山。进入红门，沿石阶盘旋而上。两旁林荫夹道，峰峦起伏，泉水叮咚，香气缕缕，沁人心脾。一阵清风吹来，隐约可闻鼓乐钟磬之声。循声望去，远处于苍松翠柏中，依稀可见朱红的院墙。

站在中天门，遥望南天门。那石阶像云梯似的陡峭。正值中午，火球似的太阳，烈烈地烤着。我汗流浃背，气喘吁吁，精疲力竭，腿上像绑了沙袋，已是无法迈步了。要到达南天门再到玉皇顶，还要攀上三千阶石阶。天啊，等于杀我！我坐在树下，执意不肯继续登山了。友人替我惋惜，劝我再坚持一下，说顶峰可观奇景。我越发执拗起来，就是可见天上洛神，也不稀罕！正僵着，身后响起一个声音："小心，碰着！"

回头一看，立时惊呆了。只见一中年男人，赤裸着上身，肩上竟压着副沉重的扁担。那扁担两头，分别挑着几十瓶啤酒饮料。啤酒饮料被绳子整齐地捆绑着，直接挂在扁担两头的铁钩上。有常识的人一看便知，这样挑起来，既不碰腿，且也省力。陡峭高耸的山峰，徒步攀登都很吃力，竟然有人还能挑着重担攀山，如若不是亲眼所见，真是难以置信。我与友人互望着，四目流露着惊悚，一时竟没了话。担山人并不理会我们的惊诧，只是低着头，匀着呼吸，专注着脚下的石阶。担山人的步子，不疾不徐，一步一步，结结实实，落在实处。那露出草鞋外的脚趾，张开着，像五根磁铁，牢牢吸附在石阶上。我望着担山人踏过的石阶，仿佛觉得，那脚印已深深嵌住了似的，就像星光大道上，明星们那永恒的脚印。担山人向山上攀去。我望着担山人的背影，见那根扁担，深陷在红得发紫的皮肉里，那脊梁在重物的负载下，微微驼着。我心里生出了恻隐，为担山人的寿命忧心。如此重负，年复一年，日复一日，攀登陡峭的泰山，在我看来，世上任何活计，都没有担山辛苦。因为好奇，我忘记了疲劳，竟尾随着担山人，登上了南天门。

趁担山人休息的时候，我与他攀谈起来。担山人告诉我，在这里，只有担山的活，一天可以挣50元，其他的活计收入甚微。担山人说他是在为儿子攒下结婚盖房的钱。"……再干几个月就够了！"担山人说这话的时候，脸上带着无比欢欣的表情。蓦然，我的心里一亮。原来，那担山人怀里揣着一个希望。盖一所新房，看着儿子娶妻生子，传宗接代，这在一个农民心中，就是一个梦想。担山人，就是这样承载着生命的重担，一步一步，一天一天，攀缘着数千条蜿蜒的泰山石阶，去实现心中的梦想。

人生之旅，谁是上帝，谁是主宰？自己！

从泰山回来，我便报考了鲁迅文学院。我重新背起书包，走进了文学院的课堂。我的同桌，是个腼腆的小姑娘，二十多岁，长着一张江南水乡清秀的面庞。我和她的差距不仅在年龄上，还在创作水平上。你能相信吗？报刊上，那一篇篇构思奇特的小说，就是出自这个腰肢纤细的江南小姑娘之手。我们坐在一起听课，她是在进一步提升笔力，而我是在启蒙，不可同日而语。心里没底气，手中的笔也发飘。每逢交习作，老师总是对她称赞有加。

我羡慕她，也夹杂着一丝不服输。我要用勤奋，缩短与她的距离。

夜阑，在家人已进入梦乡的时候，我依然在电脑前写着小说。艰难之处，我牢骚满腹。

——我生不逢时。我说。

——时代无法选择。一个声音对我说。

——岁月给了我太多的蹉跎，太多的苦难。

——上帝让你饱尝苦难，最后把文学馈赠于你。

——我无法和同桌相比。

——你们根本不能相比。

——为什么？

——生活给予你们的感受各不相同。你阅人无数，能够写出厚重的生活，多面的人性，深邃的哲理。

——真的？我惊喜。

——自信是成功的先导，要坚持，不能放弃。

——可是，你要知道，我已不再年轻。

——秋意绽新花。

书本坠落的声音，将我惊醒。抬头向窗外望去，已是东方破晓。

创作容不得浮躁，容不得急功近利。创作需要坚守着那份艰辛与寂寞。在小说里，我的思绪，追忆着儿时的情趣；脑海，闪回着坎坷生活的画面；笔端，铺陈着时代的场景。我像担山人那样，脚踏实地地耕耘，专注于文学创作中。我坦然地面对失败。我知道，那是为成功支付的学费。终于有一天，我的中篇小说发表了。几年后，我的长篇小说《戏单》出版发行，并在北京人民广播电台《长书天地》小说联播播出，更让我感动的是，京剧大师梅葆玖先生亲自为小说的播出做宣传。是年，我成为中国作家协会会员，实现了几十年前的梦想。自此，我更加努力地学习创作，2014年我的短篇小说《朱强大》获得了中国小说学会"文华杯"全国短篇小说大赛二等奖。

成功，使我信心倍增；成功，让我重新焕发青春。我在快乐中享受着生活，我在成功中享受着生命。

谁说人到暮年无作为？"莫道桑榆晚，为霞尚满天"。

我的国图回忆

王秀青

2024 年 9 月 9 日，是中国国家图书馆 115 周年馆庆日，位于紫竹院公园旁的国家图书馆，是广为人知的国家总书库，也是世界最大、最先进的图书馆之一。其建筑形式淡雅庄重，是 20 世纪 80 年代十大建筑之首。

我 1986 年进馆工作，当时是在位于文津街 7 号的北京图书馆，与北海公园一墙之隔，环境优美，馆舍建筑古色古香，是为了北京图书馆新馆开馆招纳新人。我历经 35 年的图书馆工作生涯，亲眼见证了国家图书馆这座知识殿堂的成长和壮大。

国家图书馆从 1909 年成立至今已有一百多年历史。在这一百多年里，国家图书馆曾几度搬迁。国家图书馆的前身是建于清代的京师图书馆，1949 年 10 月 1 日，中华人民共和国成立，北平图书馆移交文化部，更名北京图书馆。在文津街老馆的基础上，北京图书馆新馆，是周恩来总理提议，于 1975 年 3 月经国务院批准兴建的，新馆于 1987 年 10 月在紫竹院公园东侧建成开放。新馆一期工程的建筑设计，体现了 20 世纪末国家图书馆"藏用并重、开架闭架并举"的服务模式。

很荣幸我能作为国家图书馆中文采编部的一员，参加了北京图书馆文津街分馆到白石桥新馆的图书资料的搬迁工作，当时我们提前做好馆藏图书资料的编序、打捆、装箱工作。为了搬运顺利，馆里实行夜间搬运模式，以防白天交通不便。全体员工齐心合力，做到图书资料的搬运、拆箱、核对、上架工作井然有序，圆满完成了搬迁任务，使得北京图书馆新馆顺利开馆，我们非常开心。

1998年，北京图书馆更名为"国家图书馆"。国家图书馆也是国家总书库、国家书目中心、国家古籍保护中心、国家典籍博物馆，包括总馆南馆、总馆北馆和古籍馆。文津街的现国家图书馆古籍馆主楼是20世纪初典型的以藏书为中心，兼阅览服务的闭架管理型图书馆建筑。现坐落于紫竹院公园东侧的国家图书馆总馆一期，气势恢宏，庄重典雅，荣膺80年代"北京十大建筑"榜首。总馆南馆通体以蓝色为基调，淡乳灰色的皮肤，花岗岩基座的石阶，再配以汉白玉栏杆，双重檐风格的孔雀蓝琉璃瓦。

2008年，又在新馆北侧落成了数字图书馆。整个建筑外形像一本合上的书，内部中央阶梯形的中庭上下回环贯穿，互相交融，屋顶采用超应力板壳结构，没有支撑柱。中国国家图书馆建筑面积为28万平方米，是亚洲规模最大的图书馆，居世界国家图书馆第三位。

总馆北馆业务建设的重点是数字图书馆业务功能的实现，以及中文书刊和电子资源的服务扩展。其中的国家数字图书馆工程，旨在构建数字资源采集、加工、发布和保存的技术支撑平台，通过软硬件系统的配备，满足公众对网络数字资源的需求。而处于新形势、新环境下的国家图书馆迎合了"以人为本、服务立馆""数字化图书馆"的现代图书馆发展的需要。今天，国家图书馆的三处馆舍同时为读者提供服务，人们透过建筑仍可体会中国图书馆事业的发展轨迹。

作为图书馆中文采编部的一名图书馆员，我经历了从手写书目卡片，手工排序书名目录、作者目录、分类目录，手工为读者取书，到使用计算机录入书目信息，再到图书馆制作了检索书目数据库、全文数据库。互联网时代改变了图书馆的服务模式，加快了读者利用图书馆资源的速度。国家图书馆作为公共图书馆，本着资源共建共享的精神，引领全国各地的公共图书馆、大学图书馆，做了大量的图书馆专业研究。针对全国图书馆业界人员，开展了图书馆业务培训，国家图书馆在全国图书馆领域的贡献，极大地促进了中国图书馆事业的发展。

百余年来，一代代国图人默默奉献，恪尽职守。在国家图书馆工作和生活的日子，给我留下了难忘的记忆。亲历了工作生活中的点点滴滴，使我对国家图书馆的感情至深，作为一名国图人，我无比骄傲。我期待国家图书馆在馆领导的带领下，建设新发展格局，图书馆工作高质量发展，切实推动新时代国家图书馆事业更好更快发展。

图书馆工作回忆

吴　莹

　　1953 年初，冯仲云调任北京图书馆馆长。我与丈夫因工作调动跟随冯馆长从哈尔滨乘坐两天火车，风尘仆仆来到北京。

　　刚到北京图书馆，一座雕梁画栋、典雅气派的古建筑映入眼帘。绿琉璃瓦顶，朱红的大门纵横八十一颗金钉，两尊汉白玉石狮子矗立门前，我一下子惊到了，这难道是哪个皇宫吗？进馆的时候还需要有证件，这一切都让我感到非常新奇。

　　来馆后起初我住在北海公园叠翠楼，此楼有个文雅的名字，但

和任继愈馆长合影

吴莹旧照

碍于木质结构，楼内无法烧炉子取暖，晚上躺在里面的雕花大床上睡觉必须盖好几层被子和大衣。即便如此，一翻身，凛冽的寒风又灌了进来，条件极为艰苦。最后我实在冻得受不了，便跑到图书馆大门后边的小屋睡觉。后来我们陆续搬进了宿舍，住宿条件有了改善。

刚来馆时，馆人事科王慧敏同志接待了我。馆里给我提供了两项工作选择，一是装订，一是收发。装订我不会做，但跑腿干活我可以，就这么去了北图的收发室。那个时候收发室面积不大，也没有多少物件，无非是些报纸书信和小包裹之类。以前的收发员并不负责将这些东西送往各科室，我接手以后，觉得别人的物品总放在收发室不合适，所以一有东西来，我就将其送到相应科室。次数多了，大家就对我有了不错的印象，逐渐认可了我的工作。

1953年3月5日，是苏联国际共产主义运动领袖斯大林逝世的日子，也是我申请加入中国共产党的日子。成为一名优秀的共产党员，成为光荣的党组织的一分子，使我下定决心要好好工作，要比别人更加勤奋努力，那一年，我也被评为了先进工作者。

后来，随着国内出版物呈缴制度的建立，正式出版的图书都要给馆里上缴三本，小小的收发室就放不下这么多书了，迁到了另一处面积更大的平房。那时候不像现在有小拉车用来运书，必须人工搬运。我正怀着孕，也没有在意这些，和往常一样拎着打成捆的书送到各科室。有好心的同事就给我们科长建议不要让我挺着肚子搬书，这样，我就被调到了秘书科。

那时候秘书科的信件不多，但每天也有十几封。然而我在旧中国长大，经历过抗日战争、解放战争等，在动荡的环境里光是活着就已无比艰难，更不要说念书了，所以小时候我也没怎么上过学，读报纸的时候能将一句话念到底就很高兴了。在秘书科我主要负责收发信件的工作，需要将信件内容做登记。我当时文化水平不高，有些信还看不太懂，科长就手把手耐心教我读懂信里的内容，登记摘要，虽然我的字歪歪扭扭，但好在并未影响工作。

生完孩子后，我申请去了馆里的书库。鳞次栉比的书架摆满了各式各样的书籍，每天与琳琅满目的图书打交道，也更深刻地体会到了"我如鱼，国图如海"的感觉。书架底层是普通中文图书，往上是一些经典图书、参考书等，再往上就是外文书。书库的老同志对我们这些年轻人都很照顾，教我们取书归书。但我在书库工作的时间并不长，因为患有眼疾，我的视力下降严重，渐渐看不清上层书架的书了，工作起来十分吃力。因缘际会，我又回到了秘书科做收发联络工作。

虽然我现在快90岁了，眼睛也看不太清楚，但这些往事依然如昨日一般清晰地浮现在眼前。看到如今的国家图书馆拥有了那么多朝气蓬勃的员工和更高效的工作方法，各项事业蒸蒸日上，我感到十分欣喜，希望未来的国家图书馆变得更好。

馆工杂记

许京生

最近，北京电视台在播由原故宫博物院院长单霁翔为"北京时间"作的一则公益广告，单老慷慨陈词，称自己为"故宫守门人"，余在图书馆工作，没职没权，只能称自己为"馆工"了。

在馆工作三十余年，所办的事项和遇到的人数不胜数，但给我

许京生旧照

留下深刻记忆的只有整理毛泽东主席的借书档案和为他的亲人借阅图书等为数不多的几件事情。

随着社会的发展和新技术的应用，历史档案也要走数字化的道路。我把国家图书馆珍藏半个多世纪的旧档小心翼翼地打开，然后再一页一页地扫描，看到毛泽东主席的手迹和借书记录深感震撼，引起了我的诸多思绪。

毛泽东主席一生酷爱读书，新中国成立后，他经常从国家图书馆（当时称北京图书馆）借阅善本古籍。1958年建党37周年纪念日前夕，我馆专门为毛泽东主席和其他中央领导同志办理了借书证，将毛泽东主席的借书证列为1号。以后，毛泽东主席的借书记录频频出现在他的1号借书卡里，一直到逝世前两三年，他还委托徐中远同志和中央办公厅借阅国家图书馆善本部金石组的各种碑帖，其中有唐怀素的《自叙帖》、宋米芾的《妙算帖》等。1972年12月，毛泽东主席生日后的第3天即29日这天，他委托办公厅向国家图书馆借阅《雁门集》。

《雁门集》是元代著名诗人萨都剌的诗词集，因萨氏世居山西雁门，故名。《雁门集》元本早已亡佚，我馆藏有明成化十二年（1476）张习刻本，全书共8卷，内有清朝宋宾王校，黄丕烈、朱文懋、丁丙的题跋。毛主席借到《雁门集》后，仔细阅读，在第7册封面用红铅笔写下"附词"二字，并为最后一首词《彭城怀古》圈点断句。

1957年3月19日，毛主席到徐州考察时，曾和他的英文老师林克谈及这首词。考察空隙，主席见林克在读书，就问他是否读过《彭城怀古》，林克说没读过，主席取出铅笔在书的扉页上完整地写下了这首词，并赞扬这首词有英雄豪迈、博大苍凉之气。15年后的1972年，毛主席健康情况已经不比当年，视力严重下降，但依然从我馆借《雁门集》阅读圈点，说明他对萨都剌诗词的喜爱。

毛泽东主席去世以后，他的亲人们依然保持着热爱读书的家风。

20世纪90年代初，白石桥新馆建成开馆不久，在一个金色的秋天里，我在四层出纳台值班。下午三点左右，一位身穿灰布衣服的

感悟篇

中年女同志缓步来到出纳台前，我抬头看去，这位留着短发的女同志似乎有些眼熟，但一时又想不起是谁。这时间，她递上工作证，只见上面写着李敏二字，我恍然大悟，这不是毛泽东主席的大女儿吗？她还需要自己亲自来图书馆借书吗？我懵懂地为她换取了综合阅览室的阅览卡。她微笑着将写好的两张索书单递给了我，然后就退到后面的座椅上等候。

《彭城怀古》

那年代，网络系统还没有如今这样发达，读者的借书单需要通过气动传送系统发送到书库，再由工作人员进行查找。找到的书刊通过机械送书车传送到出纳台。一般情况下，读者借一本书，需要等候二十几分钟的时间才能拿到。

那天，到图书馆看书的读者特别多，书出来的时间有些晚，一些心急的人，围拢到出纳台前不停地询问。时间一分一秒地过去，我焦急地看了看表，已经过去三十多分钟了，李敏要借的书还是没有送出来。我抬眼向读者等候区望去，她依然端坐在那里，耐心地等候着，没有丝毫烦躁情绪。我替她感到心急。当我正在拨电话，向存放中文书的库房询问时，送书车慢悠悠，吱吱呀呀、摇摇晃晃地从传送通道走了出来，我连忙把书取出，并将索书单上的号码与书标进行了认真核对，这是两本写毛岸英烈士的人物传记。

我按照读者阅览座位号进行叫号，李敏走上前来，将书接了过去，她没有像其他读者那样，埋怨出书的时间晚，还说了感谢的话，才转身去阅览室阅读。望着她离去的背影，我思绪万分。

李敏是一位普通读者，但又不普通，作为毛泽东主席的女儿，她没有享受任何特权，依然按照国家图书馆制定的阅览规则阅览图书，这件事不能不让人敬佩，也给我留下了极为深刻的印象。

转眼到了 2000 年，我这时已经从业务部门调到馆长办公室工作。深秋的一个周六的上午，接到馆里的电话，让我去单位接待两位来参观的领导。

我骑上自行车，匆匆赶到单位，在图书馆东大门口等候着。不一会儿，见馆领导也来了，于是就问："今天是哪位领导来参观？"馆领导神秘地说："来了你就知道啦。"十点整，只见身穿便装的邵华将军来到大门口。

我引领着邵华将军，在馆领导的陪同下，来到国家图书馆红厅接待室。落座后，邵华将军说："此次来访要完成两件事情，一是要看看国家图书馆的善本，二是要借几本书。"馆领导操着家乡口音说："参观的事情已经安排好了，一会儿就可以去看，不知道您想借什么书？"

"借一本《毛岸英》。"邵华将军用标准的普通话说。

"好，马上叫人去取，先去看善本书，看完回来就可以拿到要借阅的书了。"馆领导热情地说。

我把邵华将军要借书的事情，通知了典藏阅览部的有关同志，然后，就和馆领导一起陪同邵华将军，穿过宽敞明亮的走廊，来到国家图书馆善本书库。在那里邵华将军看了我馆的镇馆之宝：《四库全书》《永乐大典》《敦煌遗书》和《赵城金藏》，善本部的一位姓赵的先生凭借自己的业务专长，熟练地向来宾介绍了《四库全书》的编辑、刊刻和收藏情况。

《四库全书》编纂完成后共抄七部，因战火动乱，目前只留存三部半。国家图书馆收藏的文津阁《四库全书》是现今唯一原架、原函、原书一体存放的，不像台湾所存紫禁城文渊阁《四库全书》，只有原书，但是没有原架。

我曾去过故宫文渊阁，昏暗的库房，空空的书架，让人产生了无尽的遗憾。1948 年国民党撤离大陆时将文渊阁《四库全书》带到台湾。我想，总有一天它会回归文渊阁。

当听到其中的一些有趣的事情时，邵华将军不时露出满意的笑容。

看完展览后，邵华将军又在乾隆皇帝"题旧五代史八韵"楠木影壁前合影。

邵华将军看着乾隆的题韵，还念出了声：上承唐室下开宋，五代兴衰纪欲详。旧史原监薛居正，新书重撰吉欧阳。泰和独用滋侵佚，永乐分收究未彰。四库搜罗今制创，群儒排纂故编偿。残缣断简研磨细，合璧连珠体裁良。遂使已湮得再显，果然绍远藉搜旁。两存例可援刘昫，专注事曾传马光。序以行之诗代序，惕怀殷鉴念尤长。

在这之前，我曾多次在善本库房看展览，但从未仔细观看和阅读过。影壁上的乾隆题韵是没有标点和断句的，邵华将军看得如此仔细，还能读出，我内心的钦佩之情油然而生。

当我们一行人回到红厅接待室门口时，典藏阅览部的一位女同志，已经拿着《毛岸英》一书在门口等候了。当馆领导把书交给邵华将军时，她找我要来纸和笔，工整地写下一张借条，并说："先写一张借条，周一再让人按你们的规定办理正式借阅手续。"

金色的阳光照在古老的银杏树上，一切都显得无比安静、祥和。

周一上班的时候，一位男士找到我，正式办理了邵华将军的借书手续。

我热爱甘为人梯的图书馆工作，虽然这些事情已经过去很久了，但仍然留在记忆里。

国图情暖

岳书宝

1988 年春节，我和孟欣随同姜炳炘主任去给老馆长丁志刚拜年。我们到丁馆长家时，曹鹤龙、程灵南等人已先我们到达。谈起往事，令我没想到是，多少年过去了，丁馆长竟还记得我这个"红专大学"的年轻学员。

1988 年春节给丁馆长拜年（图中坐者为丁志刚馆长，前排右前为黄登培，后排左起：岳书宝、曹鹤龙、姜炳炘、程灵南、孟欣）

1960 年北京图书馆红专大学开班，那时我在北京农业大学图书馆工作不久，馆领导杨直民同志决定派我和王宝玉大姐来红专大学学习，我们俩都很高兴能有机会进修。但是也存在不少困难，当时正值国家三年困难时期，上街吃饭要排队等候不说，传染性肝炎也正在流行，在外吃饭风险很大。另外，那时候交通也不如现在便利，北京农大在圆明园西北，周围没有公交车，学校离最近的西苑车站还有六七里地的路程。学校安排的是每周六下午和晚间上课，讲课老师大多是来自北京的各高校、科研院所的教授、专家、研究人员，他们学富五车，纵览天下，讲本专业都是滔滔不绝，往往刹不住车，再加上公交车晚间收车早，让我们常常赶不上末班车返回农大。丁馆长了解我们的困难之后，请李锡瑜先生联系馆食堂帮我们解决了吃饭问题，又关照当时主管教务工作的李博达先生提醒晚间授课老师掌握好时间，不拖堂。正是在丁馆长的关怀和二位李先生的帮助下，我们完成了红专大学的学习任务。

　　1979 年春，作为家中独子的我，为照顾患病的父亲，由农大调入北图工作。记得一天上午工间操期间，大家在行政楼前的小院里休息，有人打拳，有人做操，有人散步，有人聊天。这时，徐文绪先生笑眯眯地走过来，拉着我的手，高声说道："各位，我来介绍一下，这位是我师弟岳书宝，不久前从农大调来工作的，请大家多多关照。"当时，徐先生的一句"我师弟"似一股暖流瞬间流遍了我的全身，让我激动得一时语塞，不知道说什么好，只是随徐先生的话语向大家深施一礼，说了一句"请大家多多关照"。其实我和徐文绪先生并非师出同门，也不是同窗之友。我们在 1975 至 1976 年举办的"农业科学书刊资料展览会"进行筹备和展出时共同工作了半年之久，慢慢也就熟识起来。徐文绪先生把我作为他的师弟引荐给大家这件事使我终生难忘。正因为徐先生的介绍，我迈入了国图这个温暖的大家庭，沐浴着温暖的阳光，享受着大家的关爱和帮助。

　　在这里，令我感到温暖的事还有很多。

1979 年初夏的一个星期天上午，当时我所在的报刊资料部主任李治国同志来我家看望我的父亲，他的关怀备至令父亲深受感动，嘱咐我一定要好好工作。后来父亲心情好了许多，身体病情也明显好转，还亲自去买了礼品要求我去李主任家里登门致谢。

然而人间有情病魔无情。1984 年夏，一天晚饭时，父亲突然病发，经抢救仍无力回天。延至拂晓，父亲终因脑出血撒手人寰，去了另一个世界。父亲走后的一天午后，我正在家中陪伴母亲处理一些未了后事，令我没想到是，组内同事粟周熊、瓦琴、周金强等同志来我家看望和慰问我的母亲，使我倍感亲切，感激之情久久不能平静，我又一次体会到了国图大家庭的温暖。

1987 年冬，一个周末的夜晚，支部书记于淑杰和爱人下班后将孩子一个人放在家中，从五棵松乘地铁换公交，前来看望我的母亲。母亲特别高兴，欢喜之余，得知他们将孩子一个人留在家中，又深感不安，连声道谢，尽管不舍却也希望他们不要久留。

1989 年春节前，我母亲因受凉突发心脏病，需住院治疗，杨宝三和孟欣同志到天坛医院探望病中的母亲，并给我送来了 1500 元钱，解了我的燃眉之急。

1998 年我退休后，馆人事处两次推荐我到有关单位工作，给了我发挥余热的机会，让我能为社会继续贡献微薄之力。

在 2021 年中国共产党一百周年诞辰前夕，党组织为我颁发了"光荣在党 50 年"纪念章。同年 10 月，我又收到了支部寄来的"政治生日"贺卡。看着奖章与贺卡，我感到无上光荣，深感责任在肩。我告诫自己，一定要不忘初心、牢记使命，永葆革命青春，严格要求自己，力争做一名合格的共产党员。

新冠肺炎疫情防控期间，我不便外出，党小组长刘小玲同志不时通过电话、微信将馆内大情小事讲给我听，并时时提醒我做好个人防护，让我觉得不是亲人胜似亲人。

回顾多年在国图的工作与生活，我充分感受到了这个大家庭的温暖，各届各级领导、同志和朋友给了我莫大的关心和帮助，使我没齿难忘。纸短情长，在此，我要向大家说一声谢谢！谢谢各位给予我的关心、关怀、关爱和帮助，衷心祝愿国图亲情永在。

国图情暖真情在，人间情暖在国图。

贴近读者，服务社会

——读者服务工作心得

张　薇

　　时光飞逝，岁月如梭。转眼间我来到国图工作已经有 16 年了，16 年的时间与 115 岁的国图历史相比不算什么，但却是我生活中最浓墨重彩的一笔。这十几年间，我接待的读者数以万计，有一些小小的心得体会与大家分享。

　　初来到国图时，我的身份发生了转换，我从那个懵懵懂懂的大学生变成了一名图书馆员。面对国图南区像迷宫一样的分布和浩瀚的书海，我知道自己需要学习的东西太多了。于是值班的同时我开始学习，从图书分类法开始，一点点熟悉图书馆员应该掌握的知识。不值班的时候我也一遍遍地熟悉各个阅览室的馆藏及分布。每当我用新学的检索技巧或者知识为读者解答疑惑的时候，一股自豪感就会油然而生。在我们每天接待的众多读者中，也经常有外国读者。有一次，阅览室就曾迎来了一批朝鲜读者。他们的衣服质朴而整洁，很像我们二十世纪七八十年代的样子，而且每个人都在胸前别了一枚他们的领袖金正恩的像章。看着他们朴实的样子，我想尽自己的能力去帮助他们。后来我帮他们找到需要的图书，顺利完成了服务。而众多读者中，我印象最深刻的是一位 80 多岁的老年读者，他满头花白的头发，但依然坚持每天都来我们阅览室，风雨无阻，很少间断。而且每次来都彬彬有礼地与我们打招呼，一整天都坐在座位上安静地写作，偶尔翻开书查阅资料，然后继续写作。老先生这种坚持不懈的精神大大鼓舞了我，让我在今后的工作中无论遇到了什么问题都想起他，激励我克服困难，继续前行。

一段时间之后典阅部就接到了馆区接待团体参观讲解的任务，而我也很荣幸地成为讲解团的一员。于是我积极地背诵讲解资料，并自己查阅馆里文献，找到很多珍贵又有趣的馆史故事，融入讲解词中。那段时间既有远道而来的同仁参观学习，也有小学生来接受阅读启蒙。所以我会根据参观群体的不同，准备不同的讲解词，给同仁讲更多我们新馆的设计理念和架位导航技术，给小学生们讲更多搜集古书时动人心魄的故事，让他们都能乘兴而来、满意而归。经常有读者听完讲解和我交流参观心得体会，得到了大家的认同我倍感欣慰。那段时间的讲解工作既让我熟悉了馆藏内容，更锻炼了口才，为我之后的工作奠定了坚实的基础。

"为人找书和为书找人"是图书馆人的使命，但有时候图书馆员的工作还远不仅这些。有一次一位读者查询书中的人物历史信息与她掌握的资料不符，让我们联系出版社督促他们改正。我和她解释这件事需要她本人联系出版社时，她就非常蛮横地说："这书放在你们这，你们就有责任改正它。"我感觉事情可能并不太简单，于是我耐心地听她说，原来这涉及她的父亲。听她讲她父亲是一名老革命，在解放战争中付出颇多。而当时信息闭塞，可能没有将准确的信息记录下来，为这位读者和她的父亲都造成了遗憾，她多方面走访但效果不尽如人意。我知道这些表示非常抱歉，也对老先生的付出表示肯定，更对她执着的精神表示钦佩。但是由于书出版的年代比较久远了，只能提供出版社的电话给她，让她自行联系。可能是我们的耐心倾听和不厌其烦地解释打动了她，最后她略带遗憾但心态平和地离开了。这件事让我明白，其实读者服务不光是为他们找到书这么简单，而是需要倾听读者的需求，像这位想要改书的读者，她更多需要别人的认同与理解，而不是简单地找到一本书。

为了方便读者来馆查阅图书，我们周末和节假日都开馆。这就造成了我们一线服务工作人员要牺牲自己的周末和节假日来值班，所以我经常缺席家里的聚会、朋友的相邀，但我们每个人都毫无怨言，坚守自己的岗位，为读者提供满意的服务。有一天闭馆的音乐已经响起，一位急匆匆的读者跑进来说："都要闭馆了真是十分抱歉，但我是外地来的，不知道咱们 5 点就关门了，明天一早我就坐火车走了，您看可以通融一下让我进去吗？"我看着她焦急的样子就对她说："没关系，您抓紧时间查文献吧。"就这样我用自己的休息时间又陪了这位读者大概 30 分钟，她终于查好了资料，对我表达了感谢后才满意离开，之后我还收到过她在外地寄来的感谢贺卡。这些都让我感受到做一名尽职尽责的图书馆员的重要性，只有无私工作，不计较个人得失，才能为读者提供满意的服务。

2022 年底，新冠病毒席卷各地。两周内，我们部门 80％的同事都感染了。但是，阅览室没有完全关闭，大家还坚守在工作岗位上。我作为部门第一批感染人群，在抗原转阴后，积极上报给科组，第一批返回到工作岗位，为疫情中馆区的顺利开放贡献自己绵薄的一份力量。同样，也有不少读者无惧疫情，坚持学习。其实害怕总是有的，但强烈的责任心告诉我，我必须勇敢面对，不能退缩，并且坚强地站在自己的服务岗位上。

115 岁的国图离不开背后无数图书馆人无私的奉献，习近平主席也曾给我馆老专家回信说图书馆人"传承文明，服务社会"。我们一定不忘初心，把这份精神传递下去，共同造就国家图书馆的又一个百年辉煌。

恰同学意气，挥斥方遒

张迁葳

春秋变换，人生起伏，慨叹年华易逝，岁月亦可泛黄。诚然时间匆匆而去，乍回首，往事依旧，历历在目。曾忆起，念书时对图书馆的避而不及，我以为我与图书馆本是无缘的。怎料得，2009年离开校园，我便来到国家图书馆工作；而今慨叹，世间缘法不可说也。时间弹指，在国家图书馆工作也有15年，虽说工作平淡如菊，然细回味，静水亦有微澜时节。愿将自己在职期间读研的故事分享给大家。

那是我工作的第二年，馆里发出一条通知，凡图书馆本科学历员工可以报名参加全国硕士招生考试，通过考试后，以委培的方式在武汉大学信息管理学院进行图书馆学专业的学习。考虑到自己本科专业是化学，而自己对图书馆的相关专业和学术所知甚少，考虑到自己未来的工作都要与图书馆打交道，又考虑到这是一次提升自己学历学位的机会，抱着试一试的心态，我向馆里递交了考试申请，在经过大半年的工作和学习后，于2011年初参加了全国硕士招生考试。还记得那日的天气是阴沉的，考试的心情是紧张的，走出考场的心情记不得了，我想应该是放松的。得知自己通过武汉大学研究生招生笔试时，我蛮平静的，对于自己的答卷，我还是有几分自信的。接下来是工作与复试，复试的当天是通过笔试的同学们第一次见面，也是我们第一次接触到武汉大学的教授们。面试分为专业学科面试和政治面试，均是采取口答的方式。一开始我还有些小紧张，只是在专业面试时听到教授的一句吐槽"你怎么连这么专业性的知识都不懂"时，还是不由自主地一愣。不过那会年轻气盛，又有股子初生牛犊不怕虎的劲头，淡淡地回了一句：如果我什么都会了，还要找你拜师做什么？惹得其他导师哄堂大笑。事后回想，那时的自己还真是"年少轻狂不知愁"。

好在复试顺利地通过了。同年9月，国图为我们举办了一个小型的入学仪式。才知道有13个人通过招生考试，而国家图书馆共有11人。在这次入学仪式上，11位图书馆同学正式见面。大家来自不同的部门，有中图学会秘书处、馆办事处、参考咨询部、中文采编部、数字资源部、人事处、典藏阅览部等，相互了解，彼此介绍；同窗情谊，纯粹简单，悄然萌芽。仪式上，我们了解到武汉大学"国图班"是经文化部与教育部双向批准后，经馆长助理汪东波先生与自己母校武汉大学商谈后，敲定的全日制委培教育。其来之不易，望我们倍加珍惜，莫忘初心。闻及此处，同窗互望，欣喜与自豪，溢于言表。

时间流转，同窗11位皆忙于工作，再相见已是2012年开课之际。那时候，网课尚未诞生，想来这期间是国图与武大商量授课相关事宜。最终，由武汉大学教授亲自前往国图，用周末时间为大家授业。第一次上课时，终于看到了另外两位外单位的同学，都是文化部系统里的同志，也都是很好相处的人。武汉大学的课程十分丰富，专业课设有：信息分析与竞争情报课、信息检索与服务课、信息组织课、图书馆信息服务、信息资源管理课、图书馆管理与服务课、知识产权课等。除专业课外，还设有英语、毛泽东概论、邓小平理论等辅助课。每一位老师都有着自己的授业风貌和特点。信息分析与竞争情报教授是亲民的、宽容的：他会从战争时代报纸刊登的信息所泄露出的机密讲起，将"遥不可及"的情报拉进生活，拉入日常；他会梳理数据调研、情报收集、信息分析过程中所要注意的问题；他不会强行布置课堂作业，任由大家即兴发挥。信息检索与服务课教授是严谨的、渊博的：他会教授学生信息检索的各种方法及信息检索语言；他会要求学生利用这些方法和语言去进行数据调查，并撰写课堂论文；他也会开诚布公地向学生介绍论文撰写技巧和投稿时的注意事项。英语课教授是浪漫的、温柔的：她会看到男同学们课文朗读时的局促与不安，及时地叫停，安慰他们说男性语言表达方面就是较女性薄弱，课文念不好也没必要尴尬；她会讲自己在英国留学时的趣闻与故事；她也会讲述在泰晤士河畔搭帐露营，来回忆对那遥远国度的思念之情。太多的故事发生在课堂上，虽然过程是辛苦的，但蓦然回首，往事历历在目，言犹在耳，笑颜可忆。

春秋轮转，转眼便是 2013 年，课业结束。"国图班"开始选导师了。兴趣所致，性格使然，我选了信息分析与竞争情报课教授查先进做自己的导师。两方确认后，便开始了毕业论文的选题和撰写。由于那时我在国图的少年儿童图书馆工作，经与导师商议，最后选定毕业论文论题为《新媒体对少年儿童阅读的影响与探究》。漫长的论文撰写过程是辛苦的。犹记 2014 年，正值 APEC 会议在北京召开，为打造魅力北京，服务会议，非必要情况可以居家办公。每一个 APEC 会议的夜晚，都有我坐在电脑前奋笔疾书，不知时间之流逝。再一抬眼，已是凌晨两三点。

2014 年 11 月，怀着忐忑之心，我踏上武汉答辩之路，却发现"国图班"只有 7 人参加这次的答辩，被其他同学称之为"先行者"。住宿是武大的学长帮忙联系预订的，并没让我们太过操心。11 月的武汉并不很讨喜，阴冷冷的，还总在下雨，但 7 人之行却总是吵吵嚷嚷、热热闹闹。7 人疯狂补填各种申请表，交流着论文撰写经历，这时才发现原来在自己奋笔到凌晨的时候，其他同学也如自己这般奋笔前行；7 人会一起游荡校园，闲逛武汉；7 人会一起下馆子，结账时总是两位男士冲在最前；7 个人会分头找自己导师交流答辩事宜，有人会平静归来，也有人哭丧着脸说"导师觉得他准备的材料不够充分"。笑笑闹闹，直至答辩那天，每个人脸上都显出不同程度的紧张之色，在面对在座教授们的提问时，有人因紧张而略显笨拙，有人自信满满，有人温声细语，有人侃侃而谈。总之，每个人都顺利通过了答辩！欢庆中，7个人奔向武汉最大的夜市。太多的小吃，琳琅满目，应接不暇。谈笑、分享与狂欢，亦不忘向"国图班"其他同学发去捷报，并祝愿他们明年顺利通过答辩。

高铁之上，与来时心情截然不同。通过答辩，顺利毕业，"国图班"的学习生涯借此结束。然未来里，工作中，学其所用，用其所学，同学意气，挥斥方遒。

人到老年常忆旧

赵厚源

人到老年常忆旧，记忆力却逐渐衰退，有些事已经忘记，但有些比较特殊的事也还记得。

1961年我从北京大学图书馆学系（现在的信息管理系）毕业。在毕业分配前夕，据说时任北京图书馆（国家图书馆前身）常务副馆长丁志刚带领人事科的干部去北大招人，我有幸与其他四名同学被选中，于是就成了图书馆的一名新员工。

从1961年进馆到1998年退休，我在馆工作三十余年。我前20年在阅览部阅览组工作，曾先后分在该组的图书出纳台、大阅览室、目录室值班，共接待、答询读者近百万人次，并于1965年获得馆内"先进工作者"称号。

我在阅览组工作时，组长叫陈仲篪，这是一位对《红楼梦》有些研究的老同志，他曾发表过《红楼梦》（甲戌本）的考证文章。由于他姓名中的"篪"字比较生僻，所以有的同志就戏称他为陈仲虎。我初来乍到也不好问，就查字典，知道"篪"是古代一种竹制乐器，状似笛子。但仲篪之意却不明了。我查了所有能找到的工具书仍不得其解。过了一些年，我从一本杂志的文章中看到了一句"伯兮吹埙，仲兮吹篪"，得知"埙"为我国古代的一种陶制乐器，这句话简言之即"伯埙仲篪"。伯、仲显然是我国古代兄弟之间次序的称谓，即老大为伯，老二为仲，三为叔，四为季。"伯埙仲篪"字面之意即兄弟二人合奏乐曲，其实质意义指兄弟之间的和睦、和谐、合作之意，是父辈对子女的谆谆教诲和殷切希望。至此，我才真正弄懂了"仲篪"这个名字的真正含义。这是我国家族文化中的重要内容，也是我国古代文明的优良传统，是我们世世代代应该继承和发扬的。

在手工检索时代，图书馆的目录就是打开图书馆这座知识宝库的一把钥匙。我们目录室的工作就是为读者查书找书，读者查不到找不到的书，我们都会尽最大努力查找，特别是那些重要的稀缺的书，对一些重点读者尤其如此。

中共中央办公厅秘书局的干部徐中远同志是毛主席的专职图书管理员，他经常在晚上来为毛主席借书，我值晚班时接待过他几次。他要借的书有时我馆没有，我就帮他到其他馆去找。有一次他要借的书只有版本图书馆才有，我便陪他去了那里借书。后来，徐中远同志还写过一本《毛泽东晚年读书纪实》，生动讲述了毛主席的读书生活，我在拜读后深受触动。

著名数学家华罗庚先生也曾来我馆借书，他在研究、创制"优选法"之前特别需要一本法文的《最佳化设计》，这本书科学院图书馆没有，我馆也未入藏，于是我就与我馆采访部门联系专门为他从法国某出版社订购了这本书。这本书订购后需要等待很长时间才能到馆，华先生一开始都已不抱希望，但当经过数月该书终于到达我馆后，我立即通知他来借，他非常高兴，拿到书后手不释卷，认真研读起来。

后来我离开了阅览组，被调任馆内职工大学专职教师，教授《目录学》和《中文工具书》两门课程（自编讲义）。在此期间共教授、辅导学生近千人，帮助他们更好地了解和掌握图书馆的工作内容，并于1984年获得首都联合职工大学（此系由中央国家机关十个部委的职大组成，各单位的职大为其分校）颁发的"优秀教师"称号，又于1997年获得原国家教委颁发的"高等学校教师资格证书"。在我的教学生活中，还有很多的趣事，待有机会再向大家讲述。

记得苏联英雄奥斯特洛夫斯基曾经说过："人的一生应该这样度过：在他回首往事的时候，不会为虚度年华而悔恨，也不会为碌碌无为而愧疚……"回顾我的一生虽无大的贡献，但对图书馆事业、图书馆教育也做了一些力所能及的工作，可以说是"有益于世，无愧于人"。在党和祖国的哺育下，曾是少先队员和共青团员的我，从一个少年到年已八旬的老人，同共和国一起成长着。我曾亲历抗日战争与解放战争，亲身经历了我们多灾多难的祖国，在党领导下站起来、富起来并逐步强起来的全过程，作为普通公民由衷地为我们党我们祖国感到无比骄傲和自豪。

书香浸润童心：探索少年儿童
读书服务的感悟与收获

赵晓明

我始终觉得，我们的一生从求学到工作，每一阶段都有其课题和难题。而在这个过程中，我们也需要具备各种能力才能够更好地应对这些变化与挑战。这也意味着，我们的一生需要不断地学习与完善，才能够更好地胜任本职工作。

很显然，阅读就是最为直接且最有效的学习方法之一。幸运的是，我于2009年9月毕业至今，一直从事读者服务工作。有幸成为国图的一员，在工作过程中不仅仅能为广大的少年儿童服务，而且在服务的过程中，我也有更多的机会进行进一步的学习。在日常工作中，我们需要与孩子们进行大量的交流，了解他们的需求与爱好，并通过各种各样的服务方式来满足他们的个性化阅读需求，切实激发少儿的阅读兴趣。循序渐进地建立起少儿的阅读习惯也成为图书馆一线工作人员的重要使命。作为为少年儿童提供读书服务工作的一分子，下面我简单地就日常服务工作，在读书服务过程中所运用的方法，以及个人收获与体会等进行分享。

书香浸染童心的魅力，就像一泓清泉，徐徐地流进孩子心灵的最深处，无声地润泽着孩子成长的每一个阶段。这是因为，图书馆不仅仅是一幢幢知识宝库，更是少年儿童心灵驿站。图书馆丰富的馆藏资源在拓展少年儿童眼界、丰富少年儿童知识结构的同时，给少年儿童探索世界、充实自我、启迪智慧提供了一个珍贵的空间。

我作为国图工作者，为少年儿童读书服务的一员，在长久的工作过程中，在浸润书香的同时，也深刻地认识到做好少年儿童读书服务工作的重要性。这不仅是我义不容辞的责任，也是在未来给孩子种下智慧种子、燃起梦想之光的一个重要方式。所以，国图致力于为广大少年儿童打造一个温暖、宜人且充满创意的阅读氛围。孩子们每一次进入图书馆时，目光里总带着好奇和向往。他们或是全神贯注地翻着书，或是激动地和大家交流阅读体验。他们在读书中开启新世界之门，了解更为宽广的天地，同时体会书带给人的无限快乐。这快乐，不只是知识上的获得，更重要的是灵魂上的滋润与生长。儿童在书的世界中学会独立思考，敢于探索和表达。他们在读书的过程中既充实了知识储备又提高了素养与能力。这些智慧与力量将会潜移默化地陪伴并影响他们终生。

在我日常的工作中，在不断与孩子们打交道的过程中，我渐渐了解孩子们的心态与想法，也清楚认识到孩子间的个体差异。为少年儿童提供高质量的读书服务，让孩子们爱上阅读，不能仅仅停留在理论与口头上。我和我的同事们，还切切实实运用了大量的方法以及资源，精心准备形式多样的阅读活动。比如，我们会针对少年儿童年龄特点及兴趣爱好设计出主题阅读、故事会、阅读分享等系列趣味教育阅读活动。这些活动既可以使幼儿在轻松愉悦的气氛中接触更多的图书，又可以使幼儿在读书过程中获得快乐，进而养成良好的读书习惯。每一个孩子在阅读上都会有其特殊的需求及兴趣点，这就要求我们在工作中跟孩子们进行深度沟通，来了解孩子的阅读喜好及成长需要，进而向孩子推荐合适的书籍。这一个性化服务方式可以使儿童在读书时发现兴趣，进一步提高读书热情。

在服务过程中，很多家长也会陪同孩子们一同来到图书馆。所以，我也十分注重与家长的交流，通过交流能够更全面地了解孩子们的阅读喜好，并给出更详细的阅读建议，家长也会更关注阅读对于少年儿童成长的重要性。为了进一步提升服务效果，我们还通过当当童书、京东图书以及亚马逊童书等网站查找出的网络图书相关数据，查找当年新出版的优秀图书，对图书进行核查筛选，遴选出当年优秀图书，使得家长和孩子可以更高效地了解新出版的图书。同时，我们也通过社交媒体及其他渠道与儿童互动沟通，获取儿童的阅读需求及反馈信息。本人长期从事阅读推广工作，通过微信公众号等新媒体对少儿馆各类活动进行播报及回顾。在网络宣传方面，配合少儿馆阵地活动做好前期宣传及后期回顾，定时发布少儿馆节假日放假通知及活动安排，积极与读者互动，遇到读者问题及时解答反馈。通过这些方法，不仅可以给少年儿童提供更高质量、更个性化的阅读服务，而且可以激发少年儿童阅读的兴趣，养成阅读的习惯，从而为少年儿童的成长与发展打下扎实基础。

时光流逝，转眼从事少年儿童读书服务已有数年之久，在这过程中我深感读者服务的重要性与价值。作为一名图书馆工作人员，既要做好知识传递者，又要做好儿童成长路上的陪伴者与引导者。在服务他们阅读的同时，既传递着知识，也传递着爱与温馨。在这个过程中，我深切地体会到和孩子互动的快乐。每次见到他们激动地捧着书或全神贯注地读着书，心里就有一种发自内心的安慰与惬意。通过与他们的深入沟通，我得以洞察他们的精神世界，体验他们的成长和转变，这种深入的交流使我深刻体会到了工作的重要性和价值。

同时，我也深刻认识到不断提高自身专业素养是非常重要的。少年儿童读书服务工作要求我们必须要有坚实的专业知识与技能，这样才能更好地为儿童提供高质量服务。所以，我一直在研究并更新知识体系、提高专业素养，以便更好适应孩子阅读需求。另外，我也懂得耐心与细心是多么重要。少年儿童处在成长发育关键时期，阅读需求与兴趣点不尽相同，这就要求我们必须耐心聆听、仔细观察，才能为其提供更多个性化服务。这种耐心与用心的特质也使我对工作更游刃有余。

后　记

在国家图书馆 115 岁生日之际，《记忆国图：国家图书馆 115 周年馆庆纪念》正式和大家见面啦！该书以"记忆国图"征文为基础，是延续《记忆国图：国家图书馆 105 周年馆庆纪念》出版的第二辑，从策划组稿到编辑出版，历时近半年。

全书共收录文章 92 篇，延续第一辑编辑体例，按内容分为人物篇、传承篇、历史篇、感悟篇四部分。"人物篇"用国图人的故事展现我馆发展变迁，"传承篇"回忆了一代代国图人平常却不平凡的工作回忆，"历史篇"回顾了我馆建馆以来的重要历史事件，"感悟篇"记录了我馆员工与国图结缘、一起成长的往昔。

国图是历代典籍之渊薮，承载着中华民族文明的记忆，而国图自己的记忆则要由国图人来讲述。"记忆国图"征文活动得到了我馆离退休及在职员工的广泛参与，上至年近百岁的离休老人，下至初入国图的年轻馆员，有的人十年前还是国图的新生力量，如今已经成为部门的中流砥柱；有的人十年前尚在基层一线为图书馆事业呕心沥血，如今已离开岗位颐养天年；还有的老馆员在本书出版前驾鹤西去，他们的文字也成了生命中的绝响，为人生留下了浓墨重彩的一笔。他们都从不同的视角，分享了自己眼中的国图，讲述了和国图割舍不断的情缘。

很多作者在投稿之前多方考证，字斟句酌，以求事实准确，表述严谨。交稿后，若想到有什么地方需要修改，哪张照片需要更换，也会第一时间通过电话、邮件，甚至亲自登门的方式将信息告知编者。他们还通过口耳相传的方式，将这次征文活动告知身边的老领导、老同事，即便征文活动结束之后，也依然有老同志前来问询，能否再投一篇文章，聊一聊自己与国图的往事。他们怀着对国图的赤诚，对前贤的敬仰，认真写下一撇一捺，共同汇聚成名为"记忆国图"的汪洋。

碍于本书体量和篇幅限制，部分稿件未能入选，难免有沧海遗珠之憾，同时我们在尊重原文内容的基础上，对一些文章进行了修改和删减。由于时间仓促，编者能力有限，文集中可能存在些许不足，敬请各位读者海涵并指正。

文集编撰工作由离退休干部处牵头，在馆领导高度重视和全馆员工大力支持下，本书终得顺利出版。在此，向他们致以最真诚的谢意。

谨以此书献给国家图书馆 115 周岁生日，献给每一位国图人。

编　者

2024 年 9 月